U0931761

青年很可以有權抗議他們的長輩。然而，如果這樣，這些抗議的真誠，將由青年願意與教會一羣體的罪責連成一體，並且在愛中、在上帝話語面前以恆常悔改來背負這重擔，而顯明出來。

——潘霍華：〈論教會中青年工作的八條提綱〉，第七條提綱

牧者潘霍華

鄧紹光 著

基道出版社

▼

系統神學叢書

牧者潘霍華

Bonhoeffer the Pastor

作者
鄧紹光 Andres S.K. Tang

責任編輯
沈靜筠

裝幀設計
奇文雲海・設計顧問

■

出版 / 發行
基道出版社
香港沙田火炭坳背灣街 26 號富騰工業中心 1011 室
LOGOS PUBLISHERS
Unit 1011, Fo Tan Ind. Centre, 26 Au Pui Wan St., Shatin, Hong Kong
電話：(852) 2687-0331 傳真：(852) 2687-0281
網址：http://www.logos.com.hk

承印
陽光（彩美）印刷公司

●

7/2017 初版
Cat. No. LP261
ISBN: 978-962-457-538-5

刷次	10	9	8	7	6	5	4	3	2
年份	2026	2025	2024	2023	2022	2021	2020		

目錄

曹序

我和鄧紹光博士相識於一九九九年；那時，我任教於美國瓦爾帕萊索大學（Valparaiso University）。有一次，我應道風山基督教叢林的邀請來港擔任講座的講員，題目是「潘霍華的責任神學」。鄧紹光博士也是那次講座的座上客，他對我的演講內容即席回應，並且加以肯定。其後，他向我索取演講文稿，以供他的學生細讀和討論。從此以後，我們便開始結交往來，直到如今。

一直以來，我甚欣賞鄧博士對潘霍華（Dietrich Bonhoeffer, 1906～1945）的研究和理解。他對潘霍華的研究既全面且透徹，堪稱華人教會中潘霍華研究的翹楚。相對來說，我研究潘霍華的神學就只專注於他後期在倫理學方面的見解。至於潘霍華早期的著述，自問掌握的程度遠不及鄧博士。鄧博士不僅是研究潘霍華的專家，他也精於各家神學論述。他對潘霍華的詮釋，其實融會貫通了許多不同的神學閱讀。雖然他未必在文章中一一提及，但從他解讀潘霍華的造詣可見，他是非常熟悉根頓（Colin Gunton）、韋伯斯特（John Webster）、麥乾頓（James McClendon）、莫特曼（Jürgen Moltmann）、巴特（Karl Barth）等人不同的神學進路。鄧博士就是以這些「隱藏的資源」去閱讀潘霍華。難怪他能如此有力地挪用潘霍華神學的精湛之處，融入到自己的思想體系。此外，鄧博士的潘霍華研究過人之處，不獨是他對潘霍華神學的扎實詮釋功夫，他還擅於將潘霍華的神學義理融貫於現實處境。

鄧博士的新著《牧者潘霍華》明顯是他對潘霍華神學更深的沉澱。他鋭利地指出潘霍華的事奉開端不是純然的神學工作，而是一位青年事工的牧者從事神學。從一九二五年至一九三九年，潘霍華的事奉主要集中在兒童和青年身上。鄧博士指出潘霍華是一位貫徹踐行「與他者並為他者」（being-with-and-for-others）而活的生命牧者。因此，鄧博士以「牧者潘霍華」為書名，突顯出潘霍華不只名義上是牧者，實質上也真是一位牧者。所以鄧博士集中討論潘霍華的牧養神學；例如，潘霍華對教牧／牧養職事的看法、上帝話語的默想和宣講、靈性和牧養關顧、情慾與靈性的試探、婚姻的秩序、家庭的愛、教會中青年工作的提綱。鄧博士行文間也將潘霍華的牧養心得應用到香港教會的現實處境當中。

我閱讀《牧者潘霍華》，看見了鄧博士的神學研究轉向：轉而建設「教會神學」。他努力墾拓「教會神學」的重要領域。他的轉向正標記著香港浸信會神學院一羣神學工作者同心同德的成長歷程。他的努力成為眾人的榜樣，也在「教會神學」的路向上引領眾人，呼喚教會回轉，理解其本身為上帝的見證——是上帝所揀選的，為要見證祂的榮耀。教會在其忠信與不信、在上帝的恩慈與審判中見證上帝的榮耀。因此，一個不爭的事實是：上帝的選召是教會身分的本源。重拾這種意義，能夠產生一種恆久的可能性，推動教會論的革命。然而，這種可能性是否可以發生，卻在鄧博士文集的範圍以外了。無論如何，他的著作是一個挑戰，尤其對那些關注教會的實然及應然的人來説，更是一個巨大的挑戰。

不知不覺，我跟鄧博士在教會神學的旅途上已經同行十八載。我們是基督身體的肢體，是患難見真情的兄弟，是推心置腹的朋友。近十數年，我專注於學院領導和行政的工作，儘管仍然努力保持閱讀的習慣，但閱讀的時間確實少了。偶有餘閒，我很喜歡找鄧博士到我的辦公室聊天。每當我給他一個神學問題，他就不吝賜教，甚至侃侃而談，給我補習神學。我慶幸能有這位兄弟，能有這種學習的「福氣」，樂在其中。

同樣，我相信，也快樂地想像：當讀者細讀這書，就好像邀請鄧博士進入他們私人的書房，細聽鄧博士鞭辟入裏的講論，領受潘霍華牧養神學的心得，並且樂在其中。我猜想：讀者除了經歷同樣的閱讀悦樂，在這生命的團契中也能發現鄧博士的另一個面相：他不僅是華人神學界的著名學人，也是一位仁愛的牧者。我們要多謝他！

曹偉彤

香港浸信會神學院院長

基督教思想（系統神學）教授

二〇一七年六月十五日

香港．西貢北．西澳

釋題

潘霍華（Dietrich Bonhoeffer）是誰？從英語出版界出版的潘霍華傳記的名稱，或多或少可以看出某種看法。譬如貝特格（Eberhard Bethge, 1909～2000）的權威著作《迪特里希·潘霍華：神學家、基督徒、同代人》（*Dietrich Bonhoeffer: Theologian, Christian, Contemporary*）、梅塔薩斯（Eric Metaxas）的《潘霍華：牧師、殉道者、先知、諜報員》（*Bonhoeffer: Pastor, Martyr, Prophet, Spy*）、尼遜與西格里斯特（Mark Thiessen Nation and Anthony G. Siegrist）的《刺客潘霍華？挑戰神話、重現他締造和平的呼召》（*Bonhoeffer the Assassin?: Challenging the Myth, Recovering His Call to Peacemaking*）。在凱恩斯（Stephen R. Hayes）的《潘霍華現象：一個新教聖徒的畫像》（*The Bonhoeffer Phenomenon: Portraits of a Protestant Saint*）更列出多種面貌：先見——極端的潘霍華、先知——自由主義的潘霍華、使徒——保守主義的潘霍華、橋梁——普世運動的潘霍華。

筆者這本文集名叫《牧者潘霍華》，不單單在於所收的文章，很多都跟牧養有關，更在於筆者逐漸認為潘霍華首先是一位牧者，然後才是神學家，以及其他種種。美國專研青年事工的神學家活特（Andrew Root）就辯說：「潘霍華首先並非一位從事青年事工的神學家，而是一位青年事工的牧者從事神學。」[1] 他指出：「研究潘霍華的學者和其他人時常忽略了一個事實，就是從一九二五年至一九三九年，潘霍華大多數事工都是在兒童和青年中間進行的。事實上，潘霍華許多創造力活躍的神學時期，跟他直接與兒童接觸是重疊的。」[2] 潘霍華寫他的博士論文時在格倫沃爾德（Grunwalde）參與兒童事工，其後又在巴塞隆拿（Barcelona）實習期間專注牧養青年人，並在哈林（Harlem）教導美籍菲裔兒童主日學。三十年代中葉，他在普世運動之中被選為青年事工祕書，並在教會接手教會青年人堅信班。即使納粹上台，潘霍華仍然在電台上對年青人演説：〈年青一代對元首的認識〉（The Younger Generation's Conception of the Führer）。[3]

以「牧者潘霍華」為書名，不只是因為潘霍華的確是一位牧者，更在於他沒有抽離地批判自己所屬的教會一羣體，卻一直貫徹地踐行著「與他者並為他者」（being-with-and-for-others）的生命，而為同在的批判，在批判之先之中之後都是有分其所屬的教會一羣體的命途，而不逃避不閃躲，完全是一副擔當的表現。潘霍華早在其博士論文已經指出只有在真理之中才會認識真理，以此而言，他自己正正是在這個以「與他者並為他者」為其本性的教會一羣體之中——也就是在基督裏，而得以可能認識並言説（以言以行）這樣的真理。這是以「牧者潘霍華」為書名的緣由。潘霍華並不只是名義上的牧者，他實質上是一位牧者，他的而且確不離不棄地與他所屬的教會一羣體一起生活，也為他所屬的教會一羣體而生活。主耶穌曾經説過：「我是好牧人，好牧人為羊捨命。若是雇工，不是牧人，羊也不是他自己的，他看見狼來，就撇下羊逃走；狼抓住羊，趕散了羊羣。雇工逃走，因他是雇工，並不顧念羊。」（約十 11～13）潘霍華不是雇工，縱然德國教會一羣體有萬般不是，他都沒有撇下他們逃走。這是潘霍華，牧者——潘霍華。

註釋

1. Andrew Root, " Stop Worrying about the Millennials*: *and Learn to Love Them Instead, " *Christianity Today* 59 (January / February 2015): 32.
2. Root, " Stop Worrying about the Millennials*: *and Learn to Love Them Instead, " 32.
3. Root, " Stop Worrying about the Millennials*: *and Learn to Love Them Instead, " 32.

第一部

複音：論生平與生命

1.

掙扎於兩個世界*

今天，耶穌基督究竟是誰？

當然，如果要鉅細無遺地認識潘霍華（Dietrich Bonhoeffer, 1906 ～ 1945）一生的遭遇，貝特格（Eberhard Bethge, 1909 ～ 2000）的 *Dietrich Bonhoeffer: A Biography*[1] 是必讀的。只是對一般信徒來説，接近一千頁的著作恐怕叫人卻步。猶幸近年尚有短小精簡的潘霍華傳記出版，其中之一即為溫德（Renate Wind）的 *Dem Rad in Die Speichen Fallen—— Die Lebensgeschichte des Dietrich Bonhoeffer*。此書德文本於一九九〇年出版，而英文本及中文本其後亦相繼翻出。[2] 溫德在有限的字數和篇幅中（英文本正文為一百二十四頁，中文本正文為二百一十二頁），不單勾畫出潘霍華的生平事迹，更重要的是她同時交代了相關的時代背景，以及潘霍華的身分掙扎——在一個變動的世界裏，他究竟是誰？這本書為我們呈現一個充滿生命張力的潘霍華。

溫德開宗明義地指出，伴隨潘霍華一生的矛盾，乃是自我確定

---

* 本文的删短版曾以〈潘霍華是誰？——《力阻狂輪：潘霍華生命史》精要解讀〉為題，刊於《曠野》第 136 期（2005 年 8 月），頁 14～15。

與自我懷疑之間的擺盪。[3] 原因何在？溫德的閱讀是：「他的內在衝突如此強烈，乃是因為他的人生面對重大價值觀的轉換——傳統的價值觀在他的時代受到挑戰，不知是否還能鞏固。」[4] 無可否認，潘霍華所處的世界的確不再是往昔的世界。可是，傳統的時代是怎樣的？現在的時代又是怎樣的？當世界不再一樣，基督教的信仰意義究竟何在呢？難怪我們在潘霍華的著作中不斷看見他一而再、再而三地提問：「今天，對於我們來説，耶穌基督究竟是誰？祂要我們怎樣？」

要成為不一樣的人

在溫德筆下，潘霍華短短的三十九年生命，被鑲嵌到當時整個德國的時代變遷之中。在這本小書中，他的出生、成長、死亡，他與家庭、教會的關係，他內在心裏的狀態及外在種種的言説與行動，無不以德國當時風雲色變的局勢為背景。潘霍華所屬的市民階級/中產階級、知識菁英的家庭，讓他「從一開始就發展出有別於他人的自我意識。當一個人屬於能參與世界大事的菁英時，也就意味著他對這個家族傳統有責任。他必須是最優秀的，也必須證明他和其他人不一樣」。[5]

若干年後，潘霍華在獄中寫信，有這樣的一段文字：

> 當一個人完全放棄自己要做點甚麼的時候——比如成為聖者、悔改的罪人或教會人——然後他才會將自己完全投入上帝的臂膀中，他將不再以自己的痛苦為重，而是以神在世界上的痛苦為重；然後他會與基督一起在客西馬尼園儆醒，我想，這就是信仰〔……〕[6]

溫德認為這也是潘霍華個人的釋放，從「必須成為特別的人」的壓力中得著釋放。[7] 這即是說，潘霍華一生都活在一種壓力底下，這壓力要他成為某種特別的人，而最後，他終於能夠接受自己完全平凡的一面。[8] 這種生命會有怎麼樣的能耐？溫德在講述潘霍華生命最後的兩個月時，引述了他那時寫給母親的詩，其中最後一句這樣說：「上主黑夜早晨都與我們同在，也必隨我們度過每個新的一天。」[9] 溫德如此註釋整首詩要傳達的心情：「這個人已經達到這樣的境界，他可以肯定死亡，如同肯定生命。」[10]「這種必須同時在生存與死亡中做好心理準備的嚴峻考驗，大概只有一種人可以經受得起，這種人因為已經真正學會活著，所以可以死去，而且這種人因為已經接受自己的死亡，所以可以活著。」[11]

雖然，潘霍華在戰爭開始時就説過以下的話，可是也只有到了最後的日子，他才能完全釋然。

> 只有當我們透過自己內在的死，為外在的死做好準備時，我們才可以迎見那從外而來的死；然後我們的死便只是為了通往神完全之愛的通道。[12]

在自我與他者之間的游離與孤獨

溫德告訴我們，潘霍華從小就陷入身分的確認與死亡的思考當中，兩者早就糅合一起。貝特格告訴我們：「從十五歲起，他就常常想像自己臨終時躺在牀上的樣子，被所有愛他的人圍繞著，向他們説最後告別的話。他常常悄悄地想著，在那一刻他要説甚麼。」[13] 很明顯，潘霍華在這樣的一個市民階級、知識菁英的家庭中，他需要不斷尋求家人的肯定，即使成年之後「他還是辛苦地渴望父親的接納」。[14] 然而，這並不表示潘霍華沒有自己的主見，只是他同時渴求別人的確認和接納。這中間存在的是一種自我與他者的張力，這種張力使他恒常游離而處在孤獨之中。譬如說，他修讀神學的決定和經歷。溫德說：「他並不熟悉教會的世界。然而在自己出身的世界裏，他也是站在邊緣。」[15] 貝特格說得好：「因為他孤獨，所以變成神學家；然而也因為他是神學家，所以他孤獨。」[16] 潘霍華的博士論文《聖徒相通》(*Sanctorum Communio*)得到的正是一種叫人感到孤獨的評語：「巴特(Karl Barth, 1886～1968)的追隨者不接受它，是因為裏面的社會學；社會學家不接受它，是因為其中的巴特神學。」[17] 潘霍華給柏林大學的學生的感覺是「既近又遠，既驕傲疏離又坦率開放」。[18] 上述的評語和觀察，可說並非偶然，是其來有自的。

跨出市民階級的思想和安全感

潘霍華一生來回於兩個世界之間，他在當中尋找他的身分，也在當中建立他的神學。一個是市民階級所追求安穩享受的世界，另一個卻是要終止這種世界的神學家的生命。[19] 要到很久之後，潘霍華才能反過來以這些矛盾來豐富自己的神學，[20] 這中間確是一段漫長的歷程。當上世紀三十年代希特勒(Adolf Hitler)逐漸全面掌控德國時，教會的身分受到危害，潘霍華也同時逐漸擺脫市民階級的世界觀，以及對安穩享受的追求。潘霍華在希特勒執政前兩天寫好一篇廣播演講稿，講題為「年輕一代的領袖與個人」，重新解釋權威的意義，並且對權威加以限制：[21]「領導者必須知道有責任對自己的權威劃定清楚的界限。如果他對自己功能的了解與現實的限制不同，或者他沒有一再給予跟隨者有關他任務的界限及責任。又如果他被跟隨者迷惑，並想成為他們的偶像〔……〕這個領導者的形象就會沉淪，成為魅惑者。」[22] 這同時是潘霍華的自我劃界：作為中產階級，遵從父親、老師、法官和國家秩序，是一種美德，可是這個時候的潘霍華，卻開始為這種服從權威的舉動劃下界限。

當潘霍華決定要從倫敦回到德國，他嘗試開展生命中一段新的經歷：「要與中產階級的安全感分離」、「將中產階級生活拋諸腦後」。[23] 在他離開倫敦之前，他寫信給妹妹沙賓娜（Sabine）：「我很不想離開，但大部分是因為過分依賴中產階級的安全感，我可不能讓這種感覺繼續成長，否則生活就會變得毫無價值，並且再也沒有樂趣。」[24] 從英國回來，「認信教會」聘任潘霍華為芬根瓦（Finkenwalde）神學院的院長，在他的帶領下，芬根瓦的神學生與國家教會的特權劃清界線：「人們不能再像從前，在資產階級的生活中當基督徒；今日我們承認基督是主，因此否認世界上其他神明。」[25] 潘霍華的《追隨基督》要講的正是「應該怎樣順服耶穌的誡命」，就是「透過不妥協地努力依登山寶訓來生活」。[26] 在神學院的生活中，潘霍華「終於跨出市民階級的財產思想，離棄對安全感的需求」，他將自己所擁有及覺得重要的東西，全數貢獻給神學院。「他不要求其他的特權——除了一間自己的房間，以及不分心的權利。」[27]

基督在那裏，潘霍華也在那裏

潘霍華正在踐行追隨基督的生活。溫德析述潘霍華於紐約協和神學院中的掙扎與爭戰，表明真正使潘霍華痛苦的，「不是那種祖國情懷的鄉愁。他感覺自己不屬於他所在的地方〔……〕自從他將生命的意義定義為『基督的追隨者』之後，基督說的話對他而言，就不再是無關緊要了」。[28] 潘霍華寫信給貝特格：「我們只要去找祂在的地方。當我們不在祂的地方時，我們就可能甚麼也不是。

〔……〕或者我已經從祂在的地方偏離出來了？那裏是祂為我而在的地方？」[29] 終於，他決定回德國；他一上船，「心中那些對未來的困惑便停息」。[30] 然而，潘霍華回國不久後，便加入軍中反情報機關從事信使的工作，更將德國國內反對希特勒運動的祕密計劃和目標通報西方各國。[31] 於此，他要重新理解何謂「耶穌的追隨者」，「這跟他以前想過的『神聖生活』一點也不像」。[32] 溫德引述潘霍華的文字如下：

> 因為對耶穌而言，重要的並非新的倫理理想如何實現，也不是為了良善本身，祂所為的只是對真實人類的愛，因此祂可以走入人類罪惡的團體裏〔……〕耶穌從自己無私的愛及祂的無罪中走出，而進入人類的罪中，將其罪攬在自己身上〔……〕想要脫離罪責的人，是在脫離擔負罪愆者的耶穌基督拯救的奧祕，他將無分於神的稱義。他重視個人的無辜甚於該為人類負的責任，而看不到他正因此犯下無法拯救的罪〔……〕[33]

溫德如此總結：「現在的決定點在於：哪一個罪比較大？姑息希特勒專制或者消滅它？具體地說，凡沒有準備要謀殺希特勒的人，不管他願意與否，都將與大屠殺的罪有分。」[34]

在死亡中開始其生命

潘霍華被捕後，在獄中經過連串的等待後，內心逐漸失去可以倚靠的力量，曾一度「幾乎毫無抗拒地轉回市民階級的秩序裏」。[35] 溫德形容潘霍華被他自己及他的歷史困住，直至讀到福音書那種好消息，乃是釋放自己，與所有人團契一體，他才再一次重新並且徹底地超越自己階級背景的束縛。[36] 在獄中，潘霍華重新體會「菁英」及「平民」都可以相交團契，他再度反思：作耶穌的門徒到底是甚麼意思？他的答案是：「並非那種敬虔的行為造就了基督徒，而是在世界的生活中參與了上帝的苦〔……〕耶穌要號召的並不是一個新的宗教，而是生命。」[37] 在這裏，福音與生活並非分割的，而是合一的。這個時候，潘霍華的生命只以上帝在世界上的痛苦為重，他與基督一起在客西馬尼園儆醒、禱告，走向十字架。潘霍華從容就義，他說的最後一句話是：「這是結束，對我而言卻是生命的開始。」[38]

溫德以極小的篇幅，精簡而扼要地講述了潘霍華怎樣掙扎著開始新的生命。最終，潘霍華在死亡中開始其生命。

註釋

1. Eberhard Bethge, *Dietrich Bonhoeffer: A Biography*, revised edition, trans. Eric Mosbacher, Peter and Betty Ross, Frank Clarke, and William Glen-Doepel (Minneapolis: Fortress, 2000).
2. 英文版：Renate Wind, *Dietrich Bonhoeffer: A Spoke in the Wheel*, trans. John Bowden (London: SCM, 1991)。中文版：溫德：《力阻狂輪：潘霍華生命史》，陳惠雅譯（台北：雅歌，2004）。
3. 溫德：《力阻狂輪》，頁 12。
4. 溫德：《力阻狂輪》，頁 12。
5. 溫德：《力阻狂輪》，頁 22。
6. 引自溫德：《力阻狂輪》，頁 200。
7. 溫德：《力阻狂輪》，頁 200。
8. 溫德：《力阻狂輪》，頁 200。
9. 引自溫德：《力阻狂輪》，頁 207。
10. 溫德：《力阻狂輪》，頁 207。
11. 溫德：《力阻狂輪》，頁 208。

12. 引自溫德：《力阻狂輪》，頁 208。
13. 引自溫德：《力阻狂輪》，頁 16。
14. 溫德：《力阻狂輪》，頁 15。
15. 溫德：《力阻狂輪》，頁 44。
16. 引自溫德：《力阻狂輪》，頁 44。
17. 溫德：《力阻狂輪》，頁 54。
18. 溫德：《力阻狂輪》，頁 82。
19. 溫德：《力阻狂輪》，頁 53。
20. 溫德：《力阻狂輪》，頁 53。
21. 溫德：《力阻狂輪》，頁 88。
22. 引自溫德：《力阻狂輪》，頁 88 ～ 89。
23. 溫德：《力阻狂輪》，頁 121。
24. 引自溫德：《力阻狂輪》，頁 121。
25. 引自溫德：《力阻狂輪》，頁 140。
26. 溫德：《力阻狂輪》，頁 142。
27. 溫德：《力阻狂輪》，頁 128。
28. 溫德：《力阻狂輪》，頁 163 ～ 164。
29. 引自溫德：《力阻狂輪》，頁 164。
30. 引自溫德：《力阻狂輪》，頁 165。
31. 溫德：《力阻狂輪》，頁 171。
32. 溫德：《力阻狂輪》，頁 171。
33. 引自溫德：《力阻狂輪》，頁 172 ～ 173。
34. 溫德：《力阻狂輪》，頁 173。
35. 溫德：《力阻狂輪》，頁 192。
36. 溫德：《力阻狂輪》，頁 193。
37. 引自溫德：《力阻狂輪》，頁 197。
38. 引自溫德：《力阻狂輪》，頁 212。

2.

從言詞轉向真實*

一

潘霍華是誰？當然，「潘霍華」只是一個漢譯名字，除此之外，還可譯成「朋霍費爾」。既然是一個譯名，那麼，其原文又是甚麼呢？潘霍華是德國人，他的德文名字叫 Dietrich Bonhoeffer。當然，懂得他的德文名字，並不表示就知道他是誰。很多時，我們要想認識一個人，就會閱讀他的傳記，透過他一生的遭遇、言行來了解他的為人。這表示一個人總是在歷史時空中展現出他自己；潘霍華也一樣，他在獨特的二十世紀上半葉的德國中，展現出他的生命，以及文章事業，還有他的信仰。因此，要回答「潘霍華是誰？」這個問題，首先可以看看他的傳記。由於潘霍華英年早逝，死時僅三十九歲，只留下一些著作、文章、書信，卻不曾為自己的一生寫過自傳，所以我們要從他人為潘霍華所寫的傳記方才可能認識他在世的歷史。

一般來說，權威的潘霍華傳記當數貝特格（Eberhard Bethge）

---

* 本文原以〈認識潘霍華：以《追隨基督》為切入點〉為題，刊於《校園》2006 年 3、4 月號，頁 66～67。現稍作修改。

的 *Dietrich Bonhoeffer: A Biography*。[1] 貝特格跟潘霍華不但亦師亦友，更是他姨甥女的丈夫，關係十分密切。只是這本傳記的英譯本接近千頁，對一般讀者來說，恐怕不易終卷。然而，若真要鉅細無遺地認識潘霍華的一生，恐怕這是不能逃避的案前必讀。當然，如果要在短時間內迅速掌握潘霍華戲劇的一生，溫德（Renate Wind）的《力阻狂輪：潘霍華生命史》[2] 實屬首選之一。此書的中文譯本正文不過二百一十二頁。溫德在有限的字數中不單勾畫出潘霍華的生平事迹，更重要的是她同時交代了相關的時代背景，以及潘霍華的身分掙扎：他究竟是誰？事實上，這是潘霍華終其一生不斷自問的問題。今天，不但我們許多人都問：潘霍華是誰？昔日，潘霍華自己也在其人生的不同階段提問：我是誰？「我是誰？」這問題，後來更成了他在獄中創作的其中一篇詩作的名稱。

潘霍華，一位二十世紀德國的牧師、神學家、殉道者，在世僅三十九個寒暑。究竟潘霍華是誰？潘霍華是一位神學家，因此，另一條了解潘霍華的進路，自然就是閱讀他的神學著作，從而明白他的神學思想。有神學家曾經說過：「潘霍華是帶領我們進入第三個一千年的其中一位德國神學家。」[3] 既然如此重要，我們怎麼可以不去認識他呢？只是，一個人的神學思想跟他的生活和為人，是否必然完全一致的呢？這是一個不易回答的問題。並非每一個人都是怎麼思想就怎麼生活，而更複雜的是，在現實中這兩者往往是相互糾纏、彼此影響的，總是處在一種動態的辯證相生的過程之中。這種情況，更是活現在潘霍華的身上。

二

要想認識潘霍華，必須假以時日。可是，當下又可以怎樣開始呢？當下，在這篇簡短的文章之中，可以怎樣呈現潘霍華的容貌，而又不流於浮光掠影呢？筆者於此不免想到研究潘霍華的專家學者格林（Clifford Green），他以社羣性神學（theology of sociality）這一母題來詮釋潘霍華的寫作方向，貢獻很大，為了解潘霍華的神學打開了一道門，雖然這並非惟一的一道門。值得注意的是，他在討論潘霍華的論文中特別闢有專章，深入分析三十年代的潘霍華的生命存在與神學思想之間的相互關聯性。這可見於格林的 *Bonhoeffer: A Theology of Sociality*[4] 第四章，此章標題為"From the Phraseological to the Real: 1932"。

事實上，「從言詞轉向真實」這樣的說法乃是出於潘霍華自己的筆下。一九四四年四月二十二日潘霍華寫信給貝特格，回顧十二年前的轉變，寫下三個引致他生命改變的時刻：

> 有些人改變很多，另外很多人卻毫無改變，我不以為我曾經改變很多，除了第一次在國外時，以及第一次為父親的人格有意的影響，然後就是一種從言詞轉向真實（a turning away from the phraseological to the real ensued）〔……〕。[5]

究竟潘霍華是從一種怎樣的言詞景況轉出來呢？其所轉向的真實又是怎樣的真實呢？這是饒有趣味的，若我們對此有深刻的了解，至少可以讓我們捕捉到潘霍華生命中的一個重要轉捩點。然而，問題是，潘霍華在獄中寄出來的信件中，除上述所引的材料外，就找不到更多這方面的討論了。

格林發現了一個十分重要的切入點，可以深入探討這個轉向實際是怎麼一回事。這個切入點其實並非格林首先發現的，而是貝特格在他的潘霍華傳記勾畫出來的，但也不過是粗略的幾筆素描，[6] 此即是潘霍華《追隨基督》（*Discipleship*）一書中的自傳向度。[7] 這裏的意思是，對潘霍華來說，《追隨基督》固然並非一篇純粹概念的神學論文，它更涉及潘霍華自己的生命處境與突破、他如何從言詞轉向真實的關鍵所在。換句話說，《追隨基督》蘊含著一種神學理解，說明潘霍華信仰生命蛻變的緣由。格林的研究原來的目的是想突顯《追隨基督》一書所具有的作基督門徒此一存在的向度，[8] 但我們亦可由這一研究成果來發掘出潘霍華自己生命的存在轉向，以及他如何以神學的思考來詮釋這一經歷，從而透視潘霍華短暫的一生中的一次關鍵性生命轉變。

三

讓我們先從書名說起。《追隨基督》的德文書名是 *Nachfolge*，意思是追隨。但追隨甚麼呢？英文書名為 *Discipleship*，意思是作門徒。但作甚麼的門徒呢？這對潘霍華來說是關鍵的，這不單是指神學思想上的關鍵，更是他自己生命實存的關鍵。究竟我們要追隨的是甚麼？究竟我們要作甚麼的門徒呢？是上主？還是瑪門？然而，潘霍華所想的是更深層一些，就是表面上我們是在跟隨上主，但骨子裏卻以瑪門為我們所追逐的對象。潘霍華所想的，是那種以追隨上主來滿足自己慾望的舉動，而這正是潘霍華自己當時的生命光景。

格林發現潘霍華於一九三五年寫給他哥哥的信件及一九三六年寫給他一位女性朋友的信函，道出了他如何詮釋自己在一九三三年之前的經歷。他在給哥哥的信寫道：「我現在嚴肅看待登山寶訓，我現在的生命完全不同於昔日，那時候的生命始於以『神學⋯⋯為一學術的事業』。」[9] 在給他的女性朋友的信件中，潘霍華更清晰地道出他自己的反省：

> 我以非基督信仰的方式埋頭工作。一種〔……〕**野心**，在我心中提醒我，卻叫我的生命艱難〔……〕
>
> 然後發生了一些事情，這些事情直到今天仍然改變我的生命，把我徹底改變過來。因為我第一次來到**聖經**面前。在這之前我曾時常宣講，並很著緊教會〔……〕**但我從來未曾成為一個基督徒**〔……〕
>
> 我知道直到發生事情為止，我曾把耶穌基督這客體轉成機會，一個可以**通往我自己更上層樓的機會**〔……〕我從沒有，或幾乎不曾禱告。雖然我放棄了很多，**但我對自己的景況很滿意。聖經，特別是登山寶訓**，把我從這當中釋放出來。從此所有都不一樣〔……〕**這是極大的釋放**。我愈來愈清楚：**一個耶穌基督的僕人，其生命必定是屬於教會的**，我也愈來愈清楚這樣的要求有多嚴重。[10]

在這兩封書信中，我們看見了一個很不一樣的潘霍華。他並不是從出生那一刻到殉道那一刻都是一個樣式的。他有過學術事業的野心，他有過想借助耶穌而攀登更高成就的企圖，這一切都指向他的強力自我（powerful ego）的生命。

為甚麼潘霍華會走進這樣的一種景況呢？固然，每個人都有可能陷入如此這般的光景，但不是每個人都有那種獨特的處境，因而醞釀出這樣的一種強力自我的生命。貝特格指出，潘霍華的家庭決定性地影響他生命的成長，在一個中產又講求實際的家庭之中，他必須在父兄當中塑造出一個獨特的自我。[11] 貝特格寫道：「〔潘霍華具有〕一種原始追求獨立的動力，〔意即〕他的生命被一種對恆常不息的自我實現的渴求所掌控著。」[12] 潘霍華的家庭不單期盼更是育養當中的成員有剛強的性格，要求每一成員在共同一體之中尋求自己獨立的位置和身分。[13]

貝特格曾經說過：「我們或許可簡化地說：因為他孤獨，所以變成神學家；然而也因為他是神學家，所以他孤獨。」[14] 但潘霍華的孤獨，其實乃是出於家庭的教養，他的家庭要求他作一個剛強獨立的人。潘霍華的孤獨，其實乃是出於自己的野心與爭競。當神學的學習與研究可以讓潘霍華有別於父兄而創立一番事業，他變得孤獨；但也因為潘霍華意欲成為一個強者，成就一番家庭其他成員所不能成就的事業，孤獨的強力自我使他成為神學家。可是，正如格林指出：「潘霍華的寫作表明孤獨乃自我主義（egotism）的**結果**，而非以自我主義為孤獨的補償。」[15] 那麼，潘霍華的孤獨並非天生的性格使然，而是來自其強力的自我，因此，他需要的並非從死亡中被拯救出來，而是從強力自我的主宰中被拯救出來。[16]

潘霍華曾經以「從言詞轉向真實」來描述他的轉變，很明顯，所謂言詞乃是對應那種以神學為學術事業的舉動，[17] 要滿足的不過是自己的強力自我。甚至我們可以再進一步說，神學所討論的耶穌基督，也只不過是潘霍華言詞述說的對象而已，而非他個人生命所遇見的他者。潘霍華英才早發，二十一歲就撰寫博士論文《聖徒相通》（*Sanctorum Communio*），這是了不起的成就。他在音樂上、運動上都有出色的表現。他二十四歲完成大學講授資格論文《行動與存有》（*Act and Being*），隔年就當了柏林大學的講師；其才智與學問都為許多資深教授所賞識，他講授的課程也吸引了許多學生修讀聽講。不單如此，他更開始躋身普世教會運動的領導地位。潘霍華在極為年青的日子，只有二十六歲，就實現了他的意願，成為一個獨立出眾的人物。[18] 但這一切，在潘霍華後來的反省，都不過是出於他個人的強力自我的野心，他只是利用基督來一步一步實現他自己的意願，而非真正的服事基督和教會。

潘霍華的危機就在這種處境下出現了。表面上是他所講所教的跟他所想的不一樣，即打從他撰寫博士論文時就已開始思考強力自我的問題，但他心底裏卻存有極強的強力自我，這自然出現了衝突。但更深入的應是，如格林簡潔而清晰地指出：一方面他以作基督的僕人為其被召的事業，但另一方面，實際上他卻有意識地利用這呼召去實現其野心。[19] 這就關乎到一種把神學、信仰甚至教會、基督當作工具的做法，所服事的卻是他自己的野心，完全違背他原來被召的初衷：是去服事而非被服事。這很明顯是一種自我異化的舉動。因此，潘霍華的生命出現了存在的危機，他要脱離言詞的虛妄，轉向存在的真實。

四

一九三二年潘霍華發表演講，講題為「基督與和平」，這次演講的內容奠下了《追隨基督》的神學基礎；[20] 兩者都以基督的**權柄**與對祂命令的順服為作門徒的本質。[21] 如果我們沒有上述的認識，大概十分難以明白，何以潘霍華在發展其社羣神學的過程中，會出現如此的一本著作，探討的又是如此的一個作基督門徒的問題。格林提醒我們，潘霍華並非想要放棄社羣神學，他只是想要為社羣神學加上**存在**的向度。[22] 在潘霍華看來，人乃是社羣性的，但自我主義及它所帶來的破壞力量卻使人落在自我矛盾之中，[23] 人自己背叛自己的本性。但基督卻是新人性的「位格化」(personification)，以具體、社羣的形式臨在基督徒羣體之中，好恢復真正的人性。[24] 因此，潘霍華在社羣神學之中加進了**順服**基督的要求，[25] 讓門徒恢復其社羣性。

潘霍華自己正正經歷了基督的呼召，從強力的自我走出來，成為門徒。格林從三方面分析《追隨基督》的自傳向度，分別為對成為門徒的解釋、釋經及對路德的描繪，這很有助我們由此認識潘霍華這種存在生命的遭遇和改變。由於篇幅關係，我們不能悉數引述，只能擇其要點加以闡明。

《追隨基督》充滿對「受制於自我選擇的道路」（the servitude of a self-chosen path）[26] 的批判，首先指向的乃是潘霍華自己過去的生命。他要把門徒跟基督的關係完全扭轉過來，不是門徒自己選擇去跟隨基督，而是基督在呼召中讓門徒可以隨從。真正的作門徒，只是順服地跟隨，而非滿足自己的野心。格林指出：「在教會中有人——或許完全是無意的——並非尋求基督而是權力、影響和名聲，他們藉著他們的知識能力或先知洞見而達到他們的目的〔……〕或許，最成功逃避順服作門徒的呼召的方法，並要實現自己所選擇的野心，乃是把基督教看為概念、意見、原理、抽象的問題——一門知識事業，一種『言詞的』及『學術的』事業，這正是『廉價恩典』的道路。」[27] 但《追隨基督》卻不以為然，斷然拒絕這種做法。格林一針見血地指出：「《追隨基督》拒絕野心、視基督教為自我提升和自我中心的事業、視信仰為概念、知性成就和個人表演，以及強力的自我在成功中榮耀自己的滿足。」[28] 這裏所講的，不單有其普遍的意義，對很多基督信徒不啻為暮鼓晨鐘，但對潘霍華來說，更別有味道，因為全都是指向他早年的生命光景。格林進一步分析，潘霍華在討論路加福音九章 57 至 62 節時，其中的第三個人正是他自己。潘霍華的演繹顯出他直接應用這經文於自己身上：[29] 往日他視作基督的門徒為「自己的事業、自己選擇的事業」、按自己籌算計劃的「人的計劃」。[30]

那麼，出路在哪裏？如何才可以回轉歸向生命真實的存在？潘霍華的答案很簡單，就是順服。耶穌要的乃專一的順服，只有順服才能自由地相信，[31] 而「**只有相信的才會順服**，也**只有順服的才會相信**」。[32] 兩者互為預設，不能分割，而為新的生命的表現；這新的生命不再以自己的意志為主，乃是以基督的命令為尚。這對潘霍華尤有意義。首先，順服必然涉及整個人的生命，因此潘霍華必須從學術的及言詞的胡同走出來，轉而全面跟隨基督，才是他的出路。[33] 其次，如果個人問題的核心，乃是在於事業的呼召與對待生命的態度之間出現了裂縫，那麼只有改變生命的存在才能把兩者結合。[34] 這對潘霍華來說尤其真實。「理想的召命必須成為真實，而實在的生命又必須改變以使召命能在生命中實現出來——順服就是催化劑。」[35] 第三，只有順服才是對付強力的、野心的、成功的、自信的、自主的自我。[36] 如果自我是靠著自己的自主能力而生活，惟一的方法就是順服基督的權柄，才能克服這自我的權力。[37] 潘霍華肯定「順服」的重要，不單為了在他的社羣神學中內置一存在的向度，使新人性可以成為真實，更同時以此來對治自己的毛病，以致自己的事業與被召不再彼此分割，甚至避免出現背叛的情況。他要透過生命存在的改變，把自己的事業置於召命底下，讓自己的事業成為實現召命的器皿、完成自己生命的通道。

最後，我們必須指出，潘霍華提出以順服作為門徒的本質所在，固然是源於他仔細研究符類福音和保羅書信的成果，但也同時是出於他個人存在的遭遇。這存在的遭遇是甚麼呢？格林發現《追隨基督》用了相當篇幅討論登山寶訓，這並非無緣無故的，因為正正是登山寶訓讓潘霍華自己從強力的自我釋放出來。他給他的女性朋友的信件清楚表明這一點。他在登山寶訓中聽聞耶穌對他的呼召、吩咐他在教會中委身給基督。[38] 換句話說，潘霍華與耶穌在登山寶訓中有一存在的相遇。在這一相遇中他聽聞那滿有權柄的話語針對他的景況說話，他聽到的是耶穌的命令，就是成功、自滿、充滿自己意欲的人必須放棄他自己的野心，專一單純地跟隨基督。[39] 因此，我們可以說，《追隨基督》所說的順服，是對應潘霍華跟耶穌的存在性相遇，而這相遇又反照出他先前那種籌劃、計算的強力自我的生命。

五

潘霍華是誰？當然，「潘霍華」不單只是一個名字。潘霍華是一個德國人的名字，我們截取了這人生命的一部分來嘗試認識他。我們發現他有自己獨特的經歷、遭遇，他的生命有過危機與轉變，他對自己對耶穌的認識同樣也曾經落在不同的層次上。這一切，我們發現原來是隱藏在潘霍華這本膾炙人口、極受歡迎的著作《追隨基督》之中及之外。我們透過《追隨基督》及與它相關的書信、研究，看見一個人的文章事業跟他的信仰的關係並不那麼簡單。在潘霍華的情況，信仰可以成為他個人的文章事業的工具、實現野心的機會；但也可以是倒轉過來，在順服耶穌的帶領底下，一切的文章事業都成了真實生命的實現場所。我們看見，潘霍華也曾經尚未成為基督徒；但我們也看見，在耶穌的具體確實的呼召底下，他從虛幻的言詞轉向存在的真實。潘霍華是誰？我們從他的一個人生轉捩點，窺見了他生命的某些面向。他的這些面向，對我們又有些甚麼意義？潘霍華，對我們來說，難道僅只是一個名字？僅只是若干年前曾經生存在世上的一位德國人？僅只是另一個基督徒？

註釋

1. Eberhard Bethge, *Dietrich Bonhoeffer: A Biography*, revised version, trans. Eric Mosbacher, Peter and Betty Ross, Frank Clarke, and William Glen-Doepel (Minneapolis: Fortress, 2000).
2. 溫德：《力阻狂輪：潘霍華生命史》，陳惠雅譯（台北：雅歌，2004）。
3. 語出杜樂蒂．左勒（Dorothee Soelle, 1929 ～ 2003），見 Dietrich Bonhoeffer, *Discipleship*, trans. Barbara Green and Reinhard Krauss

(Minneapolis: Fortress, 2001)，封套底頁。

4. Clifford Green, *Bonhoeffer: A Theology of Sociality* (Grand Rapids: Fortress, 1999).
5. Dietrich Bonhoeffer, *Letters and Papers from Prison*, trans. Reginald H. Fuller, Frank Clark, and John Bowden (New York: Macmillan, 1972), enlarged edition, 275; *Letters and Papers from Prison*, trans. Richard Krauss, Nancy Lukens, Lisa E. Dahill, and Isabel Best (Minneapolis: Fortress, 2009), 358。此句德文直譯為英文如下：" It was then that I turned from phraseology to reality. "（見 Green, *Bonhoeffer*, 105 ～ 106 n.1）
6. Green, *Bonhoeffer*, 151.
7. Green, *Bonhoeffer*, 151.
8. Green, *Bonhoeffer*, 151, 153.
9. Green, *Bonhoeffer*, 142.
10. 轉引自 Green, *Bonhoeffer*, 141.
11. 轉引自 Green, *Bonhoeffer*, 144。
12. 轉引自 Green, *Bonhoeffer*, 144。
13. Green, *Bonhoeffer*, 145.
14. 轉引自 Green, *Bonhoeffer*, 144 n.84。
15. Green, *Bonhoeffer*, 144 n.84.
16. Green, *Bonhoeffer*, 145 n.84.
17. Green, *Bonhoeffer*, 142 n.79.
18. Green, *Bonhoeffer*, 147.
19. Green, *Bonhoeffer*, 147.
20. Green, *Bonhoeffer*, 151.
21. Green, *Bonhoeffer*, 152.
22. Green, *Bonhoeffer*, 153.
23. Green, *Bonhoeffer*, 156.
24. Green, *Bonhoeffer*, 156.
25. Green, *Bonhoeffer*, 156.
26. Bonhoeffer, *Discipleship*, 36.

27. Green, *Bonhoeffer*, 160.
28. Green, *Bonhoeffer*, 160.
29. Green, *Bonhoeffer*, 160.
30. Green, *Bonhoeffer*, 160.
31. Green, *Bonhoeffer*, 81.
32. Green, *Bonhoeffer*, 63.
33. Green, *Bonhoeffer*, 161.
34. Green, *Bonhoeffer*, 161.
35. Green, *Bonhoeffer*, 161～162.
36. Green, *Bonhoeffer*, 162.
37. Green, *Bonhoeffer*, 162.
38. Green, *Bonhoeffer*, 152.
39. Green, *Bonhoeffer*, 152.

3.

在困迫之中作門徒*

二十世紀三十年代的德國是一個風起雲湧的時代。身處於以希特勒(Adolf Hitler)為首的納粹政權所統領的國家之中，教會這個信仰羣體應該怎樣自處？當這個主要包含了信義宗與改革宗在內的德國新教教會，長久以來都跟國家關係密切，甚至當中不少信徒十分支持國家，她會怎樣回應一九三三年一月三十日希特勒當上德國總理的局面？

一九三三年二月一日，一位還有三天才二十七歲的年青柏林大學編外講師，在電台廣播中演講「年輕一代的領袖與個人」，當中有這樣的說話：「領導者必須知道有責任對自己的權威劃定清楚的界限。如果他對自己功能的了解與現實的限制不同，或者他沒有一再給予跟隨者有關他任務的界限及責任。又如果他被跟隨者迷惑，並想成為他們的偶像……這個領導者的形象就會沉淪，成為魅惑者。」

這位年青的大學講師，就是迪特里希·潘霍華（Dietrich Bonhoeffer)。此後十年，潘霍華一直尋找不同方式抵抗納粹政

---

* 本文原以〈在困迫之中作門徒的潘霍華〉為題，刊於香港浸會大學基督徒學生團契二〇一三至二〇一四年度文字刊物第三期頁 4～5，稍作修改，蒙允採用。

權，以及德國國家教會。一九四三年四月五日，潘霍華被戰事法庭與蓋世太保逮捕。兩年後的一九四五年四月九日，潘霍華剛過了三十九歲的生日兩個月不久，跟其他參與抵抗納粹政權的同謀，一起在浮羅生堡（Flossenbürg）集中營被處絞刑。他的屍體與其他數千人一起被納粹燒毀掉。一星期後，盟軍進駐該營地。

潘霍華是個基督徒，但他是個怎樣的基督徒？

潘霍華英語版全集的執行主任格林（Clifford Green）說：「他是個指引行動者的思想人（The thinker who informed the man of action）。」潘霍華的思想，首先指引的就是他自己的行動。從一九三三年開始，他就不斷判斷德國的形勢，然後在行動上作出回應。希特勒上台兩天後，潘霍華就在電台上演講「年輕一代的領袖與個人」，提醒領袖要小心迷惑，成為羣眾的偶像。演講還沒有結束就因為超出節目時限而中斷了。當時，差不多整個德國，包括信義宗與改革宗教會在內，都陷進了激情的領袖崇拜之中。

此後的歲月，潘霍華的命途就跟國家、教會不能分割的交織在一起。潘霍華面對的情勢愈來愈險峻，當教會逐漸滿是納粹信徒的時候，他可以怎樣追隨基督、作主門徒？這位出身於高級知識分子家庭的年青人，從此投身於教會的爭鬥（Church Struggle）之中。他閱讀聖經、默想上帝的話語，分析處境、思考教會應有的回應行動。他行動，也呼籲教會行動，抵抗納粹政權通過法案迫害和清洗猶太人、收編信義宗與改革宗教會而成為國家教會。但他沒有陷入盲動之中。

在此後十年的歲月之中，潘霍華一直遵行他在一九三二年已經提出的「實在是命令的聖禮」（reality is the sacrament of command）。意思就是對「實在」（reality）有處境的知識，方才能夠幫助我們辨別今日上帝對我們的要求，無論是言說的還是行動的。潘霍華坐言起行，表裏一致，但他絕對不是一個社會行動主義者。面對納粹政府所通過那排除猶太人於政府工作之外的「雅利安條款」（Aryan Paragraph），而國家教會不久即採納這條款作為教牧人員的條件，潘霍華很快就公開發表文章〈教會與猶太人問題〉（The Church and Jewish Question），呼籲教會不但要「包裹被車輛輾傷的受害者，並且還要擠停車輪之輪輻」。他就是那位想盡一切辦法努力去擠停車輛前進的人。

一九三四年五月，部分教會領袖脱離國家教會，成立認信教會（Confessing Church），發表《巴門宣言》（Barmen Declaration），向納粹政府以及國家教會表明，只有基督才是教會的主。認信教會為了訓練忠於耶穌基督的傳道牧者，成立了自己的神學院，並邀請潘霍華出任其中一所的院長。神學院從一九三五年四月開始，直到一九三七年夏天蓋世太保勒令關閉為止。那年年底，二十七位曾就讀於此的牧者被捕入獄，因為這不是國家教會認可的。潘霍華在神學院教導學生追隨基督作門徒的課程，他表明這是要付代價的。而現實上，確然如此。

可惜，最終認信教會也不免受到希特勒的分化政策影響，以及擺脱不了強烈的民族主義情緒，結果不單未能凝聚力量抵抗納粹政權、抵抗國家教會，更因著祖國呼喚保家衛國而沒有全然忠於耶穌基督，應召入伍參戰。一九四〇年開始，潘霍華逐漸失去教會的支持，因為這個時候的教會已經滿是納粹信徒，他還有甚麼可以做的呢？他如何判斷這個舉步維艱的局面？事實上，在個人層面上，潘霍華早於一九三六年八月已被下令不得在柏林大學教學、一九三八年一月不能再在柏林工作、一九四〇年九月被禁止公開演講並定時向警察報到。國家的權力逐漸切斷了潘霍華的種種聯繫，除了家庭之外。潘霍華可以怎麼樣呢？

早在一九三九年六月，潘霍華第二次前往美國，但旋即於七月返回德國。他曾經一度決定離開這個難有作為並叫他不斷失望的國家，以及其中的教會——國家教會也好，認信教會也好，但他在旅途之中苦苦掙扎、內心交戰不堪，當六月二十六日讀到保羅要求派一位同工到他那裏去：「要趁冬天未到時前來我這裏！」他就牢牢記住「要在冬天之前來」這話。七月七日，潘霍華乘船歸去，途經英國倫敦，與孖生妹妹和妹夫一家短聚，從此就不再相見了。

此後，潘霍華因著姊夫杜南毅（Hans von Dohnanyi）為德國軍方反情報組織的領導人物之一，加入其中從而有分軍中的抵抗活動，藉此他聯絡英國及北歐的教會尋求支持德國國內的抵抗運動，也參與營救猶太人的「七號行動」（Operation 7）。最後，這個「七號行動」因著另些原因而曝光，潘霍華連同他的姊夫及其他相關人物先後被捕。一年後的九月，蓋世太保發現這個反情報組織謀反希特勒的檔案，立即逮捕他的三哥與另一位姊夫。再後一年的一九四五年四月，他們先後被處死。

潘霍華一九三二年六月十九日在柏林講道，有下面的一段說話：

> 如果我們的教會再一次需要殉道士的血，無需驚訝。但即使我們有勇氣與信心流血，這血將不會像第一代殉道士的血那麼無罪或清澈。我們的血將充滿許多自己的罪責。這是無用僕人的罪責，他要被拋到黑暗之中。

這是迪特里希．潘霍華。

4.

潘霍華的複音生命*

許多人都認識潘霍華（Dietrich Bonhoeffer）是個神學家、基督徒和時代之子，這是因為他的學生及好朋友貝特格（Eberhard Bethge）所寫關於他的傳記，就以此為副題，標示了潘霍華生命的某些重要角色與面貌。我們都知道，一九三二年潘霍華因讀登山寶訓與上帝的話語相遇，而逆轉他那自我中心的生命，從此之後聖經在他的生命舉足輕重。只是，沒有很多人注意，音樂在潘霍華的生命之中所佔有的位置。

潘霍華的音樂造詣足以使他成為專業的音樂家。他十歲時就彈奏莫扎特奏鳴曲，不久之後開始作曲，常是家中音樂會的出色伴奏者。在他還沒有決定研讀神學牧養教會之前，他的父母已安排他在鋼琴大師列昂尼德．克羅采（Leonid Kreutzer）面前演奏。[1] 可是以後，他就只把精神與心力投放在上帝的教會一羣體上面，沒有寫過任何文章著作專論音樂，只是偶爾提及音樂和其他藝術。[2] 在《獄中書簡》（*Letters and Papers from Prison*）我們也可以窺見他這方面的討論。

---

* 本文原刊於香港樹仁大學基督徒團契詩班二〇一四至二〇一五年度週年音樂會場刊，頁 4～5。蒙允採用。

潘霍華哀歎納粹政權妖魔化地使用浪漫的德國傳統（貝多芬、華格納以及其他），他提到某些音樂（例如巴哈）對教會是很恰當的，但某些就最好置於教會之外（浪漫傳統）。潘霍華警告，要小心音樂引領人離開上帝話語的危險力量；他認為歌唱是要服事對自由的奮鬥（只有為猶太人呼喊的才配唱誦格里高利聖歌〔gregorian chants〕），而一九三〇至一九三一年間他在美國遊學時發現的靈歌（spirituals）卻深深的影響他。[3]

一九三三年一月三十日希特勒（Adolf Hitler）在民族主義情緒高漲的氛圍底下，當上了德國總理。潘霍華隨即於二月一日在電台廣播中演講「年輕一代的領袖與個人」，提醒領袖要小心迷惑，成為羣眾的偶像。那年他還不到二十七歲。可惜當時差不多整個德國，包括新教的信義宗與改革宗教會在內，都陷進了激情的領袖崇拜之中。

一九三四年五月認信教會（Confessing Church）成立，發表《巴門宣言》（Barmen Declaration），跟國家控制的福音教會分別開來，只以耶穌基督為主，並成立五所非法神學院。一九三五年春天未滿三十歲的潘霍華出任認信教會在芬根瓦（Finkenwalde）設立的神學院院長，為了德國教會的將來，以福音為中心訓練、塑造年青一代的教牧同工，成為忠於耶穌基督的門徒，建立真正的教會。兩年之後的九月蓋世太保查封關閉了芬根瓦的神學院。潘霍華相繼陷入困境之中。一九三六年八月被下令不得在柏林大學教學，一九三八年一月不能在柏林工作，一九四〇年九月被禁止公開演講並定時向警察報到，一九四一年三月不得出版。

一九四三年四月五日，潘霍華有分參與營救猶太人的「七號行動」（Operation 7）曝光，連同姊夫及其他相關人物先後被捕。一年後的九月，蓋世太保發現這些人所隸屬的軍中反情報組織謀反希特勒的檔案，不久即把潘霍華等人移送軍事監獄。再後一年四月九日，潘霍華剛過了三十九歲生日兩個月不久，就跟其他參與抵抗納粹政權的同謀，在浮羅生堡(Flossenbürg)的集中營一起被處絞刑。他的屍體跟其他數千人一起被納粹燒掉。

潘霍華在獄中被囚時所寫的信件，多次借用複音(polyphony)來講述基督徒的生命。對他來説，基督徒的生命，就如一闋複音的樂章(polyphonic composition)由定旋律(*cantus firmus*)所指導，在兩個雙關的層面運作。首先，定旋律是要避免樂章失去方向和目的，並非鉅細無遺地操控樂章的多面向度與複音結構，對基督徒來說，這是指向穩固的根基、上帝的話語。其次，在上帝的定旋律之中，基督徒可以自由地活出複雜多樣的生命；上帝一如定旋律那樣，成為複音樂章的眾多獨立走向的根基。信仰讓我們看見這種多種向度的生命存在。[4] 潘霍華在獄中那種生命表現，甚至他短短三十九年的生命，豈不都具體活現這種生命的複音嗎？

註釋

1. Jeremy S. Begbie, *Resounding Truth: Christian Wisdom in the World of Music* (Grand Rapids: Baker Academic, 2007), 157.
2. Begbie, *Resounding Truth*, 157.
3. Begbie, *Resounding Truth*, 157.
4. Robert O. Smith, "Bonhoeffer and Musical Metaphor," *Word & World* 26, no. 2 (Spring 2006): 201.

5.

詩人潘霍華*

對許多人來説，潘霍華（Dietrich Bonhoeffer）是個神學家、基督徒，或是牧者、殉道士，卻甚少想到他是個詩人。二〇〇九年西方英語世界卻出版了一部會議文集，題為：《我是誰？通過潘霍華的詩作認識其神學》（*Who Am I? Bonhoeffer's Theology through His Poetry*）。[1]〈我是誰？〉（Who Am I?）是潘霍華詩作之中膾炙人口的一首，以此命名一本討論他的詩作中的神學，實在是點題之作。潘霍華是誰？在他的詩作之中讓我們看見的是一個怎樣的潘霍華？

潘霍華在他的著作之中，經常提問的是：「對於今天的我們來説，耶穌基督究竟是誰？」是以他一再回歸到耶穌基督。今天潘霍華已經離世七十年，仍然有無數類似研究、著作相繼出現，一再回到他這個人身上。或許，「潘霍華是誰？」這個問題，應該轉成「對於今天的我們來説，潘霍華究竟是誰？」於是，一切的查探、考究，無論哪種進路、層面，都不過是要幫助我們自己明白：潘霍華今天要對我們説些甚麼？神學家、基督徒潘霍華，今天要對我們説些甚麼？牧者、殉道士潘霍華，今天要對我們説些甚麼？詩人潘霍

* 本文原刊於《阡陌文藝雙月刊》第八期（2016 年 1 月 15 日），頁 4～5。

華，今天要對我們說些甚麼？

潘霍華是個詩人嗎？收在《獄中書簡》（*Letters and Papers from Prison*）的十首詩作，已經是潘霍華所有詩作了，這些詩作又只是寫於他生命最後的歲月（一九四四年六月至十二月），那麼，大概我們至少也可以稱他為六個月的詩人或是十首詩作的詩人。潘霍華在生命最後的日子之中，六個月內創作了十首詩，只因首度嘗試，我們很有理由推想他必定花上不少心神，來回推敲，持續沉浸在詩句的遣詞用字之中。無疑，潘霍華並不滿意自己的作品，他就曾經對自己的〈通往自由的四站〉（Stations on the Road to Freedom）初稿發出感歎：「我肯定不是個詩人」（附於給好友貝特格〔Eberhard Bethge〕的詩作之後）。可是潘霍華沒有隨便放棄，現存的十首詩作全都是潘霍華的最終定稿，大多都留下他數度修改斧正的痕迹，由此即可印證潘霍華確實認真、浸沉於這些詩作之中。

潘霍華這些詩作，並非長篇鉅製，相對地十分簡短，在解讀時尤可進行文本互涉，既可在這些詩作之間來回往復，互相印證、參考，也可在這些詩作與潘霍華自身的神學文章交互對話。無論哪一種閱讀，我們都需要注意此中詩的語言，正視詩的語言有別於概念的語言，或更勝於概念的語言而精準地表達出那些協調與張力、勾畫出狂喜與斷裂等相互對立但又連結一起的種種情況。詩性語言所具有的這種遮撥性質（apophatic nature），正好特別適合用來講述神學中那些不能正面詮述的思想或概念，它可以抵受任何解釋上的單一主義（unilateralism），並促使想像而避免瑣碎。

透過潘霍華自身的詩作，把握潘霍華自身的神學，特別適合。潘霍華自身的神學思考本就十分複雜，其豐富的弦外之音更像音樂的聚合，而非建築物的結構，因此只有管弦樂團性質的詩性語言，才能切合潘霍華此種性質的神學思考。潘霍華的神學思考總是跟隨一種非系統的建設來進行，自身蘊含著一種內在的律動與戲劇，正如他的自道：「一如過往，更多時候我被一種對後起問題的直覺性感受所引領，而非任何我已經達至的答案。」（一九三四年六月八日信件）。潘霍華這種向神聖啟迪敞開自己思考的作為，事實上也在其實際寫作的過程之中反映出來。

潘霍華在一九四四年六月五日寫給貝特格的信件之中，就在這方面有所透露。那時他完成了第一首詩作〈過去〉（The Past），在信裏他提及這首詩的「關鍵部分」，只花了幾小時就完成了，沒有修飾過；它們自然按著自身的節奏就跑出來了。詩人與神學家一樣，從來都不可以控制、主宰他所書寫的對象。雖然上帝不能被約化成為只是客體，但節奏卻可以邀請上帝神聖的啟迪；上帝的啟迪從那塑造作者想像視域的意像（images）與意念之中浮現出來。潘霍華自身豐富的視域：聖經的意像、神學傳統的概念，讓他的心思與想像可以為聖靈所啟迪，一些字詞、句子、節段不能自已地湧流出來，表面看來只是一篇詩作在形式層面的切合，卻在更深的內部上對應著信仰的上帝。

閱讀潘霍華的詩作，也難免藉此而思考其生命與神學的關係。但是，與其只是聚焦於詩作所反映的個人生命與神學，倒不如視之為潘霍華透過詩作跟他的朋友、所愛的人與家庭所作的溝通。在這些詩作之中，我們更加看見他跟聖詩作者、聖經作者，甚至上帝自己對話，藉此而向他的朋友、所愛的人、家庭顯示更為私密的自己。然而，潘霍華這一切的溝通、對話，豈又不是在教會一羣體之內並與教會一羣體一起相交？要了解潘霍華的詩作，只有進到他所浸淫其中的又在其中對話的基督教神學傳統，方才可能。這也就是說，面對「詩人潘霍華，今天要對我們說些甚麼？」這個問題，我們就只得進入他這個浸淫其中又在其中對話的基督教神學傳統之中。潘霍華的詩作，可說是一種教會一羣體式的溝通方式，以致我們需要進入他所處身其中進行對話的羣體之中。

閱讀潘霍華這些詩作，固然可以順著其寫作的先後次序來進行，但是也不妨以其不同主題而作分類予以閱讀，而可見出潘霍華這些詩作的關心闊度與深度。就如〈所有美善的力量〉(Powers of Good)、〈幸與不幸〉(Sorrow and Joy)與〈朋友〉(Friend)強調的是忠信的意涵，〈通往自由的四站〉與〈基督徒與異教徒〉(Christian and Pagan)反省基督徒被召的標記：受苦，〈約拿〉(Jonah)與〈摩西之死〉(The Death of Moses)使用聖經的典型人物來思考及澄清潘霍華自身那代替性的代表行動的使命，〈我是誰？〉與〈過去〉不約而同地處理詩人自身痛苦的自省與疑問，而剛好〈約拿〉與〈摩西之死〉又可視為詩人以聖經的典型人物來回答這些自省與疑問。

詩人潘霍華，今天要對我們說些甚麼？

註釋

1. Bernd Wannenwetsch, ed., *Who Am I?: Bonhoeffer's Theology through His Poetry* (London / New York: T&T Clark, 2009)。本文寫作主要參考此書的引言。

6.

怎樣的生平？何種的神學？——諸種潘霍華傳記的容貌

一

對於很多人來説，無論是基督徒或非基督徒，都很被潘霍華（Dietrich Bonhoeffer）這位與德國納粹政權不能分割的神學家所吸引，特別是他從一九三三年起直至一九四五年離世這十二年抵抗納粹政權的日子。要認識潘霍華的神學思想，現在我們可以閱讀英語版的十六卷校勘本全集（*Dietrich Bonhoeffer Works English*，第十七卷為索引及補篇）。但是因為潘霍華的神學思想總是跟他生命所在的處境難以分離，他總是毫不閃躲地正視處境之實在，而不斷檢視、再思自己既有的想法和確信，對教會，對國家，對他者，對自己提出問題，好更新自己的信仰自己的神學，所以我們並不能像讀其他許多神學家那樣，只停留在其著作層面已經足夠，卻需要走進潘霍華自身的生命經歷之中，走進他身處的歷史世界之中，方才可以較為深入較為恰當較為整全地認識潘霍華。因此，潘霍華的傳記就成了我們必經之路。

對於稍為涉獵潘霍華的都會知道貝特格（Eberhard Bethge）於一九六七年出版的權威傳記《迪特里希・潘霍華：傳記》（*Dietrich Bonhoeffer: A Biography*）。[1] 潘霍華這位同輩的學生、好友、姨甥女的丈夫，一生致力整理和出版潘霍華的著作，特別在收集和編輯《獄中書簡》（*Letters and Papers from the Prison*）、未完成的《倫理學》（*Ethics*），付出無比的心力。沒有他所寫的潘霍華傳記，沒有他對潘霍華神學思想的解釋，恐怕潘霍華早已被淹沒在歷史之中無數名字背後了。不少神學家都認定：沒有貝特格，就對潘霍華沒有甚麼認識。一九七〇年潘霍華離世二十五週年，他的傳記英語版出版，英國牛津大學神學家麥奎利（John Macquarrie, 1919～2007）就在《紐約時代書評》（*The New York Times Book Review*）上撰文寫道：「貝特格先生為這個世紀一位偉大的基督徒與道德領袖，勾畫了一幅無法忘懷的圖畫。」[2] 這本英譯本單是內文也接近一千頁的巨著，到了今天仍然是無法繞過的作品，雖然近年不少英語作家嘗試因應需要撰寫潘霍華傳記，但是都或多或少需要參考及援引貝特格這本材料豐富的權威著作。然而這些著作，又有幾多真的值得我們進入以便窺見潘霍華那思想與處境互不分離的生命，即或仍然難以避免某種角度？

在這裏筆者借用近日英語及德語世界對新近出版的潘霍華傳記的評論，提綱挈領地指出在閱讀這些著作的時候應該留心、注意的地方。下面我們首先按著日子先後，列出有關的書評。

Victoria J. Barnett, "Review of Eric Metaxas, *Bonhoeffer: Pastor, Martyr, Prophet, Spy: A Righteous Gentile vs. the Third Reich*."[3]（September 1, 2010）

Clifford Green, "Hijacking Bonhoeffer."[4]（October 5, 2010）

Ferdinand Schlingensiepen, "Making Assumptions about Dietrich: How Bonhoeffer Was Made Fit for America."[5]（2014/2015）

Victoria J. Barnett, "Interpreting Bonhoeffer, Post-Bethge."[6]

(September 15, 2014)

Kyle Jantzen, "Ferdinand Schlingensiepen and the Quest for the Historical Bonhoeffer."[7] (December 1, 2015)

這幾篇評論文章都是出自研究潘霍華的專家學者之手，所評論的主要是 Eric Metaxas 的 *Bonhoeffer: Pastor, Martyr, Prophet, Spy: A Righteous Gentile vs. the Third Reich*、[8] Charles Marsh 的 *Strange Glory: A Life of Dietrich Bonhoeffer*[9] 與 Ferdinand Schlingensiepen 的 *Dietrich Bonhoeffer, 1906 ～1945: Martyr, Thinker, Man of Resistance*。[10] 這幾本著作沒有上千頁之多，但都在四、五百多頁之間，因此，本文最後會介紹 Lauren R. E. Larkin 評論 Christiane Tietz 的 *Theologian of Resistance: The Life and Thought of Dietrich Bonhoeffer*[11] (November 14, 2016)。此書內文只有一百二十一頁，是難以想像的短小，也是眾多潘霍華傳記作者之中少有的女性，恰巧翻譯的巴尼特(Victoria J. Barnett)也是研究潘霍華的女性。

二

事實上，巴尼特是資深的當代德國教會歷史的學者，擔任美國大屠殺紀念館(United States Holocaust Memorial Museum)的「倫理學、宗教，以及大屠殺」規劃總長，並在二〇〇四年至二〇一四年擔任潘霍華英語全集的總編輯，負責卷八、十至十六這內含大量書信、講章、講稿等歷史文獻的組別，與格林(Clifford Green)這位英語世界第一代的研究潘霍華的學者合作，共同完成了十六卷的翻譯，貢獻不少。格林是潘霍華英語全集的執行總監(executive director)，為此工作了二十五年之久，親自編輯或與人共同編輯了其中五卷，對《倫理學》一書的編訂尤有突破性貢獻。他的著作《潘霍華：社羣神學》(*Bonhoeffer: A Theology of Sociality*)[12]是英語世界研究潘霍華的起點。至於士凌根士本（Ferdinand Schlingensiepen, 1929～）其於二〇〇六年出版的潘霍華傳記雖然在二〇一〇年被翻成英文，但卻鮮為人識，備受忽略，成了研究潘霍華的遺珠。[13]其實以士凌根士本的背景與學歷，是最有資格撰寫新一代的潘霍華傳記的，因此貝特格生前特意邀請他從事這一工作。至於詹特倫(Kyle Jantzen)，他既是歷史科教授，更專注於教會歷史的研究，特別是德國納粹時代的歷史，他的博士論文就是研究這一時期的：《信仰與祖國大地：希特勒德國的牧區政治》(*Faith and Fatherland: Parish Politics in Hitler's Germany*)，[14]並參與多份歷史學術期刊的工作，其中包括德國研究與大屠殺研究。我們可以看見，這些評論近年出版的潘霍華傳記的學者，除了格林之外，都是歷史研究出身的，有著專業的歷史學訓練，這一點完全可以在他們的評論之中反映出來。

筆者在這裏並不準備逐篇評論介紹，而是以詹特倫的文章為主軸，以總結性的方式勾畫出他們對梅塔爾薩斯(Eric Metaxes)和馬什(Charles Marsh)的著作的批評所在。最後筆者會介紹值得花上時間細讀的兩本著作：《迪特里希・潘霍華，1906～1945：殉道士、思想家、抵抗人》(*Dietrich Bonhoeffer, 1906 ～1945: Martyr, Thinker, Man of Resistance*)、《抵抗的神學家：迪特里希・潘霍華的生平與思想》(*Theologian of Resistance: The Life and Thought of Dietrich Bonhoeffer*)。

事實上，歷史學家及許多研究潘霍華的學者對梅塔爾薩斯和馬什這兩本著作普遍是批評而非讚賞的。詹特倫就此提出了三個因素解釋這種情況。第一，這些近期作品的寫作是出於神學而非歷史，他引用巴尼特的說話：結果總是「把潘霍華時期的戲劇性歷史事件，以及他在普世運動、政治、教會和抵抗圈子所遇上的人物，基本上視為背景，服事舞台的中心：那淒美的個人與神學的故事」。這是因為作者帶著某種神學或宗教的背景來閱讀潘霍華的故事，沒有嚴肅正視他所身處的具體的歷史景況。第二，大戰之後尤其在北美因著《追隨基督》（*Discipleship*）與《獄中書簡》而迅速把潘霍華打造成一位忠於聖經的基督徒與殉道士，從而忽略了他在德國教會爭鬥（German Church Struggle）或是普世教會之中的歷史角色。因此潘霍華很容易被抽離其歷史脈絡而任意擺佈。第三，特別對近期潘霍華的解讀甚有影響的，是當代對大屠殺的研究的高度重視，誘使不少作者以為潘霍華及其他新教領袖更為重視猶太人的迫害與滅絕而非其他（這是士凌根士本提出來的）。

總而言之，正如海恩斯（Stephen Haynes）早在其於二〇〇四年出版的《潘霍華現象：一個新教聖徒的畫像》（*The Bonhoeffer Phenomenon: Portraits of a Protestant Saint*）[15] 所說的，神學的極端主義者、自由主義者，以及保守主義者，全都把潘霍華引為己用；梅塔爾薩斯與馬什不過是延續這一傳統。這兩人的作品蓋過了士凌根士本的潘霍華英譯本，殊為可惜。士凌根士本對這兩人的作品的評論，跟格林與巴尼特及其他人的批評是一脈相承的，他更進一步表達了德國學界對這兩種美國式的解讀的失望：

> 馬什與梅塔爾薩斯把潘霍華拖進了美國處境的文化與政治爭論之中。他們沒有按著潘霍華在德國時期的情況來講述事情，也沒有按照今日德國所爭論的方式（十分有別於美國的情況）來討論。梅塔爾薩斯把焦點放在美國的右翼與左翼的鬥爭之中，把潘霍華弄成一個沒有自己神學洞見與確信但卻討好舉足輕重的保守派。馬什集中於保守派與同志右翼運動的衝突上面。兩者的進路同樣誤導讀者，

> 這些進路叫美國社會對潘霍華發生興趣及感到相關。潘霍華不需要這些，而這肯定是扭曲事實。

一言以蔽之，這些書評主要針對兩點來討論：神學的與歷史的。前者涉及某種作者以先有的神學觀點強行讀入，因而引致後者：不顧當時實際的歷史處境。於是出現了雙重扭曲：神學的扭曲與歷史的扭曲。仔細的扭曲情況，可以自行參閱前面開列的書評，在此不擬細講。這種扭曲的結果，就是格林所講的「騎劫潘霍華」，分別只是各自的神學及政治立場不同而已。

三

相對來説，士凌根士本的進路卻是以潘霍華自身在德國新教教會的歷史來塑造他的講述。從出身背景到學歷，士凌根士本都是寫作潘霍華的上佳人選。他父親是認信教會的牧者、認識潘霍華，曾經擔任認信教會所舉辦的神學院的院長，並曾一度被囚。士凌根士本自己也是牧師和神學家，與貝特格關係親密，交往長達五十年。一九七二年他主持第一屆潘霍華國際會議，是潘霍華學會創始人之一。貝特格在生之時就邀請他撰寫一本關於潘霍華的濃縮版傳記，因為他自己的實在太長，既是潘霍華傳記，也是當時的德國教會歷史。雖然貝特格本身並非歷史訓練出身，但卻對歷史事實非常嚴謹客觀。不過隨著時間過去，不少新的資料出現，例如潘霍華跟他的未婚妻瑪利亞（Maria von Wedemeyer）的書信，使得士凌根士本同意需要重新講述潘霍華的生平與思想。[16] 事實上，士凌根士本也跟前度認信教會領袖沙夫（Kurt Scharf）同工十年，認識潘霍華家族眾多成員，並且任用貝特格合作的編輯以完成他自己這方面的寫作。以上種種都讓他密切意識潘霍華的生活、學習、服事、思考、寫作和行動的處境，而在兩方面影響他的寫作。首先，潘霍華不可以被了解為一個孤獨的天才，相反，乃是活在眾多家庭成員、朋友、師輩，以及同工的關係之中，這一切都豐富了他的生命和生活。其次，潘霍華的神學與政治跟德國教會的爭鬥有著密不可分的關係，不容忽略。

詹特倫透過四條線索去勾勒出士凌根士本筆下的潘霍華的面貌：潘霍華生命中的人、德國教會的爭鬥、潘霍華的形塑、徹底的思考。讀者可自行閱讀這篇文章。在結論的部分，詹特倫再次提醒我們潘霍華既非保守派也非自由派：

> 從士凌根士本的仔細分析：他的關係、他參與德國教會爭鬥、他非一般的形塑，以及他那徹底的神學想法，相當清楚地表明潘霍華是極為複雜的。沒有大量的歷史及神學的埋首工作，不可能忠實地描繪潘霍華。士凌根士本聚焦潘霍華的智性好奇、強烈的道德方向、勇氣，以及創新性的現代神學。我認為這些特性使得潘霍華不可預測、弔詭，以及不可能被置於某一框框之內。保守派重視的潘霍華，是教導聖經、堅守信仰信條，並嚴肅看待基督的主權，以致願意為此而被殺或受死。肯定地，他是**嚴肅的基督徒**。自由派重視的潘霍華，是委身和平、國際主義，以及普世基督教——一個有文化教養並對文學、音樂與現代生活好奇開放的人，包括追求嚴謹的聖經及認信神學的智性學術。在士凌根士本的潘霍華傳記之中，我們發現的是一個同時擁有上述的形象並某程度整合起來的人，而在其標記著至為徹底的、主體的、具挑戰性的基督門徒的一生中活現出來。這是值得我們注意的。

四

最後簡要介紹的是天茲（Christiane Tietz）的《抵抗的神學家》。[17] 除了第一章交待潘霍華頭十七年的生活，包括家庭淵源、相當快樂的童年，以及接受教育直至決定研習神學，其餘九章全以對潘霍華的個人及智性發展具有重要意義的時期來劃分，而以第五章為轉捩點，這一章只講一年：一九三三年。九章的題目如下：

第二章：從杜平根回到柏林，一九二三至一九二七年
第三章：更廣闊的視野，一九二八至一九三一年
第四章：眾多開始，一九三一至一九三二年
第五章：教會爭鬥的開始，一九三三年
第六章：在倫敦的牧者，一九三三至一九三五年
第七章：傳道人神學院的院長，一九三五至一九三七年
第八章：通往非法的路途，一九三七至一九四〇年
第九章：謀反時期，一九四〇至一九四三年
第十章：泰格爾的囚犯，一九四三至一九四五年

第二章至第四章描述了潘霍華成為神學家的過程，他這段生命和事業成形的時期，成了他抵抗納粹政權的背景。是以，第五章是全書的轉折，只及一九三三年一年，因為這年希特勒（Adolf Hitler）當上總理，國家開始對教會施壓、教會在張力下分裂，潘霍華開始發聲。第六章至第十章梳理出潘霍華餘下的人生，就是逐漸活出一位抵抗的神學家的生命，直接跟納粹政權發生衝突。值得注意的是，這後半部的人生潘霍華寫了很多作品：《追隨基督》（1937年）、《團契生活》（*Life Together*, 1939）、《倫理學》（1949年）、《獄中書簡》（1951年）。潘霍華死於一九四五年四月九日，戰爭結束

前一個月。

天茲在跋之中有兩段文字對今日的神學家與教會有很重要的提醒：

> 信仰與神學，對於潘霍華來說，並非私人的或學術的思維遊戲，它們具有生命實在的意義並對行動具有施行的作用。反過來說也是真確的：潘霍華恒常容許他自己的信仰與神學被自己生活的環境挑戰。當他自己的看法與確信看來不再切合新的處境，他會重新檢視這些看法與確信。對他來說，更重要的是他的思想對應實在，而非致力維繫某些神學系統。（頁 118）
>
> 因為教會首要的任務是站在政治實在之外，她才能夠提醒國家其自身的任務。教會應該「不斷追問政府，她的行動是否可被證立而為合法／正當的國家行動，即是，這些行動是創造法律與秩序的，而不是缺乏正當性與落入失序……這不是表示干預國家要為其自己的行動負責任，相反，是把國家自身恰當的行動這責任完全託付給它」。（頁 119～120）

潘霍華的生平和思想既非肯定主流的美國自由主義的政策，也不是肯定主流的美國保守政策，而是對我們潑的冷水，把我們迫退回實在之中，驅使我們環顧現實，並質問國家、教會、他人，以及自己。在潘霍華的生平和思想之中，我們看見神學與政治的委身，不再是可行的選項，而是必須。

註釋

1. Eberhard Bethge, *Dietrich Bonhoeffer: A Biography*, trans. Eric Mosbacher,

Peter and Betty Ross, Frank Clarke, and William Glen-Doepel, ed. Victoria J. Barnett, rev. ed. (Minneapolis: Fortress, 2000)。英譯本第一版於一九七〇年出版。

2. 轉引自 Eric Pace, *Eberhard Bethge, 90, Writer, Theologian and Biographer* [document on-line]; available from The New York Times website (http://www.nytimes.com/2000/04/18/world/eberhard-bethge-90-writer-theologian-and-biographer.html); accessed 4 January 2017。
3. Victoria J. Barnett, *Review of Eric Metaxas, Bonhoeffer: Pastor, Martyr, Prophet, Spy: A Righteous Gentile vs. the Third Reich* [document on-line]; available from Contemporary Church History website (http://contemporarychurchhistory.org/2010/09/review-of-eric-metaxas-bonhoeffer-pastor-martyr-prophet-spy-a-righteous-gentile-vs-the-third-reich/); accessed 4 January 2017.
4. Clifford Green, *Hijacking Bonhoeffer* [document on-line]; available from The Christian Century website (http://www.christiancentury.org/reviews/2010-09/hijacking-bonhoeffer); accessed 4 January 2017.
5. Ferdinand Schlingensiepen, *Making Assumptions about Dietrich: How Bonhoeffer Was Made Fit for America* [document on-line]; available from The Bonhoeffer Center website (http://thebonhoeffercenter.org/index.php/book-reviews-article-category/37-schlingensipen-on-metaxas-and-marsh); accessed 4 January 2017.
6. Victoria J. Barnett, *Interpreting Bonhoeffer, Post-Bethge* [document on-line]; available from Contemporary Church History website (http://contemporarychurchhistory.org/2014/09/interpreting-bonhoeffer-post-bethge/); accessed 4 January 2017.
7. Kyle Jantzen, *Ferdinand Schingensiepen and the Quest for the Historical Bonhoeffer* [document on-line]; available from Contemporary Church History website (http://contemporarychurchhistory.org/2015/12/ferdinand-schingensiepen-and-the-quest-for-the-historical-bonhoeffer/); accessed 4 January 2017.

8. Eric Metaxas, *Bonhoeffer: Pastor, Martyr, Prophet, Spy: A Righteous Gentile vs. the Third Reich* (Nashrille: Thomas Nelson, 2010)。此書中譯為：艾瑞克．梅塔爾薩斯：《潘霍華：牧師、殉道者、先知、諜報員》，顧華德譯（台北：道聲：2013）。
9. Charles Marsh, *Strange Glory: A Life of Dietrich Bonhoeffer* (New York: Alfred A. Knopf, 2014)。此書中譯為：查爾斯．馬什：《陌生的榮耀：朋霍費爾的一生》，徐震宇譯（上海：上海文藝出版社，2016）。
10. Ferdinand Schlingensiepen, *Dietrich Bonhoeffer, 1906 ～ 1945: Martyr, Thinker, Man of Resistance* (New York: T&T Clark, 2010).
11. Lauren R. E. Larkin, *Christiane Tietz's "Theologian of Resistance: The Life and Thought of Dietrich Bonhoeffer"* [document on-line]; available from DET website (http://derevth.blogspot.com/2016/11/christiane-tietzs-theologian-of.html); accessed 4 January 2017。該書德文本於二○一三年出版，英譯本：Christiane Tietz, *Theologian of Resistance: The Life and Thought of Dietrich Bonhoeffer*, trans. Victoria J. Barnett (Minneapolis: Fortress, 2016)。
12. Clifford Green, *Bonhoeffer : A Theology of Sociality*, rev. ed. (Grand Rapids: Eerdmans, 1999).
13. 例外的可參 Barry Harvey 的書評：*Christian Century* 12816 (March 22, 2011)：44 ～ 46。
14. Kyle Jantzen, *Faith and Fatherland: Parish Politics in Hitler's Germany* (Minneapolis: Fortress, 2008).
15. Stephen Haynes, *The Bonhoeffer Phenomenon: Portraits of a Protestant Saint* (Minneapolis: Fortress, 2004).
16. Harvey, review of *Dietrich Bonhoeffer, 1906 ～ 1945*, 44.
17. 這一節主要參考 Lauren R. E. Larkin 的書評。

第二部

社羣：論教會與世界

引言*

霍爾德（Wayne Whitson Floyd, Jr.）在一篇討論潘霍華（Dietrich Bonhoeffer, 1906 ～ 1945）的文章：〈潘霍華、民主，以及神學的公共任務〉（Bonhoeffer, Democracy, and the Public Tasks of Theology），結束時寫道：潘霍華在納粹主義十年後向教會提出的問題，在他死後五十年，我們必須敢於提問：「我們今天仍然有用嗎？」（Are we still of any use today?）[1] 潘霍華在一九四二年聖誕節寫下〈十年後〉（After Ten Years）一文，原來只是說：「我們仍然有用嗎？」（Are we still of any use?），但是霍爾德在援引時，刻意加上了「今天」一字，延續潘霍華昔日提問的適切性；並且霍爾德認為這個問題是潘霍華向「教會」發出的。無疑，潘霍華一生念茲在茲的，都是教會。正如格林（Clifford Green）在論到《獄中書簡》（*Letters and Papers from Prison*）時指出：「潘霍華多麼渴求教會的轉化——事實上，是徹底的／根本的改變（radical change）——

---

* 本部分的內容原為年前書稿其中一章的初稿，曾於二〇一二年十二月七日在台灣神學院舉行的第七屆神學人團契年會宣讀。因著各種原因，完全沒有討論潘霍華《倫理學》（*Ethics*）之中的教會論。

在潘霍華的神學之中，基督教會一羣體仍然是核心的。」[2] 即使上世紀研究潘霍華神學的腓利士（John A. Phillips），反對葛士（John D. Godsey）以教會論來閱讀潘霍華，但也不得不承認獄中所寫的書信確實有足夠的線索（只是線索），讓我們知道潘霍華想要在「祕密的操練」（secret discipline）的領域之中討論教會的角色。[3] 我們更感興趣的是，霍爾德這樣加插了「今天」又特別強調這是對教會的提問，其對我們的意涵。我們今天的教會，仍然有用嗎？這個問題，同樣是針對我們，而要求我們今天的教會，反省我們是否仍然有用。然而，甚麼是有用？對誰有用？潘霍華會怎樣回答這些問題？我們將在這一部之中，嘗試透過潘霍華的著作，以及別人對他的經歷和作品的解釋，幫助我們去思考這個問題：我們今天的教會，仍然有用嗎？

註釋

1. Wayne Whitson Floyd, Jr., "Bonhoeffer, Democracy, and the Public Tasks of Theology," in *Reflections on Bonhoeffer: Essays in Honor of F. Burton Nelson*, ed. Geffrey B. Kelly and C. John Weborg (Chicago: Covenant Publications, 1999), 287.
2. Clifford Green, "Human Sociality and Christian Community," in *The Cambridge Companion to Dietrich Bonhoeffer*, ed. John W. de Gruchy (Cambridge: Cambridge University Press, 1999), 130.
3. John A. Phillips, *Christ for Us in the Theology of Dietrich Bonhoeffer* (New York and Evanston: Harper & Row, 1967), 26.

7.

潘霍華的社羣神學
——處境及時代中的教會

潘霍華的神學用心：處境及時代中的教會

潘霍華（Dietrich Bonhoeffer）的神學思想是十分處境性的，[1] 但他關心的不單是德國當時的處境，不單是整個世代的處境，他更操心的是：教會在這樣的處境之中她的回應是甚麼。我們從潘霍華的著作中可以察覺，他總是一而再地回到教會的議題。他所著意的是教會自身的處境怎樣？在德國當時的處境，在整個世代的處境，教會真的可以被稱為教會嗎？在歷史時空中的現實教會，真是教會嗎？格林提醒我們，潘霍華身處的一九三〇年代的德國，教會落在爭鬥之中（Kirchenkampf）。國家教會（Reichskirche）與認信教會（Bekennende Kirche）之間的張力，是潘霍華思考何謂「教會」，以及由此而來的「社羣性」（sociality）的重要和廣闊背景。當時的德國國家教會容忍甚至熱心支持民族社會主義（National Socialism），成為民族社會主義意識形態的工具。[2] 我們可以說，要了解潘霍華的「社羣神學」（theology of sociality），以及其對教會的思考，必須置之於一九三〇年代的德國教會處境之中，方才深刻，方才有助回答「我們今天的教會，是否仍然有用？」這個問題。

在繼續討論下去之先，我們得先弄清楚下面的一個事實，就是潘霍華的博士論文《聖徒相通：對教會社會學的神學探究》（*Sanctorum Communio: A Theological Study of the Sociology of the Church*）及教授資格論文《行動與存有：系統神學中的超越哲學與存有論》（*Act and Being: Transcendental Philosophy and Ontology in Systematic Theology*），先後完成於一九二七年和一九三〇年，是早於三十年代德國國家教會和認信教會之間的爭鬥的。無疑，潘霍華不可能預知幾年後希特勒（Adolf Hitler）上台，以及由此出現的教會危機。[3] 可是，一方面我們必須知道，三十年代的教會鬥爭並非突然出現的，冰凍三尺非一日之寒。另一方面潘霍華雖然受教於柏林大學自由神學的老師門下，但他卻在一九二四年因著花了一個學期探訪羅馬而深受羅馬天主教會感動，使得他對師輩們那種視教會為個人與福音真正/本真相通的障礙而非器具、宗教只是個人的事情，有所保留，這可見於他的博士論文與教授資格論文。[4] 潘霍華在學時期跟師輩們的漸行漸遠，我們可以解讀為日後國家教會與認信教會之間的鬥爭的先聲。事實上，潘霍華他那些在柏林大學任教的神學老師，大都不單愛國，更視自己為民族文化遺產的守護者，他們把國家的歷史整合進神學，以致視帝國（Reich）的外交政策為上帝在地上的國度的表現。[5] 由此我們就可以明白，格林直接了當指出這教會的鬥爭的難題，乃是出賣基督及福音；[6] 國家教會以血、土地和千年帝國的條約取代基督，而背棄了福音。[7] 難怪潘霍華在希特勒上台十年之後，會向德國教會發出提問：「我們仍然有用嗎？」在這種處境之下，這個提問的意思十分清楚：「我們仍然被上帝所用嗎？」

潘霍華思考教會的進路

那麼，潘霍華怎樣思考教會？教會作為人類羣體，我們應該從哪一角度、哪一學科出發，來進行研究？潘霍華在他的《聖徒相通》表達了他對韋伯（Max Weber）和特勒爾奇（Ernst Troeltsch，或譯特爾慈）的「教派」（sect，或譯流別）看法，認為並不那麼對神學地認識教會有用。後來他在講授二十世紀神學時，即提示了原因：韋伯的宗教社會學，是對宗教作出一種現代性的了解，教會因而不是屬於上帝的，不是上帝在祂的自我啟示之中所建立起來的羣體，帶有基督的名號。[8] 在這裏潘霍華是靠近巴特（Karl Barth, 1886～1968）的神學路數而遠離自由神學的方法，[9] 而使得他從上述的立場來判斷應否採用韋伯研究教會的成果。結果，他從上帝的自我啟示的作用來認識教會的本性，而非置之於現代世界來審視。即或潘霍華對滕尼斯（Ferdinand Tönnies）所講的羣體（Gemeinschaft）和社會（Gesellschaft）表示好感，[10] 但他也是在其自己的神學方法底下來挪用這對觀念，而把教會一羣體（church-community）跟其他社會羣體分別開來，這在其《聖徒相通》中可以清楚看見。《聖徒相通》這篇論文的副題：「對教會社會學的神學探究」，已經表明了他是根據「神學」來探究「教會的社會學」，由此而批判地吸納自由神學，這特別是哈納克（Adolf von Harnack，或譯哈爾納克）等人對世界給予正面的價值。[11] 事實上，對世界之肯定是一直蘊含在潘霍華的「社羣神學」之中的，而不僅只是後期的重點，這將是本部分章節特別聚焦討論的議題。即是，在潘霍華的社羣神學之中，教會之所以為教會，固然是一個神學的議題，但在這個神學議題之中，教會跟世界的關係是怎樣的？特別是在潘霍華的當代處境之中，教會應該對世界持守一種怎樣的態度與關係？

菲爾（Ernst Feil）和格林可說是最早注意到潘霍華的博士論文，是以神學來解釋教會一羣體，因此並不出現社會學家伯傑（Peter Berger）所批評的：潘霍華採取了某種哲學的進路而賦予神學的延伸，從而使得他的進路並不如他所說的那麼對話性。[12] 潘霍華的趣向與用心並不在於神學與社會學之間的對話，他更不是要把教會論置於一預先建成的社會學的類型學（sociological typology）之中，作出分類式的修正。[13] 格林指出，在《聖徒相通》之中，「教會的本性必須從內在來予以了解，是建基於啟示之上的；然後才可能察看哪種社會學的形式是適合用來描述教會。」[14] 菲爾清楚表明潘霍華的博士論文，是要神學地理解聖徒羣體，或「教會的實在」（reality of the Church）。[15] 潘霍華在《聖徒相通》的序言中開門見山表明：「這研究並不屬於社會學學科，而是屬於神學。」[16] 並且，他接續指出：基督教的社會哲學和社會學這一議題真的是神學性的，因為只有在對教會的了解的基礎上，才能回答這議題。[17] 是以，潘霍華沒有以社會哲學和社會學來研究教會，卻是挪用其為神學服務。[18] 對於潘霍華來説，神學主導著對教會的了解，從而建立基督教的社會哲學和社會學。這種神學優先性又可以進而見於潘霍華不單指出羣體的概念，在本質上關聯到位格（person）的概念，更表明對位格及羣體的了解，同時亦涉及對上帝持有特定的看法。[19] 潘霍華對上帝的看法主導著其對位格及羣體的了解，他在《聖徒相通》第二章〈基督教的位格概念〉（The Christian Concept of Person）寫道：「**對於基督教哲學來説，人的位格只源生於其跟神聖位格的關係**；神聖位格超越人的位格，這人的位格同時抗拒神聖位格又被神聖位格勝過。〔……〕基督教的位格只源生於上帝與人類的絕對二元性（the absolute duality of God and humanity），只有經歷這一限界，一個人對自己作為倫理的位格（ethical person）才會醒覺過來。」[20] 這種源生於上帝與人類的絕對二元性，不單生起人的位格，也生起羣體：人與上帝的羣體、人與人的羣體。按照潘霍華的意思，「我」在與上帝的相遇之中被創造成一個人的你（human You），而成為神聖的你（divine You）的形象。[21] 於是，人面對另一人的你，就如面對神聖的你，要不是承認就是拒絕。[22] 由此潘霍華説：「根據上帝的心意，即使，或者正正是因為：一個人是跟另一個人完全分別開來，但卻以某種方式他本質地及絕對地歸屬於他者。」[23] 這就是人類羣體的生起。

有了這個認識，我們就可以明白潘霍華《聖徒相通》的結構。這本論文分為五章，第一及第二章是建立基督教的位格觀及社羣的基本一關係的看法。這兩章是奠基性的。特別是第三章透過批判地檢視哲學史上的四種概念模式，而最後歸結至基督教的看法，其中第二章乙節的標題「上帝的概念與以我一你關係來了解社羣的基本一關係」（The Concept of God and Social Basic–Relation in Terms of the I–You Relation），可算是這兩章的總結。在這兩章的神學基礎上，潘霍華進而在其餘三章分析羣體的三種形態：創造時的原始狀態（第三章）、罪及破碎的羣體（第四章）和聖徒羣體（第五章）。潘霍華以後的寫作，基本上都可以視為延續這些不同形態羣體的討論，從而發展、建立和深化其社羣神學。[24] 可是，這種社羣神學一方面只能出於教會一羣體自身之神學反省，而不能跟教會一羣體分離出來；[25] 另一方面亦蘊含著一種對教會一羣體的神學觀點。我們這一章感興趣的是後面這一點，即在整個潘霍華的社羣神學之中，他對教會一羣體的神學分析。是以，從潘霍華對教會一羣體的神學分析切入，最終亦必然觸及其社羣神學；亦惟有如此，方才能夠全面、準確了解他就教會一羣體所提出的神學看法。社羣神學跟教會論這樣密切的關係，確立了對教會的研究必然是神學的而不是社會學或其他非神學的學科的。潘霍華不單只是對這種研究進路作出立場式宣告，更是從教會一羣體自身的實在來定規：因為教會一羣體的實在乃是一種〔上帝〕啟示的實在，[26] 他寫道：「上帝建立教會的實在，祂在耶穌基督裏建立被寬恕的人類的實在——不是宗教，而是啟示，**不是宗教羣體，而是教會**。這是耶穌基督的實在所意含的。」[27] 並且藉著聖靈的工作，在歷史中落實這實在而成為具體的教會一羣體。因此，認識教會一羣體也只能由這個上帝所建立的實在開始，而不能由其他東西推演出某種對教會一羣體的認識。[28] 這也就是説，教會一羣體自身的啟示性實在，定規了對她的研究進路，而為一種社羣神學的教會論，並由此進而可以展示全幅的社羣神學，而為一種教會論式的社羣神學。

註釋

1. John W. de Gruchy, "Bonhoeffer," in *The Blackwell Companion to Modern Theology*, ed. Gareth Jones (Oxford and Malden: Blackwell, 2004), 357～358.
2. Clifford Green, "Human Sociality and Christian Community," in *The Cambridge Companion to Dietrich Bonhoeffer*, ed. John W. de Gruchy (Cambridge: Cambridge University Press, 1999), 114, 119。有關潘霍華身處的政治處境，參看 John A. Moses, "Bonhoeffer's Germany: The Political Context," in *The Cambridge Companion to Dietrich Bonhoeffer*, ed. John W. de Gruchy (Cambridge: Cambridge University Press, 1999), 3～21。
3. Green, "Human Sociality and Christian Community," 120.
4. Stephen Plant, *Bonhoeffer* (London and New York: Continuum, 2004), 18, 56～57；Wayne Whitson Floyd. Jr, "Bonhoeffer's Literary Legacy," in *The Cambridge Companion to Dietrich Bonhoeffer*, 74。這種個人主義式的信仰，潘霍華在《獄中書簡》(*Letters and Papers from Prison*) 稱之為「宗教」的特徵。這也使人想起理查．尼布爾 (Richard Niebuhr) 這方面的觀點。
5. Moses," Bonhoeffer's Germany," 18～19.
6. Green, "Human Sociality and Christian Community," 119.
7. Green, "Human Sociality and Christian Community," 120.
8. Martin Rumscheidt, "The Formation of Bonhoeffer's Theology," in *The Cambridge Companion of Dietrich Bonhoeffer*, 66～67.
9. 參 Plant, *Bonhoeffer*, 18, 56。
10. Rumscheidt, "The Formation of Bonhoeffer's Theology," 66.
11. Rumscheidt, "The Formation of Bonhoeffer's Theology," 55.

12. Peter Berger, " The Social Character of the Question Concerning Jesus Christ: Sociology and Ecclesiology, " in *The Place of Bonhoeffer: Problem and Possibilities in His Thought*, ed. Martin E. Marty (New York: Association Press, 1963), 60.
13. 參 Clifford Green, *Bonhoeffer: A Theology of Sociality*, rev. ed. (Grand Rapids: Eerdmans, 1999), 27。
14. Green, *Bonhoeffer*, 27.
15. Ernst Feil, *The Theology of Dietrich Bonhoeffer*, trans. Martin Rumscheidt (Philadelphia: Fortress Press, 1985), 6.
16. Dietrich Bonhoeffer, *Sanctorum Communio: A Theological Study of the Sociology of the Church*, trans. Reinhard Krauss and Nancy Lukens (Minneapolis: Fortress Press, 1998), 21.
17. Bonhoeffer, *Sanctorum Communio*, 21.
18. Bonhoeffer, *Sanctorum Communio*, 21.
19. Bonhoeffer, *Sanctorum Communio*, 34.
20. Bonhoeffer, *Sanctorum Communio*, 49。粗體為潘霍華所強調。
21. Bonhoeffer, *Sanctorum Communio*, 54 ～ 55.
22. Bonhoeffer, *Sanctorum Communio*, 55.
23. Bonhoeffer, *Sanctorum Communio*, 56.
24. 有關潘霍華的社羣神學的簡短介紹，見 Green " Humanity Sociality and Christian Community, " 72 ～ 78；de Gruchy, " Bonhoeffer, " 362 ～ 364。
25. 參鄧紹光：《界限與倫理：潘霍華的倫理神學》(香港：香港浸信會神學院，2006)，第 4 章〈教會的神學：對《聖徒相通》的兩點思考〉。
26. Bonhoeffer, *Sanctorum Communio*, 127.
27. Bonhoeffer, *Sanctorum Communio*, 153。粗體字為潘霍華所著重。
28. Bonhoeffer, *Sanctorum Communio*, 127.

8.

潘霍華兩篇論文與兩門講課對教會—羣體的看法

一、引言

上一章我們提及我們的目的並不在於探討潘霍華（Dietrich Bonhoeffer）的社羣神學，卻在於具體展現社羣神學的社羣性的教會—羣體。我們要討論的是潘霍華的社羣神學式教會論。在這裏我們會集中在兩本作品來探究，而恰巧這兩本作品亦分別顯示出潘霍華對教會的兩種雖有分別但不分割的特性的看法，並且這兩本作品的寫作時間，乃是德國教會處於極大的危機之中：教會還是教會嗎？在希特勒（Adolf Hitler）權力日漸集中、強大的日子，國家教會究竟會否醒覺過來，不再站在「偉大領袖」的那一邊？認信教會又能否擺脱民族、土地的情結，只認耶穌基督為教會的主？我們無意細緻分析昔日德國教會的處境，但是卻不能忽略潘霍華的神學寫作的相干性，而且這種相干性不是就某一種神學議題侃侃而論其處境意涵，卻是針對教會—羣體的生命與生活而言的。潘霍華這種落實於教會—羣體來展示神學的處境相干性，正是其於一九四三年被捕入獄前於〈十年後〉（After Ten years）一文所提出的問題所在：「我們是否仍然有用？」教會是否仍然有用，端在乎其是否仍然是教會。

我們要花上篇幅討論的，分別是《追隨基督》（*Discipleship*）

和《獄中書簡》(*Letters and Papers from Prison*)。前者寫於一九三七年並於同年出版，後者則是一九四三年至一九四五年於獄中所寫的書信及文章。我們選取這兩本作品來解讀潘霍華的教會論，主要在於它們都涉及教會一羣體與世界的關係。《追隨基督》向為人知的論題是，教會一羣體要從這個世界分別出來，而《獄中書簡》常被人高舉的卻是，教會一羣體並非為己的而乃係為世界的。這兩種看似相反、矛盾的教會觀，一直予人認為這是標誌著潘霍華神學的轉折，從抽離世界轉向投入世界。然而，筆者認為這只是表面如此，實質上潘霍華對教會一羣體的觀點前後一貫。一方面涉及的是教會一羣體並不屬於這個世界，而只跟隨耶穌基督以祂為主。另一方面則正正在前述的踐行之中，教會一羣體活出了為世界的生命。沒有了前者，也不會出現後者；後者必須預設前者，否則其為世界的踐行即容易使得教會一羣體失去其分別性(otherness)。反過來，後者是前者的徹底發展。沒有了後者，前者就是半途而廢，未能充分彰顯其有別於世界的分別性。在討論潘霍華的《追隨基督》之前，讓我們稍為了解他在此之前對教會一羣體的看法。我們將借用格林(Clifford Green)等專家學者的研究簡要地介紹，目的在具體顯示潘霍華是在三一上帝的經世工作之中，即創世、拯救、終成，來確定教會一羣體的本性與位分，也指出雖然對許多學者來說，一九三三年的「基督論」講課標誌著潘霍華神學思想的樞紐性轉變，[1] 但這種轉變並非斷裂性的，而應該視之為深化的發展；潘霍華一九三三年之前的兩篇論文為一九三三年之後他的神學的深度發展，提供了穩固的基礎與框架；而反過來我們也可以說，一九三三年之後的神學發展，深化及充實了潘霍華這個社羣神學的框架。下面我們首先簡要地討論潘霍華在教會爭鬥之前的著作，就是兩篇論文和兩門講課。

二、基督論式社羣神學

潘霍華的《追隨基督》講的是在追隨基督的舉動中，相信（believe）跟順服（obey）不是互相分割的。這裏涉及的是對耶穌基督的了解。那麼，耶穌基督是誰？我們又是誰？這自然叫人想起潘霍華在一九三三年柏林大學主講的「創世與罪」和「基督論」這兩門講課，可是我們也可以進一步追溯至更早之前的兩篇論文。如果「創世與罪」及「基督論」分別論及亞當及其代表的被創造及墮落的羣體、基督及其所代表的被拯救羣體，那麼這兩個觀念（相信與順服）早就在《聖徒相通》（*Sanctorum Communio*）與《行動與存有》（*Act and Being*）之中出現，而構成基督教羣體及其故事。[2] 潘霍華這兩篇論文固然是要建立其社羣神學，但這種建立同時是透過對整個人類羣體的歷史的解釋，而實現的。換句話説，潘霍華以其社羣神學來解釋聖經的戲劇：創造、罪、啟示，[3] 從而使得社羣神學不只是一個框架形式，反之是具有實質內容的。這實質的內容就是人類羣體在歷史中所出現的三種不同情況：創造、罪、啟示。如果亞當具體表現（personify）被造與犯罪的人類羣體，那麼基督就具體表現被拯救的人類羣體，[4] 這也是基督所啟示出來的人性。基督是以教會一羣體的方式來啟示其自己的。[5] 這三種人類羣體的情況，固然涉及人類羣體跟上帝的關係，但也同樣離不開人與人彼此之間的關係。亞當的生命及基督的生命正正分別展現出人類羣體這兩重關係的三種情況。《聖徒相通》作為潘霍華的第一本作品，就已經率先以上述所講的，定規了日後的所有寫作，全部無一不在這種社羣神學之中繼續深入、仔細地討論被造的羣體、破碎的羣體、重新建立的羣體。[6]

從這個社羣神學的角度來看，我們可以為潘霍華在《追隨基督》及《團契生活》（*Life Together*）之前的寫作定位。一九三三年之前的兩篇論文跟一九三三年的兩門講課之間，具有一種微妙的對應關係。《聖徒相通》建立社羣神學，並以此來分析人類羣體在歷史中的三種情況，最後落於教會的新人類羣體。《行動與存有》屬於神學知識論的課題，但潘霍華其實是置之於社羣神學之下來討論，而言在基督裏的教會一羣體的神學知識，與在亞當裏的破碎羣體的神學知識。《行動與存有》是社羣神學式的神學知識論。在《聖徒相通》所勾勒出來的人類羣體的歷史底下來看，《行動與存有》是關乎墮落的羣體與教會一羣體對上帝之認識。至於「創世與罪」的課題，則涉及被造與墮落的羣體，卻是透過基督論式的社羣神學來解讀創世記一至三章。這種進路是以《聖徒相通》和《行動與存有》所建立的社羣式神學知識論為根據的。在這當中潘霍華承接《聖徒相通》的「我一你」這社羣的基本關係，透過解釋「上帝的形象」而予以深化。他以關係類比（*analogia relationis*）來闡釋男人和女人的社羣性關係，乃是人類跟上帝相似的地方。「創世與罪」以關係類比來講述被造的人類羣體與墮落的人類羣體，最後並指向耶穌基督的十字架方為破碎羣體的生命之樹。因此，我們可以視潘霍華繼後的「基督論」的講課，為對應新人類羣體的建立。顧名思義，這門課討論的是那使得教會一羣體生起又具體代替地代表教會一羣體的耶穌基督，究竟是誰？這關涉到社羣神學的基督論根據，即耶穌基督的社羣性結構的議題。因此，潘霍華這一階段的寫作，重點在於社羣神學而不在教會一羣體本身，但卻逐漸聚焦於基督這新人類羣體的創造者、具體展現者，以及代替的代表者。

雖然潘霍華這一時期並非全面建立其教會論，但卻是為其後的教會論探索，奠下了重要的神學基礎，而這個神學基礎亦使得他在根本上跟二十年代德國所倡議的羣體觀念，大相逕庭。格林指出，當時在青年運動和政治圈子高唱入雲的羣體，是建基於血緣及土地（blood and soil），或更具體的雅利安的反閃族主義（Aryan anti-

Semitism）和國家社會主義的千年帝國（the Thousand-Year Reich of National Socialism）等原則，那麼，基督教羣體跟這些羣體有甚麼分別？[7] 這就是說，基督教羣體跟那些植根於民族自然生命的羣體，怎樣分別出來？格林指出，對於潘霍華來說，基督教的教會－羣體並不來自民族的血緣羣體，而是由洗禮構成。[8] 潘霍華的《聖徒相通》清楚表明教會－羣體首要是在基督裏建立起來並為真實的；她本身是神聖的實在（divine reality），是啟示的社羣形式，而不是為滿足宗教需要而組織起來的，也不是地方標誌，或是政府的伙伴好為法律和秩序提供道德的合法性或支持。簡單來說，教會－羣體只是基督的受造物。[9] 這表明了教會－羣體並非只是人類自身的聚集，其社羣形式也不是自生的。基督作為教會－羣體的創造主，祂自身的生命及生活樣式，就決定及塑造這個祂臨在其中的教會－羣體的面貌。換句話說，教會－羣體的社羣性乃是源生於耶穌基督的社羣性本性的。下面我們集中討論潘霍華這段時期這方面的神學思想。

《聖徒相通》的基本概念 Stellvertretung，是貫穿潘霍華一生所有寫作的。這個滲透性概念，一方面是基督論的，另一方面則跟《聖徒相通》另一重要片語不能分割開來，這就是「基督以教會－羣體的方式存在」（Christ existing as church-community）。希尼斯（Stephen Haynes）和希利（Lori Brandt Hale）甚至認為 Stellvertretung 是一條主題線索，貫穿潘霍華所有作品，把其他次要主題如自由、責任、受苦，以及信仰的此世性，都互相不可分割地交織在一起；並且也反過來，Stellvertretung 也深印在每一首要的主題之內，如基督以教會－羣體的方式存在、重價恩典、作為塑造的倫理，以及非宗教的基督教。[10] 我們現在首先感興趣的是，Stellvertretung 跟基督以教會－羣體的方式存在之間那互為表裏的關係。Stellvertretung 是一個很難翻譯的用語。英語校勘本全集的英文翻譯是 vicarious representative action，[11] 中文為代替性的代表行動。潘霍華在《聖徒相通》使用這個詞語來講述耶穌基督，祂是那位代替性的代表者（Stellvertreter），是新人類的**生發者**與**實在**（the initiator and reality of the new humanity）。[12] 這表示耶穌基督的位格與行動的特性是為人類的並代表人類的；這種為人類而作的位格與行動只有耶穌基督自己可以實現出來，而整個人類因著其在亞當裏均沒有可能活現出來。[13] 對潘霍華來說：「在基督裏〔……〕人類已經一次過被帶進與上帝相交的羣體之中，基督這一作為是**真正**的代替性的代表行為。」[14] 在基督這種代替性的代表行動之中，教會一羣體就被建立起來。潘霍華進而指出；「代替性的代表行動，乃是新人類的生命一原則。」[15] 由於耶穌基督透過這一新生命一原則把教會一羣體容納到祂自己的生命中去，那祂就確立自己是教會一羣體的主，同時與這個羣體相交，並管治她。[16] 當會眾聚集並在上帝的話語、聖禮和服事之中一起經歷上帝的恩典，教會作為羣體就成了基督在世界之中的臨在。[17] 這就是潘霍華所講的「基督以教會一羣體的方式存在」的意思。這個透過聖靈在基督的代替性的代表行動裏持續地於時間之中所實現的教會一羣體，同時展現了基督在教會一羣體之中行動的原則和方式。基督正以這種原則和方式啟示上帝祂自己那相應的本性。這也是上文提到的：教會一羣體的實在，乃是社羣性的，而具體啟示於其羣體所作的代替性的代表行動之中。因此，在基督裏所建立的教會一羣體，她的實在乃是代替性的代表行動的新生命一原則。教會一羣體在世界裏所呈現的就是這樣的一種實在。

跟著我們要問的是，這種實在，具體來說，是一種怎樣的實在？我們稱之為新生命一原則的代替性的代表行動，究竟是一種怎樣的行動？對於這些問題，格林撮要地闡釋潘霍華在《聖徒相通》的思想。格林就潘霍華的新人類的生命原則，特別指出其有別於傳統對教會所作的標記：教會是福音話語被宣講和聖禮被慶祝的地方。潘霍華在肯定這兩者之餘，同時為基督教羣體繪畫了一幅異於世界的生活圖畫。[18] 格林寫道：「這新人類的『生命原則』是耶穌基督的自由、愛、自我賜予，潘霍華稱之為 Stellvertretung，代替性的代表行動。」[19] 具體來說，這新生命原則、代替性的代表行動以兩種形式活現於教會－羣體的成員之中：「共同一起」（being-with-each-other）和「彼此為他」（being-for-each-other）。[20] 潘霍華是在論及聖徒羣體乃是愛的羣體底下，總結出這兩重思想；他所關心的是，甚麼樣的社羣行動構成愛的羣體，以及這些社羣行動更仔細的揭示了基督教會的結構和本性。[21] 潘霍華清晰表明這種共在與為他的愛不是出於人的可能性，而是在於透過信靠基督及透過聖靈的工作而可能的。[22] 這觸及了順服基督的話語，而需要棄絕一切自我的宣稱，以上帝的心意為自己的心意。[23] 這無疑是指向日後的《追隨基督》。另一方面，當潘霍華論及聖徒羣體彼此為他的踐行方式：自我否定、主動服事鄰舍、代禱，以及最後，奉上帝之名彼此寬恕所犯的罪，[24] 指向的卻是《團契生活》。我們可以說，《聖徒相通》揭示了基督在教會－羣體所啟示出來的代替性的代表行動，其所具有的雙重互相預設的行動：[25] 共同一起與彼此為他，成了潘霍華以後寫作的方向，具體可見於《追隨基督》與《團契生活》。然而，希尼斯和希利卻提醒我們，代替性的代表行動不再只限於教會－羣體之內的基督徒，也指到在這個世界之中的所有人的存有和行動的方式。[26] 簡單來說，如果我們扣緊教會－羣體來講，那麼潘霍華的《追隨基督》與《團契生活》及之前的著作，主要關注的是教會－羣體自身的代替性的代表行動，但在此之後的《倫理學》（*Ethics*）與《獄中書簡》卻轉移到教會－羣體在世界之中的代替性的代表行動。由此而出現上文提到的教會－羣體跟世界的關係。下面我們將扣緊新人類的生命原則——代替性的代表行動，來討論潘霍華一九三三年之後對教會一羣體，以及其跟世界的關係的神學思考。

在這裏需要稍為補充一點的，就是潘霍華在《聖徒相通》之後的《行動與存有》，以及兩門講課：「創世與罪」和「基督論」，都在不同層面上重申基督的代替性的代表行動。《行動與存有》要想神學地處理認識上帝的議題，涉及了啟示的難題：上帝向人類啟示是甚麼意思？這啟示如何可能？[27] 潘霍華不滿巴特（Karl Barth）所走的超越主義（transcendentalism）的路線，認為「上帝不是脫離人類而自由，卻是為人類而自由（God is free not from human being but for them）。基督是上帝的自由之道。即是，上帝並不是臨在於永恆的非客體性之中。而是——現在以相當臨時的方式來表示——在教會中的道之中被『擁有』、掌握」。[28] 這段文字一方面表達了神學真理只在教會之中可被「擁有」（haveable），[29] 離開教會這個被她自己所宣講的基督所構成的羣體，沒有任何啟示可言。耶穌基督的啟示就在這教會一羣體之中發生。這涉及了耶穌基督臨在這羣體之中與這羣體建立關係，從而在這過程既啟示上帝自己又拯救和轉化這個羣體成為新人類的羣體。那麼，這是一位怎樣的上帝？這引至另一方面，上帝的道——耶穌基督，祂的自由是為他的，祂的存有與行動是一致的，都是為他的。這種為他的生命就是代替性的代表行動，耶穌基督這種生命與行動，不單使得墮落之後的破碎羣體可以重建而為新人類羣體——教會一羣體，也同時使得對上帝的認識成為可能。耶穌基督這種「為他」的生命進一步可以在「創世與罪」稍為窺見，但卻在「基督論」之中清楚講述。潘霍華解釋上帝跟人之間的相似的地方在於他是自由的。但這自由並非人的品質，而是一種關係，自由意味著「為了他人而自由」（frei-sein-für-den-anderen），[30] 這「為了他人而自由」的自由，是一種關係，而非別的。[31] 這種在關係中為他的自由，正是潘霍華所講的關係類比：人類跟上帝相似的地方就在基督所具體展現的代替性的代表行動。

潘霍華清楚表明：「我們只有從基督出發才可能認知開始時期的人。」[32] 潘霍華在整門課結束的時候，解釋創世記四章 1 節，這一節講到夏娃懷孕，生了該隱。他這樣解釋：「死亡的歷史是以該隱為開端的。〔……〕死亡的歷史是以該隱為標記的。」[33] 但潘霍華意不在此，他的用心在於指出耶穌基督的十字架，他寫道：「被釘十字架的基督——被殺害的上帝之子，這是該隱歷史的終結，同時也是一般歷史的終結。〔……〕十字架成為生命之樹，〔……〕在世界中間，在十字架上湧出生命之泉〔……〕」[34] 基督在十字架上的被殺，徹底展現了祂的那代替性的代表行動、為他的生命。「基督論」的講課與此相關的，正是基督的位格結構，並且這位格結構跟基督的存在是互相緊扣在一起的。潘霍華在這門課的著名提問：「耶穌基督是誰？」就包括這兩方面，而指向一位已經復活、活在當下的基督，祂的本性的結構。對於潘霍華來說，基督論的問題就是基督的本性結構，而這本性是跟其行動不能分割的，而為表裏一致。潘霍華在「基督論」課程中這種看法，是延續其《行動與存有》的。因此，基督的位格必然與其臨在的方式相關，而只在與人的關係中臨在，並非孤立地臨在。[35] 這在關係中的臨在，其位格結構即為一種「為一我」的結構（pro-me-structure）。潘霍華這樣寫道：「這種位格結構，〔……〕應當將之解釋為上帝一人耶穌的『為我結構』。基督之為基督，不是自了漢的基督，而是同我發生關聯的基督。祂的『基督所是性』正是『為我而是性』（pro-me-Sein, being-for-me）。這種『為我而是性』，〔……〕應被理解為本質，理解為位格自身之所是。〔……〕我們永遠無法在基督的自足所是（das An-sich-Sein, being-in-himself）來思考基督，而只能在祂同我的關係中來思考祂，進而言之，人只能在存在的——或者換句話說，只能在教會一羣體——中思考基督。〔……〕若不是開宗明義宣告：『上帝只是為我的上帝，基督只是為我的基督，』那麼無論甚麼基督論，到頭來都是對自己的審判。」[36] 在潘霍華的社羣神學之中，正是基督這種「為他」的本性與行動，使得新人類羣體，就是教會一羣體建立起來，並且成為其在世生活的樣式，而有別於破裂、墮落的世界。因此，潘霍華的社羣神學是基督論式的，其教會論也必然是基督論式的。

註釋

1. John W. de Gruchy, "Bonhoeffer," in *The Blackwell Companion to Modern Theology*, ed. Gareth Jones (Oxford and Malden: Blackwell, 2004), 361.
2. 參 Clifford Green, "Human Sociality and Christian Community," in *The Cambridge Companion to Dietrich Bonhoeffer*, ed. John W. de Gruchy (Cambridge: Cambridge University Press, 1999), 119。
3. 參 Green, "Human Sociality and Christian Community," 119。
4. Green, "Human Sociality and Christian Community," 119, 120.
5. 這是潘霍華在其《倫理學》(*Ethics*)所講的，參 Green, "Human Sociality and Christian Community," 120。
6. 有關人類羣體這三種情況，簡短的介紹可參 Green, "Human Sociality and Christian Community," 120～122。
7. Green, "Human Sociality and Christian Community," 122.
8. Green, "Human Sociality and Christian Community," 122.
9. Green, "Human Sociality and Christian Community," 122.
10. Stephen R. Haynes and Lori Brandt Hale, *Bonhoeffer for Armchair Theologians* (Louisville, Westminster John Knox, 2009), 108.
11. 有關這一用語的意思及翻譯，參 Dietrich Bonhoeffer, *Sanctorum Communio: A Theological Study of the Sociology of the Church*, trans. Reinhard Krauss and Nancy Lukens (Minneapolis: Fortress Press, 1998), 120, editor's note 29。
12. Clifford Green, *Bonhoeffer: A Theology of Sociality*, rev. ed. (Grand Rapids: Eerdmans, 1999), 56。粗體字為原作者所著重。
13. Green, *Bonhoeffer*, 56.

14. Bonhoeffer, *Sanctorum Communio*, 146。粗體字為潘霍華所著重。
15. Bonhoeffer, *Sanctorum Communio*, 147.
16. Bonhoeffer, *Sanctorum Communio*, 147.
17. Stephen R. Haynes and Lori Brandt Hale, *Bonhoeffer for Armchair Theologians* (Louisville, Westminster John Knox, 2009), 78.
18. Green, "Human Sociality and Christian Community," 122～123.
19. Green, "Human Sociality and Christian Community," 123.
20. Green, "Human Sociality and Christian Community," 123.
21. Bonhoeffer, *Sanctorum Communio*, 178.
22. Bonhoeffer, *Sanctorum Communio*, 167～168.
23. Bonhoeffer, *Sanctorum Communio*, 168.
24. Bonhoeffer, *Sanctorum Communio*, 184.
25. Bonhoeffer, *Sanctorum Communio*, 178.
26. Haynes and Hale, *Bonhoeffer for Armchair Theologians*, 109.
27. Stephen Plant, *Bonhoeffer* (London and New York: Continuum, 2004), 70.
28. Dietrich Bonhoeffer, *Act and Being: Transcendental Philosophy and Ontology in Systematic Theology* (Minneapolis: Fortress, 1996), 91.
29. Plant, *Bonhoeffer,* 71.
30. Dietrich Bonhoeffer, *Creation and Fall: A Theological Exposition of Genesis 1～3*, trans. Douglas Stephen Bax (Minneapolis: Fortress, 1997), 63；中譯：朋霍費爾：〈創世與墮落〉，載朋霍費爾：《第一亞當與第二亞當》，王彤、朱雁冰譯（香港：道風書社，2001），頁 138。
31. Bonhoeffer, *Creation and Fall*, 63；朋霍費爾：〈創世與墮落〉，頁 138。
32. Bonhoeffer, *Creation and Fall*, 63；朋霍費爾：〈創世與墮落〉，頁 138。
33. Bonhoeffer, *Creation and Fall*, 63；朋霍費爾：〈創世與墮落〉，頁 201。
34. Bonhoeffer, *Creation and Fall*, 63；朋霍費爾：〈創世與墮落〉，頁 201～202。
35. Green, *Bonhoeffer*, 209.
36. Dietrich Bonhoeffer, *Berlin: 1932～1933,* trans. Douglas W. Stott, Isabel Best and David Higgins (Minneapolis: Fortress, 2009), 314；中譯：〈誰是今在與昔在的耶穌基督？〉，載朋霍費爾：《第一亞當與第二亞當》，頁 30～31。

9.

潘霍華《追隨基督》中教會一羣體的非世界性

一、神學脈絡與教會處境

雖然《追隨基督》(*Discipleship*)完稿於一九三七年，但是潘霍華(Dietrich Bonhoeffer)至少早至一九三二年十一月已經開始進行這方面的研究，至於其中的登山寶訓的釋經則整理自其於芬根瓦(Finkenwalde)認信教會所主辦的神學院的教會講課。[1] 因此，《追隨基督》的神學思想至少必須追溯至一九三二或一九三三年。根據格林(Clifford Green)的提醒，潘霍華在一九三三年希特勒(Adolf Hitler)上台之後，他的神學與倫理學的工作，有兩個焦點。第一，教會對忠心的掙扎，即教會掙扎忠於誰的問題。第二，始於一九三〇年代後期開始，在抵抗運動為和平德國的將來而努力。[2] 顧之爾(John W. de Gruchy)亦以此教會掙扎為背景來解釋潘霍華的《追隨基督》。[3] 因為希特勒在一九三三年上台的這一年推出連串政策，包括從國家體制排除猶太人、全權控制整個德國的教會，包括福音的(信義宗及改革宗)教會和羅馬天主教會，潘霍華在一九三三年下半年已經意識到是時候發動「地位認信」(*status confessionis*)，宣告教會只認信耶穌基督為主。[4] 一年後，認信教會成立，並發表《巴門宣言》(Barmen Declaration)。形勢不斷惡化；認信教會在政治壓力底下愈來愈無力。潘霍華在一九三六年就對他在芬根瓦的神學院發表演講，要拒絕國家教會的妥協，她已淪為「假教會」，真教會只跟隨耶穌基督。[5] 這樣的看法後來在神學院以另一種方式出現，就是《追隨基督》所展示的。[6] 因此，具體來說，潘霍華在芬根瓦的神學院跟學生一起學習「跟隨基督」的功課，為的是要操練忠於基督，好去應對當時教會面對的掙扎。一九三八年他在年青教牧同工的講座中，繼續分享這一主題，強調不順服假教會而應順服真教會、順服耶穌基督，這就是認信。[7] 那時，芬根瓦的神學院已經被蓋世太保查封，而潘霍華的《追隨基督》已經寫成並出版。

《追隨基督》的書名德文為 *Nachfolge*，意思是「追隨」。從全書的內容來看，這「追隨」是「追隨基督」。因此，中文版書名譯為《追隨基督》，是十分到位的。英文舊版的書名則為 *The Cost of Discipleship*，校勘版單一個字 *Discipleship*，各自展示了這本作品的主題的不同面向。追隨基督這個舉動，是作門徒；而作門徒，又跟代價有關。這涉及追隨基督作門徒的內容是甚麼，韋默（Haddon Willmer）指出：「作門徒的內容乃由耶穌上十字架及其後的道路所定義。是以，作門徒的代價這說法乃是同義反復/恆真的（tautologous）。因為否定自我及背起自己的十字架是內在於追隨**耶穌**這一行動的。」[8]《追隨基督》這一課題，在當時德國教會的處境之中，自然折射出其相應的政治含義，可是在另一方面，她也反映出潘霍華個人早些時候於一九三一至一九三二年間生命的轉向。[9] 事實上，從潘霍華自己所講的社羣神學來看，他個人於一九三一年之前的生命，具體而微地展現了當時德國教會基督徒的景況。格林更傾向重視潘霍華作品的自傳性向度，認為它揭示了現代典型的「自我」（ego），[10] 而神學地描繪、解釋並處理這現代性底下的罪的自我。言下之意，潘霍華神學對應的是在現代性之中的德國教會的景況；這個教會後來在納粹德國的表現，不過是這種現代性的自我的彰顯而已。對於潘霍華來說，真教會與假教會的分別，就是在於是否在具體的生活之中追隨基督作主門徒，而這一舉動即涉及自我的高抬或順服，涉及自我跟世界跟基督的關係。在這一章我們的目的是要分析《追隨基督》一書，潘霍華根據福音書及保羅書信，為我們展示了一個怎樣的教會—羣體。在「追隨」的標記底下，教會—羣體的生起、特性，跟耶穌基督有甚麼關係？跟世界有甚麼關係？我們將會扣緊潘霍華在這之前的論文和講課之中所建立的社羣神學式基督論，來探索以上的問題。至於《團契生活》（*Life Together*），因為她是內在於《追隨基督》這個架構之內的，[11] 故可以在適當的地方引入輔助討論。

二、全書結構與批判對象

《追隨基督》分為兩部分。第一部分解釋符類福音書，第二部分討論保羅書信，兩部分有著緊密的關係。具體來說，潘霍華是要展示，符類福音書所講的追隨基督這位受苦的彌賽亞，是跟保羅講到在「基督的身體」之內藉信靠耶穌基督為主而存活，直接關聯，不可分割的。[12] 前者是後者的組成部分。[13] 這樣的結構，是針對信義宗教會在神學上及踐行上，把「因信稱義」跟重價的作門徒分別開來，[14] 而導致廉價恩典、失落真正的福音信仰與見證。[15] 潘霍華認為這是德國教會當時的問題核心所在，使得他們合理化自己對現況的接受甚至支持。[16] 因此，潘霍華在《追隨基督》之中第一章〈重價恩典〉（Costly Grace）開宗明義：「廉價的恩典乃是我們教會的死敵。我們今天正是為重價的恩典而戰。」[17] 顧之爾把潘霍華這句說話，進一步解讀進當時的德國教會：廉價恩典是真正的敵人，因為它掩埋了福音的信仰而容許教會被異化的意識形態如納粹主義所俘虜。[18] 廉價恩典，在潘霍華看來，關乎到耶穌基督呼召我們作門徒的問題，跟相信而順服的踐行不離，由此而帶出重價的恩典。因此，潘霍華在《追隨基督》的緒論（序言）開首部分，就已經提出：「耶穌想要對我們説甚麼呢？今天祂對我們的含義是甚麼呢，在現在的世界中，祂如何幫助我們作一個忠心的基督徒呢？」[19] 一切都始於耶穌的呼召，然後才有人的相信與順服，而有與世界分別出來的舉動，而有教會一羣體的生起，而有繼續在教會一羣體之內的宣講與聆聽、相信與順服……這裏出現了一種循環，就《追隨基督》一書來説，是第一部與第二部之間的關係。雖然潘霍華沒有替第一部取任何題目，但相對於第二部的〈耶穌基督的教會與作門徒〉（The Church of Jesus Christ and Discipleship），那麼第一部可以取名為〈耶穌基督的呼召與作門徒〉。耶穌基督在世的日子親身直接呼召人跟隨祂過不一樣的門徒生活，祂復活升天之後就透過祂的教會一羣體宣講聖經所見證的耶穌基督的呼召。人也只有在聽見這呼召才能相信及順服，成為耶穌基督的門徒，也成為教會一羣體的一分子。因此，《追隨基督》這兩部分可以視為循環往復的關係。離開了教會一羣體，沒有耶穌基督的呼召。在這一循環往復之中，還隱含了個體與羣體之間的互為關係：沒有教會一羣體的宣講、見證，就沒有個別門徒的加入；沒有個別門徒的加入，也沒有教會一羣體的建立。這一切之所以可能，只在於耶穌基督。換句話説，耶穌基督是個別門徒及門徒羣體共同建立的中介者。由此而言，《追隨基督》一書，正式展示了潘霍華他那基督中心/中介的教會論，而相應於其書名所顯示的意思，無論是德文本之《追隨》或英文本的《作門徒》或中文版的《追隨基督》。

下面我們將會仔細討論這一教會一羣體，其之所以可以被建立起來的條件，以及由此而來的本性與作用，並其跟世界的關係。這三者都跟耶穌基督有關，更準確的説法是，這三者都由耶穌基督來決定。韋默對《追隨基督》的分析，以六個議題來連貫：代價、主、跟世界分離、羣體、上帝的話語、政治與締造和好。頭三個是對應全書第一部分，跟著的兩個關乎第二部分，最後一個是檢視全書的政治含義。值得注意的是，正如韋默在行文中顯示的，代價、主、跟世界分離，是互相關聯的，同樣，羣體、上帝的話語也是不能彼此分割的。只是需要注意的是，在這些彼此連繫的神學概念之中，主和上帝的話語所指向的耶穌基督卻是核心的，規限了其他相關的神學概念。在《追隨基督》一書，「廉價恩典」與「重價恩典」是兩個膾炙人口的詞語。這兩個神學概念反映了兩種跟耶穌基督的關係、兩種對耶穌基督的態度。潘霍華在《追隨基督》第一章〈重價恩典〉率先討論這個問題，顯示出這個問題的嚴重性，既是個人的，也是教會的：扭曲、異化、否認上帝的道成肉身。潘霍華很清楚指出：「廉價的恩典就等於拒絕上帝活著之道，事實上也就等於否認上帝的道成肉身。」[20] 造成的後果就是，一方面把恩典視為教義、原則、制度，罪得赦免為普遍真理，上帝的愛只是基督教有關上帝的看法。[21] 另一方面，相應上面把恩典抽象化，就是「無需為罪憂傷，也不必希望真正脫離罪惡」，[22]「不用罪人稱義而罪得了直」，[23]「不需悔改的赦免，沒有教會管教的洗禮，不用認罪的聖餐，和不必本人親身認罪的宣赦」。[24] 總的來說，「廉價恩典是無須作門徒的恩典、沒有十字架的恩典、沒有活著、成肉身的耶穌基督的恩典」。[25] 潘霍華多番指出廉價恩典的問題是否認那上帝活著的道，成肉身的道——耶穌基督。這種否認以抽象化的方式來進行，使得具體活著的真理成為人可以掌握的普遍真理，出現了「基督論」講課中的人的道殺害了神聖的道的情況。否認、殺害的後果是人無須脫離罪惡、背負自己的十字架、跟這個墮落的世界一刀兩斷，而以為只要頭腦上同意基督教的講法就可以獲得赦罪了。[26] 透過抽象化而否定、殺害的舉動，其背後是一個操控的意志主體。潘霍華在一九三一至一九三二年的「從言詞轉向真實」(turning away from the phraseological to the real),[27] 按照格林的分析,涉及的乃是現代性的權力問題。[28] 這種權力是一種主宰性自我的權力(the power of dominating ego),具有四個面相,既是潘霍華自身的問題,也是整個現代世界的現象。第一,自己是自己世界的創造者、解釋者及統治者,他是其中的中心。第二,他主宰其他人,視之為物,視上帝為「宗教對象」,以自我為中心。第三,人類的社羣性被破壞,個體被拋擲至「無望的隔離」與「永恆的孤絕」。第四,良心的作用是自我肯定和自我稱義/證立(self-justification)。[29] 格林判定《追隨基督》要針對的罪,就是這種現代性的權力性主宰自我。

這種主宰性的自我權力,一旦入侵教會一羣體,取代了耶穌基督在其中的中心/地位,就出現了潘霍華在《團契生活》所講的「屬魂/心理的實在」(psychic reality)。這種羣體只追求滿足魂/心理的、自然的情感慾求;潘霍華指出其中的愛是自我中心的愛、善惡交織的陰暗的愛。[30] 這種愛把其他人的生命置於自己手裏,按著自己的形象塑造。[31] 結果把教會一羣體弄成原子式個體組成的集合體,相互之間不過是一種現代社會流行的工具關係,或是結集力量追求及實現可以滿足大家屬魂的/心理的需要。與此相反,教會一羣體是根據耶穌基督的形象所塑造的。[32] 那麼,耶穌基督如何形塑這個教會一羣體,而為「屬靈的實在」(spiritual reality)或「神聖的實在」(divine reality),而非「屬魂/心理的實在」?[33] 潘霍華《追隨基督》的第二章是〈呼召門徒〉,第三章是〈專一的順從〉,這兩章是在活著、成肉身的耶穌基督的基礎上發展出來的。既然廉價的恩典是否認、拒絕甚至殺害道成肉身的基督,那麼「重價的恩典就是上帝道成肉身」。[34] 活著、成肉身的耶穌基督呼召人追隨祂,要求的就只是順服;這順服地追隨耶穌基督,就是作門徒的內容了,[35] 就是對耶穌基督的呼召恰當的回應。對耶穌基督的呼召作出順服的回應，其後果是有分耶穌基督的苦難，並從墮落、罪惡的世界分離出來。這是《追隨基督》第四章〈作門徒與十字架〉（Discipleship and the Cross）和第五章〈作門徒與個人〉（Discipleship and the Individual）所展示的。總的來説，這五章是基督論式的討論，預設了潘霍華一九三三年的「基督論」的講課。[36] 簡單來説，這涉及耶穌基督的中心性。[37] 這種中心性在第五章〈作門徒與個人〉表明了出來：「藉著道成肉身，祂來到了人與這被給予的世界景況的中間。〔……〕祂要成為中心點（medium），使得一切事物惟獨藉著祂而生。祂站在我們與上帝之間，因此之故，祂也站在我們與其他人和物之間。**祂是中保／中介**（mediator），不獨是上帝與人之間的中保／中介，更是人與人，及人與實在之間的中保／中介。」[38] 耶穌基督站在我們與上帝之間，呼召我們撇下一切，實質是撇下自己的主宰自我、追求權力的意志，來跟隨祂。藉著這種行動，我們透過耶穌基督跟世界的一切重新建立關係，而這首先見於教會一羣體的生活。在這裏，道成肉身的耶穌基督成了貴重的恩典。潘霍華這樣寫道：「它之所以貴重乃因它使上帝付出了祂兒子的生命為代價〔……〕它是恩典，因為上帝為了叫我們得生命，並不以為付出祂的兒子為太貴的代價。」[39] 這段説話再一次讓我們想起那「為我們的上帝」的神聖生命。相應來説，耶穌基督這份禮物，對我們來説，「是貴重的，因為祂呼召我們來跟從，並且祂是恩典，因為祂呼召我們來跟從耶穌基督。祂是重價的，因為祂使人付上生命為代價，祂是恩典，因為祂賜給人那惟一的真生命」。[40] 這一切，都始於道成肉身在我們中間呼召我們的耶穌基督。

三、透過基督從世界分別出來

《追隨基督》強調的是，耶穌基督乃是上帝活著的道，而不是一個概念或象徵，祂來到我們面前呼召我們跟隨祂。這呼召的行動，同時顛覆我們的主宰性自我，以及割斷我們跟墮落世界的連繫，而有分耶穌基督的生命和生活，活在一個有所分別的門徒的羣體之內。耶穌基督對門徒的呼召，是建立教會一羣體的決定性因素，當中創造了及模塑了門徒對耶穌基督應有的生命態度及取向。這表明了耶穌基督的呼召是神聖的介入，只有祂的呼召而非人的任何作為，使得相信成為可能。[41] 但是耶穌基督的呼召並非首先產生信心，然後才有順從，[42] 潘霍華指出相信與順從是互為條件及前提的：「惟有相信的人才是順從的」、「惟有順從的人才是相信」，兩者必須相提並論。[43] 如果只有前者，「相信者就陷於廉價恩典的危險中」；如果只有後者，「則相信者陷於因行為得救的危險中」。[44] 這兩者都不是上帝所建立的新人類羣體的成員，這兩者都在面對耶穌基督的呼召時沒有作出既相信又順從的追隨性回應，生命仍然停留在舊有的世界之中，計算的、宰制性的自我沒有死去。面對耶穌基督的呼召，懷疑的思考（double-minded thinking）是逃避順從的表現。[45] 即使是人經過思考之後選擇順從耶穌基督的呼召，仍然不是專一的順從。潘霍華説得很清楚：「順從耶穌的呼召絕不是自主的人類作為」。[46] 人類任何形態的自主行動，都無助他進入上帝的拯救之中；他那追求權力的意志、計算和宰制的自我，必須在耶穌基督的呼召底下死去，方才可能成為耶穌基督的門徒羣體的一分子。因此，潘霍華在第四章〈作門徒與十字架〉接續第二章〈呼召門徒〉（The Call to Discipleship）及第三章〈專一的順從〉（Simple Obedience），在呼召和順從之後，以「捨己」來進一步解釋順從，然後指出作門徒因著跟隨基督，所以有分祂的生命，也有分祂的十字架——受苦與遭棄絕。「捨己」同時是捨棄這個自我所計算和操控的世界，於是潘霍華在第五章〈作門徒與個人〉指出，作門徒因著跟隨基督，所以有分祂的生命，也有分祂的孤獨。捨己其實是追隨耶穌基督的必然動作，潘霍華的說話十分清楚：「捨己所能說的，只是：『祂領路，緊緊的跟著祂。』」[47] 因此，捨己並非自作主張的舉動，而係「只認識基督，不認識自己；只看走在前面的祂，不再看那條我們認為是太難走的路」。[48] 無論是相信及順服，抑或是捨己，其之所以可能，不在於人的自主意志，而在於耶穌基督的呼召和帶領。潘霍華的名句：「當基督呼召一個人時，祂是領他至死」，[49] 就要在這種脈絡底下來了解。這是有分耶穌基督的十字架的第一個意義。我們背起自己的十字架，首先是「在祂的呼召下治死舊人」、「埋葬我們一切的邪情私慾」。[50] 然後就是有分耶穌基督對全世界的罪的擔當，擔當別人的罪和罪所帶來的羞愧與棄絕。[51] 這是背起自己的十字架的第二個意義。因著耶穌基督的代替性的代表行動——為我們擔當罪的重擔，所以我們也該擔當弟兄姊妹罪的重擔，藉著分享基督十架的能力而對其寬恕。[52] 這樣，作門徒就是因著跟隨耶穌基督而不單從世界分離出來，並且有分耶穌基督祂那擔當、為他的生命。

門徒因耶穌基督分別地呼召而獨自地跟從祂，[53] 但也因為耶穌基督的緣故重新跟其他人和物連結起來。[54] 第五章〈作門徒與個人〉總結了之前四章的意思，耶穌基督來到我們中間，藉著呼召是要截斷我們跟這個墮落的世界之間的關係，從此以後，「人無論對上帝，或對世界，或對任何事，都再沒有自己直接的關係」。[55] 這樣，門徒跟他者之間就有一道「別他性」（otherness）及「奇異性」（strangeness）的鴻溝。[56] 橫堵在門徒與他者之間的，是耶穌基督這個中介／中保。但潘霍華指出，耶穌基督「也是一個全然的**新羣體**（new community）的創造者。祂站在其他人和我的中間。祂分開，但祂也聯合。因此，雖然與他人的直接道路被阻隔了，但祂帶領每一個跟隨祂的人走到新的並且是惟一的道路，即通過中介／中保而跟他人聯合」，[57] 這樣的結果，首先是教會—羣體的建立、組成。「如果我們相信祂的話，敢於作單獨的個人，我們的賞賜、禮物就是教會一羣體。他們會在一個可見的信仰羣體之中找到自己，這可見的信仰羣體足以補償我們的損失百倍。」[58] 不過，潘霍華不忘補充道：「並且要受逼迫。」[59] 這個門徒的教會一羣體，跟隨耶穌基督一起生活，會是怎麼樣的？《追隨基督》第一部花了一半篇幅疏解馬太福音的登山寶訓（全書第六章），表明了基督門徒與非基督門徒的分別，在於其生活的「超平常性」（extraordinary）（太五章）、「隱藏性」（hidden nature）（太六章）和「與世分離性」（set apart）（太七章）；基督徒的生活其「超平常性」和「隱藏性」共同構成「與世分離性」。[60] 韋默指出超平常性與隱藏性，是兩種對立的參與性回應（participative response）的模式，也是兩種順服地跟世界斷絕關係的方式。[61] 這兩種模式、方式，按照潘霍華的看法，都是從他們從前所歸屬的羣體分離出來，而只跟耶穌連繫在一起。[62] 超平常性的門徒生活是關乎與人交往的，這是多走一里路的生活，以愛仇敵為完全的表現，這是顯露在眾人面前。隱藏性的門徒生活則涉及與上帝私密的關係，義是要隱藏起來的，不在世界之中表揚自己。潘霍華堅持超平常性是「做」在這個世界之中，它不是某些不設實際或與生活無關的理想，卻是可見的。[63]「逃入不可見之處就是否認呼召。」[64] 另一方面這種可見性卻要跟隱藏性配合。門徒的義只在上帝的面前不在公眾面前；[65] 門徒並不需要這個已經跟他們分離出來的世界的讚賞，教會一羣體並不需要這樣來在上帝面前建立自己，她跟上帝的關係無須以世界為中介來連結起來，而是透過基督這中介重建。[66] 門徒羣體只看在前面領路的耶穌基督，不會注目自己因順從耶穌基督而有的作為，以及他們自己。[67]「門徒的義是向他們自己隱藏起來的。」[68] 這樣的可見的超平常性與不可見的隱藏性，都不過是在順從、跟隨耶穌基督底下而自然而然的作為，也是門徒羣體跟世界分別開來的生活表現。換另一個角度來看，潘霍華這種一個銅幣兩個面相的門徒生活，正是針對現代世界那種權力的意志：計算的與宰制的自我。

基本上，《追隨基督》的主題就是新人類——門徒羣體——的創建。不單只第一部分討論符類福音如此，即使第二部分講到保羅書信也是如此。但是跟世界分別開來，只是跟隨基督所必然伴同的景況，除此之外，門徒所得的還有教會一羣體的團契。[69] 這也就是上文提及的透過耶穌基督這中介信徒之間所建立的羣體。所以，韋默指出，作門徒意即共同生活（life together）。[70] 然而，《追隨基督》一書雖然對此亦有提及，但是卻非重心所在；這是《團契生活》的主題。我們可以這樣理解，《追隨基督》與《團契生活》是一個銅幣的正反兩面，但都以耶穌基督為中介／中心。耶穌基督的呼召使得門徒從世界分別出來，但也是耶穌基督使得門徒彼此之間連結一起共同生活。只是《追隨基督》全書所著重的是前者而非後者。葛士（John D. Godsey）就表示：「符類福音關乎門徒與他們的主之間的關係，差不多全然是以**跟隨祂**來表達；在保羅書信之中，這看法以**另一組新詞彙**出現，較少處理耶穌在地上的生活而更多的是復活的及榮耀的基督其臨在及其在我們中間的工作。」[71] 潘霍華在第二部分第八章〈先決的問題〉（Preliminary Questions）第一句就涉及了兩部分的關連性：「耶穌身體性地臨到（bodily presence）第一代的門徒中間，直接向他們說話。但這耶穌已經死了又復活了。那麼，祂對人呼召作門徒，怎樣傳到今日的我們呢？」[72] 這個問題正是討論保羅書信的緣由。對於潘霍華來說，耶穌基督是活著的，並且今日仍然透過聖經的見證來跟我們說話，[73] 祂就在教會的宣講聖道施行聖禮中臨在，呼召人來跟從祂。[74] 符類福音以聆聽和跟從來描述人對耶穌呼召作門徒的回應，而保羅卻以洗禮（baptism）來講述這回應。[75] 這兩者是平行的，「在洗禮中人就成為基督所有的了」，他是從世界的管治之中被拯救出來。[76] 受洗表示跟世界決裂，要求並使得我們死亡，「在洗禮中我們與我們舊的世界一同死去」。[77]「這洗禮上的死，意即**脫罪稱義**。（justification away from sin）」[78]這洗禮就如跟隨，是因著耶穌基督的呼召而生起的順從行動；「耶穌基督呼召門徒，要求的是**可見的順從行動**」，洗禮就是這樣的公共行動，在洗禮之中我們被接納進到一個可見的教會一羣體之中。[79]藉著教會一羣體的生活和崇拜，我們跟世界的決裂也不再隱藏而公開出來了。[80]在這樣的了解底下，洗禮使得基督徒有分於基督的死，[81]從此，基督徒每日的死亡不過是洗禮中的死亡的結果，他們的生命是由於不斷回望並信靠基督那恩典性的死亡行動，而生發出來的。[82]在洗禮的那一刻，因著「基督侵入了撒但的領域，擄取了屬祂的人，所以創造祂的教會一羣體」。[83]

潘霍華在跟著的第十章以〈基督的身體〉（The Body of Christ）為名，進一步討論這個透過洗禮而建立的教會一羣體，跟第一代的門徒，同樣享有耶穌基督的身體性臨在，成為基督身體的成員。[84]這一章充分展現潘霍華的社羣神學。潘霍華以亞當與基督對比，兩者既是個體自己（individual self）又是人類（humanity），只是在亞當裏，亞當自己及整個人類都墮落了；但在基督裏，祂自己就是「新人」（new human being）、第二亞當，新人類也被創造。[85]耶穌基督取了我們的身體，所以為我們受苦、死亡，[86]藉此而把我們整合至祂的身體——教會一羣體——之內，[87]而使我們得以「與基督同在」（with Christ）和「在基督裏面」（in Christ）。但是我們怎樣才可有分這個為我們的基督的身體？[88]潘霍華指出：「講道不足以帶領我們成為基督身體上的肢體；聖禮也是必要的。」[89]聖禮包括洗禮及聖餐。洗禮是起點，聖餐是持續性的，「洗禮使我們與基督的身體結合為一，而聖餐就維持我們跟基督的身體的團契和相交」。[90]第一代的門徒直接與身體性地臨在他們中間的耶穌基督團契與相交，他們在祂的呼召底下來跟從祂，而有分祂的身體，成為基督的身體。

今日我們在聽道後受洗來跟從祂，同樣也分有了祂那為我們受苦和受死的身體，而成為基督的身體。潘霍華說：「基督的身體是祂的教會─羣體，耶穌基督同時是祂自己和祂的教會─羣體。」[91] 在這裏潘霍華關心的，是受洗成為基督身體的一部分，既是耶穌基督身上的肢體，也是教會─羣體這個新人類羣體的一個成員。然後就是這個羣體的可見性和分別性：第十一章〈可見的教會─羣體〉（The Visible Church-Community）和第十二章〈聖徒〉（The Saints），可見第二部分的結構、思路，是跟第一部分相應的。昔日成肉身的上帝的兒子，其所建立及維持的是一個由跟隨基督的人而成的羣體；[92] 復活榮升之主的身體，同樣地，也是一個可見的身體，取了教會─羣體的形式。[93] 潘霍華以空間（space）來指出教會─羣體的可見性，包括宣講（講道、洗禮和聖餐）的空間、教會─羣體的秩序空間和生活空間。[94] 在這三者之中，宣講的空間具有首要性，「教會─羣體環繞著道和聖禮來聚集時，基督的身體就為可見的」。[95] 教會─羣體的秩序空間和生活空間，必須預設宣講的空間，沒有以道和聖禮為中心而形成的宣講空間，也就沒有秩序空間和生活空間。秩序空間是為了確保宣講空間得以恰當運作，而生活空間則是延展門徒的宣講空間的跟隨而至日常生活所有領域。因此，我們可以說，這兩個空間是以宣講空間為大前提而衍生出來的。更為重要的，教會─羣體這些可見性，是要為門徒在世界之中的日常生活劃下界限，表示他們只屬於基督的可見羣體。[96] 潘霍華念茲在茲的，總是教會─羣體這新人類要跟墮落的世界分別出來，這種分別是在世界之中跟隨耶穌基督過著那有別於世界的羣體生活。

是以，《追隨基督》第十二章〈聖徒〉就接續講分別性。聖徒的分別性並非源自自身，而係始於上帝的兒子取了人的樣式，成了肉身，[97] 使得我們可以在祂裏面；並且因為耶穌基督「為我們死了，使得我們罪人在祂裏面成為上帝的義」。[98] 由此，一個從罪釋放出來被稱為義的羣體就出現了。[99] 這是耶穌的門徒羣體與聖徒羣體。[100] 潘霍華關心的是：「他們是從世界取出來的，並在世界之中活在他們自己的新空間。」[101] 他指出教會一羣體的成聖（sanctification），包括了其被上帝從不聖潔、罪之中分離出來，從此之後朝向基督將來來臨的日子進發。[102] 聖徒羣體的成聖，對潘霍華來説，意味著三方面。「第一，聖徒羣體的成聖將以**清楚地從世界分別出來**而顯明。第二，聖徒羣體的成聖將通過其**行事**與上帝的聖潔領域**相稱**而得證實。第三，聖徒羣體的成聖將在**等候**耶穌基督的日子而**隱藏起來**。」[103] 第一點再次重申從世界分別出來，這是潘霍華《追隨基督》一書的主題，貫穿第一部分與第二部分。至於第二及第三點，則必然預設第一點。沒有分別出來就不可能行事與上帝的聖潔相配，也不可能願意等候終末而隱藏這種成聖。但是，聖徒羣體的生命，從正面來説，是怎樣地被建立起來的，向著甚麼方向、目的進發？潘霍華最後花了一章〈基督的形象〉（The Image of Christ）來講述聖徒羣體在基督裏的成形。在這裏他再一次把基督跟亞當對比。上帝以其自己的形象創造了亞當。人墮落之後如何回復及取得上帝的樣式？潘霍華説只得一條途徑，就是上帝自己取了、披戴了人的樣式，來到我們中間。[104] 這就是上帝的兒子的道成肉身，祂來到我們中間在其教導與行事、生與死之中，顯示出上帝的形象。[105] 潘霍華在這裏特別強調，耶穌基督那種把世界一切的罪與死、人類肉身的需要，都擔當到自己身上，並且謙卑地把自己置於上帝對罪人的咒詛與審判之下，而仍然順從上帝的旨意，以致於受苦和死去。[106]「這就是披上人的樣式的上帝，這就是在上帝的新形象中的人類。」[107] 這無疑展示出新人類那種「為他」的特性。耶穌基督這種新人類的生命，潘霍華指出，是我們需要效法的（to be conformed to the image of Jesus Christ），[108] 但卻不是我們自己可以自行改變而成的，惟有「基督的樣式在我們裏面成形」。[109] 基督自己的樣式要在我們身上顯現出來，基督持續地工作直到我們完全有像基督的樣式。[110] 這是延續成聖的課題，成聖是始於受洗以跟世界分別開來，而有分耶穌基督的身體。由此，基督就開始在這個教會—羣體之中取得可見的樣式，就是像祂那樣經受同一的患難與死亡。[111]「基督在地上的樣式，就是被釘死的那位的**死亡的樣式**」。[112] 基督的樣式在教會—羣體中成形，就是讓基督在這個羣體的生命/生活中活著。[113] 所以，「教會—羣體首先就是祂的形象（弗四 24，西三 10），並且通過教會—羣體其所有成員也是基督的形象。在基督的身體裏，我們都變成『**像基督**』了」。[114]「既然在/依據基督的形象成形，我們就能夠追隨祂的榜樣來生活」。[115] 來到最後，潘霍華所強調的仍是追隨：作門徒、專一順從。[116] 這充分顯示潘霍華在這一時期對教會—羣體首要關心的，是其跟墮落世界分別出來。

韋默在論到《追隨基督》一書的政治含義時指出，潘霍華「以某一種作門徒反對另一種作門徒。他的道路跟希特勒的道路不同，因為在潘霍華的釋經及踐行之中，耶穌基督，很明顯，是一位十分不一樣的主。但這正是不同的主之間的戰爭——不是在一個威權式社會的看法（authoritarian concept of society）與一個自由民主式社會的看法之間的分別」，[117] 而是耶穌基督跟墮落世界之間的分別，展示出來的生命結構則為「為他」與「為己」之間的差異。《追隨基督》一書所蘊含的政治意義，潘霍華自己在〈聖徒〉一章所說的，十分清楚，「因為教會—羣體是山上的城，是那“polis”（引按：城邦或政治體）（太五 14），是由上帝在地上所建立的，並且刻上了印記而為屬於上帝自己的，所以其『政治的』（political）性格是其成聖所不可分割的一個面向。教會—羣體的『政治的倫理』只植根於其成聖。目的乃是：世界是世界，〔教會—〕羣體是〔教會—〕羣體，以及無論如何，上帝的話語從教會—羣體出去進到整個世界，好宣講大地及其上的一切都屬於上主。這就是教會一羣體的『政治的』性格。」[118] 教會一羣體的政治性格，是衍生於其追隨與順服耶穌基督，是其與世界分離出來的成聖的特質。因此，教會一羣體的政治性格與墮落世界的任何政治體系、制度均無關係，卻要在耶穌基督裏面分辨「為他」及「為己」的差異。也許，這是回答「我們今天是否仍然有用？」這個問題時不能不再三思考的。菲爾在討論《追隨基督》一書對世界的了解時特別注意到，潘霍華在〈重價恩典〉一章中對「教會世俗化」（secularization of the Church）[119] 的批評。在潘霍華眼裏，修道院或是教會一羣體，都有可能跟世界一樣，而世界是指那邪惡的、墮落的、犯罪的、自以為上帝的世界。[120] 他指出路德進入修道院，表示跟世界分離，但在撇下一切之餘卻「保留了敬虔的自我」，[121] 這是把「自我」帶進修道院之中，而把修道院世俗化。同樣，因著「世界已經基督化了，恩典也成了世界的共有財產」，[122] 因為「世界畢竟在原則上已經藉恩典稱義了，所以我可以保持著中產階級的世俗生活，〔……〕如今基督徒的生活變為就是活在這個世界中，與世界一樣，完全與世界沒有甚麼分別」。[123] 這樣的教會一羣體，完全活在不必跟隨耶穌基督的廉價恩典之下，與世界認同，只需偶爾離開世界進到教會，獲取赦罪恩典，而非罪人得寬恕。[124] 面對從來沒有如此世俗化的基督教，[125] 潘霍華強烈發出呼喊：「追隨基督！」要跟世界分別出來。

註釋

1. John de Gruchy, " Introduction: The Development of Bonhoeffer's Theology, " in *Dietrich Bonhoeffer: Witness to Jesus Christ*, ed. John de Gruchy (London: Collins, 1987), 25.
2. Clifford Green, " Human Sociality and Christian Community, " in *The Cambridge Companion to Dietrich Bonhoeffer*, ed. John W. de Gruchy

(Cambridge: Cambridge University Press, 1999), 123; de Gruchy, " Introduction, " 22 ~ 23.

3. John W. de Gruchy, " Bonhoeffer, " in *The Blackwell Companion to Modern Theology*, ed. Gareth Jones (Oxford and Malden: Blackwell, 2004), 364 ~ 365.
4. de Gruchy, " Bonhoeffer, " 365; de Gruchy, " Introduction, " 19 ~ 22.
5. de Gruchy, " Bonhoeffer, " 365; de Gruchy, " Introduction, " 22 ~ 24.
6. de Gruchy, " Bonhoeffer, " 365.
7. de Gruchy, " Introduction, " 24.
8. Haddon Willmer, " Costly Discipleship, " in *The Cambridge Companion to Dietrich Bonhoeffer*, ed. John W. de Gruchy (Cambridge: Cambridge University Press, 1999), 175。粗體字為筆者所強調的。
9. Willmer, " Costly Discipleship, " 173。潘霍華生命的轉變，按格林（Clifford Green）的看法是發生於一九三一至一九三二年間，見 *Bonhoeffer*, chapter 4。韋默（Haddon Willmer）則認為是一九三〇至一九三一年間。
10. Clifford Green, " Sociality, Discipleship, and Worldly Theology, " in *Being Human, Becoming Human: Dietrich Bonhoeffer and Social Thought*, ed. Jens Zimmermann and Brian Gregor (Eugene: Pickwick, 2010), 79。有關潘霍華寫作的自傳性向度，參 Clifford Green, *Bonhoeffer: A Theology of Sociality*, rev. ed. (Grand Rapids: Eerdmans, 1999), Chapter 4。
11. Ernst Feil, *The Theology of Dietrich Bonhoeffer*, trans. Martin Rumscheidt (Philadelphia: Fortress, 1985), 82.
12. de Gruchy, " Bonhoeffer, " 365.
13. de Gruchy, " Bonhoeffer, " 25.
14. de Gruchy, " Bonhoeffer, " 365, " Introduction, " 25。此乃《追隨基督》第一章的討論課題。
15. de Gruchy, " Bonhoeffer, " 365, " Introduction, " 25.
16. de Gruchy, " Bonhoeffer, " 25.
17. Dietrich Bonhoeffer, *Discipleship*, trans. Barbara Green and Reinhard Krauss (Minneapolis: Fortress, 2001), 43；中譯：潘霍華：《追隨基督》，七版，鄧肇明、古樂人譯（香港：道聲，2000），頁 11。

18. de Gruchy, "Introduction," 25.
19. Bonhoeffer, *Discipleship*, 37；潘霍華：《追隨基督》，頁 3。
20. Bonhoeffer, *Discipleship*, 43；潘霍華：《追隨基督》，頁 11。
21. Bonhoeffer, *Discipleship*, 43；潘霍華：《追隨基督》，頁 11。
22. Bonhoeffer, *Discipleship*, 43；潘霍華：《追隨基督》，頁 11。
23. Bonhoeffer, *Discipleship*, 43；潘霍華：《追隨基督》，頁 11。
24. Bonhoeffer, *Discipleship*, 44；潘霍華：《追隨基督》，頁 13。
25. Bonhoeffer, *Discipleship*, 44；潘霍華：《追隨基督》，頁 13。
26. Bonhoeffer, Discipleship, 43；潘霍華：《追隨基督》，頁 11。
27. 一九四四年四月二十二日信件。Dietrich Bonhoeffer, *Letters and Papers from Prison*, trans. Richard Krauss, Nancy Lukens, Lisa E. Dahill, and Isabel Best (Minneapolis: Fortress, 2009), 358；中譯：潘霍華：《獄中書簡》，九版，許碧端譯（香港：基督教文藝，1999），頁 131 缺譯。
28. Green, "Sociality, Discipleship, and Worldly Theology," 78.
29. Green, "Sociality, Discipleship, and Worldly Theology," 79.
30. Dietrich Bonhoeffer, *Life Together and Prayerbook of the Bible*, trans. Daniel W. Bloesch and James H. Burtness (Minneapolis: Fortress, 1996), 40；中譯：潘霍華：《團契生活》，新譯修訂版，鄧肇明譯（香港：基督教文藝，1999），頁 20～21。
31. Bonhoeffer, *Life Together and Prayerbook of the Bible*, 44；潘霍華：《團契生活》，頁 25。
32. Bonhoeffer, *Life Together and Prayerbook of the Bible*, 44；潘霍華：《團契生活》，頁 25～26。
33. Bonhoeffer, *Life Together and Prayerbook of the Bible*, 35；潘霍華：《團契生活》，頁 13；Stephen Plant, *Bonhoeffer* (London and New York: Continuum, 2004), 106。
34. Bonhoeffer, *Discipleship*, 45；潘霍華：《追隨基督》，頁 13。
35. Plant, *Bonhoeffer*, 99.
36. Plant, *Bonhoeffer*, 94.
37. Plant, *Bonhoeffer*, 97.

38. Bonhoeffer, *Discipleship*, 93～94；潘霍華：《追隨基督》，頁 70。粗體字為潘霍華所強調的。
39. Bonhoeffer, *Discipleship*, 45；潘霍華：《追隨基督》，頁 13。
40. Bonhoeffer, *Discipleship*, 45；潘霍華：《追隨基督》，頁 13。
41. Bonhoeffer, *Discipleship*, 63；潘霍華：《追隨基督》，頁 33。
42. Bonhoeffer, *Discipleship*, 63；潘霍華：《追隨基督》，頁 34。
43. Bonhoeffer, *Discipleship*, 64；潘霍華：《追隨基督》，頁 34～35。
44. Bonhoeffer, *Discipleship*, 67；潘霍華：《追隨基督》，頁 39。
45. Bonhoeffer, *Discipleship*, 71；潘霍華：《追隨基督》，頁 44。
46. Bonhoeffer, *Discipleship*, 83；潘霍華：《追隨基督》，頁 56。
47. Bonhoeffer, *Discipleship*, 86；潘霍華：《追隨基督》，頁 61。
48. Bonhoeffer, *Discipleship*, 86；潘霍華：《追隨基督》，頁 61。
49. Bonhoeffer, *Discipleship*, 87；潘霍華：《追隨基督》，頁 63。
50. Bonhoeffer, *Discipleship*, 88；潘霍華：《追隨基督》，頁 63。
51. Bonhoeffer, *Discipleship*, 88；潘霍華：《追隨基督》，頁 63。
52. Bonhoeffer, *Discipleship*, 88；潘霍華：《追隨基督》，頁 63～64。
53. Bonhoeffer, *Discipleship*, 92；潘霍華：《追隨基督》，頁 69。
54. Bonhoeffer, *Discipleship*, 93～94；潘霍華：《追隨基督》，頁 70。
55. Bonhoeffer, *Discipleship*, 94；潘霍華：《追隨基督》，頁 70。
56. Bonhoeffer, *Discipleship*, 96；潘霍華：《追隨基督》，頁 73。
57. Bonhoeffer, *Discipleship*, 98；潘霍華：《追隨基督》，頁 76。粗體字為潘霍華所強調的。
58. Bonhoeffer, *Discipleship*, 99；潘霍華：《追隨基督》，頁 76～77。
59. Bonhoeffer, *Discipleship*, 99；潘霍華：《追隨基督》，頁 77。
60. Bonhoeffer, *Discipleship*, 169；潘霍華：《追隨基督》，頁 169；Willmer, "Costly Discipleship," 180。
61. Willmer, "Costly Discipleship," 180.
62. Bonhoeffer, *Discipleship*, 169；潘霍華：《追隨基督》，頁 169。
63. Bonhoeffer, *Discipleship*, chapter 7；Willmer, "Costly Discipleship," 181.
64. Bonhoeffer, *Discipleship*, 13；潘霍華：《追隨基督》，頁 96。

65. Willmer, "Costly Discipleship," 181.
66. Willmer, "Costly Discipleship," 181.
67. Bonhoeffer, *Discipleship*, 149；潘霍華：《追隨基督》，頁 142。
68. Bonhoeffer, *Discipleship*, 149；潘霍華：《追隨基督》，頁 142。
69. Willmer, "Costly Discipleship," 182.
70. Willmer, "Costly Discipleship," 182.
71. John D. Godsey, *The Theology of Dietrich Bonhoeffer* (London: SCM, 1960), 165。粗體字為原作者所強調的。
72. Bonhoeffer, *Discipleship*, 201；潘霍華：《追隨基督》，頁 215。
73. Bonhoeffer, *Discipleship*, 201；潘霍華：《追隨基督》，頁 215～216。
74. Bonhoeffer, *Discipleship*, 201；潘霍華：《追隨基督》，頁 216。
75. Bonhoeffer, *Discipleship*, 207；潘霍華：《追隨基督》，頁 221。
76. Bonhoeffer, *Discipleship*, 207；潘霍華：《追隨基督》，頁 221。
77. Bonhoeffer, *Discipleship*, 208, 209；潘霍華：《追隨基督》，頁 221。
78. Bonhoeffer, *Discipleship*, 208;；潘霍華：《追隨基督》，頁 222。粗體字為潘霍華所強調的。
79. Bonhoeffer, *Discipleship*, 210；潘霍華：《追隨基督》，頁 224。粗體字為潘霍華所強調的。
80. Bonhoeffer, *Discipleship*, 210；潘霍華：《追隨基督》，頁 224。
81. Bonhoeffer, *Discipleship*, 210；潘霍華：《追隨基督》，頁 225。
82. Bonhoeffer, *Discipleship*, 211；潘霍華：《追隨基督》，頁 225。
83. Bonhoeffer, *Discipleship*, 207；潘霍華：《追隨基督》，頁 221。
84. Bonhoeffer, *Discipleship*, 213；潘霍華：《追隨基督》，頁 227；Godsey, *The Theology of Dietrich Bonhoeffer*, 166。
85. Bonhoeffer, *Discipleship*, 205；潘霍華：《追隨基督》，頁 229。
86. Bonhoeffer, *Discipleship*, 217；潘霍華：《追隨基督》，頁 232。
87. Godsey, *The Theology of Dietrich Bonhoeffer*, 168.
88. Bonhoeffer, *Discipleship*, 216；潘霍華：《追隨基督》，頁 230。
89. Bonhoeffer, *Discipleship*, 216；潘霍華：《追隨基督》，頁 231。
90. Bonhoeffer, *Discipleship*, 216；潘霍華：《追隨基督》，頁 231。

91. Bonhoeffer, *Discipleship*, 217；潘霍華：《追隨基督》，頁 232。
92. Bonhoeffer, *Discipleship*, 226；潘霍華：《追隨基督》，頁 241～242。
93. Bonhoeffer, *Discipleship*, 226；潘霍華：《追隨基督》，頁 242。
94. Bonhoeffer, *Discipleship*, 226, 230, 232；潘霍華：《追隨基督》，頁 242、245、248。
95. Bonhoeffer, *Discipleship*, 229；潘霍華：《追隨基督》，頁 245。
96. Bonhoeffer, *Discipleship*, 245；潘霍華：《追隨基督》，頁 260。
97. Bonhoeffer, *Discipleship*, 254～255；潘霍華：《追隨基督》，頁 268～269。
98. Bonhoeffer, *Discipleship*, 257；潘霍華：《追隨基督》，頁 271。
99. Bonhoeffer, *Discipleship*, 258～259；潘霍華：《追隨基督》，頁 272～273。
100. Bonhoeffer, *Discipleship*, 259；潘霍華：《追隨基督》，頁 273。
101. Bonhoeffer, *Discipleship*, 259；潘霍華：《追隨基督》，頁 273。
102. Bonhoeffer, *Discipleship*, 261；潘霍華：《追隨基督》，頁 275。
103. Bonhoeffer, *Discipleship*, 261；潘霍華：《追隨基督》，頁 275。粗體字為潘霍華所強調的。
104. Bonhoeffer, *Discipleship*, 283；潘霍華：《追隨基督》，頁 299。
105. Bonhoeffer, *Discipleship*, 284；潘霍華：《追隨基督》，頁 300。
106. Bonhoeffer, *Discipleship*, 284；潘霍華：《追隨基督》，頁 300。
107. Bonhoeffer, *Discipleship*, 284；潘霍華：《追隨基督》，頁 300。
108. Bonhoeffer, *Discipleship*, 284；潘霍華：《追隨基督》，頁 300。
109. Bonhoeffer, *Discipleship*, 284～285；潘霍華：《追隨基督》，頁 300～301。
110. Bonhoeffer, *Discipleship*, 285；潘霍華：《追隨基督》，頁 301。
111. Bonhoeffer, *Discipleship*, 286；潘霍華：《追隨基督》，頁 302。
112. Bonhoeffer, *Discipleship*, 285；潘霍華：《追隨基督》，頁 301。粗體字為潘霍華所強調的。
113. Bonhoeffer, *Discipleship*, 286；潘霍華：《追隨基督》，頁 303。
114. Bonhoeffer, *Discipleship*, 287；潘霍華：《追隨基督》，頁 303。粗體字為潘霍華所強調的。
115. Bonhoeffer, *Discipleship*, 287；潘霍華：《追隨基督》，頁 304。
116. Bonhoeffer, *Discipleship*, 287；潘霍華：《追隨基督》，頁 304。

117. Willmer, "Costly Discipleship," 188.

118. Bonhoeffer, *Discipleship*, 261～262；潘霍華：《追隨基督》，頁 275。

119. Bonhoeffer, *Discipleship*, 46；潘霍華：《追隨基督》，頁 14。

120. Feil, *The Theology of Dietrich Bonhoeffer*, 129～130.

121. Bonhoeffer, *Discipleship*, 48；潘霍華：《追隨基督》，頁 16。

122. Bonhoeffer, *Discipleship*, 46；潘霍華：《追隨基督》，頁 15。

123. Bonhoeffer, *Discipleship*, 50～51；潘霍華：《追隨基督》，頁 19。

124. Bonhoeffer, *Discipleship*, 51；潘霍華：《追隨基督》，頁 20。

125. Bonhoeffer, *Discipleship*, 51；潘霍華：《追隨基督》，頁 19。

10.

潘霍華《獄中書簡》中教會—羣體的世界性

一、教會—羣體跟世界的辯證關係

潘霍華（Dietrich Bonhoeffer）在獄中回顧《追隨基督》（*Discipleship*）時說：「我認為我自己可以藉著嘗試過某些像聖徒的生活，而學習獲取信仰。我想我是在這條道路的終結時寫下了《追隨基督》。今天我清楚看出這本書的危險性，雖然我仍會為我所寫的辯護。」[1] 這段說話顯示了潘霍華並不完全滿意《追隨基督》，但又沒有全然否定他所寫下的。那麼，問題在哪裏？《追隨基督》的危險性在哪裏？潘霍華對這書的肯定又在哪裏？根據格林（Clifford Green）的研究，潘霍華自一九三一年至整個一九三二年，教導學生完全按照基督的話語來生活、按照登山寶訓來過羣體相愛的基督徒生活，他們就能學習獲取信仰。[2] 因此，「學習獲取信仰」意即學習追隨基督，在這裏，信仰首先並非由因信稱義及赦免罪來定義，而是在於在追隨耶穌的道路上全然委身。[3] 如果我們循這樣的解釋去了解潘霍華對《追隨基督》的批判，那麼就表示潘霍華針對的是這一著作的主題：「追隨基督」從世界分別出來。事實上，在《追隨基督》一書的前後，潘霍華所講的追隨基督是不能不跟墮落的世界有所分別的。於是，這裏生出一個問題，潘霍華是否倡議他世而否定現世？菲爾（Ernst Feil）嚴正地指出：《追隨基督》對世界的核心性了解是單向的（one-sided），這包括了基督羣體與世界的分別、基於這一分別而來的道成肉身及十字架，以及對基督徒在世的生活，特別是對職業（召命）上的生活所作的消極講論，徹底地對抗世界，顯示自己為這個世界的陌生人。[4] 對於菲爾來說，雖然《追隨基督》亦有迹象指向後來對世界的正面積極的肯定，但卻沒有仔細演繹。[5] 例如基督徒「在這世界真正地自由活出他們的生命」，[6]「大地及其中所有的一切都是屬於上主的」。[7] 復活及榮升的基督很快要回到世界，事實上基督的身體——以教會一羣體的樣式——已經進入了世界的核心了」。[8] 整體來說，《追隨基督》對世界的看法，菲爾判斷為消極的，沒有延伸這著作之前曾經有過的正面語調，而只在後來的著作中才完成這積極的觀點。[9] 菲爾並非完全否定《追隨基督》一書對世界的看法，他只是不滿意這一時期的潘霍華的單一面向的立場；他進一步指出，在潘霍華後期的神學之中，這消極的一面只是銅幣的一面。[10] 他指出《追隨基督》講到耶穌基督呼召我們離開世界，只是為了真正進入世界，因此透過《追隨基督》而返回世界，並非倒退錯步，而是延續這本著作所設定要走的道路。[11] 菲爾這樣的觀點，一方面是從潘霍華《追隨基督》的前後著作來考量，另一方面也是內在於《追隨基督》一書沒有充分發展出來的線索，而作出的判斷。

格林把《追隨基督》置於潘霍華在一九三二年十一月發表的演說〈願祢的國降臨〔……〕地上〉（Thy Kingdom Come ... on Earth）底下來了解，卻沒有菲爾那樣批評其為單方面，反而指出其正面意義，他寫道：「後者〔引按：《追隨基督》〕的神學不應以他世的逃離主義，或是從關懷民族社會主義的脈絡抽離開來予以解讀，而應該了解為形塑一個堅強的基督教的身分——教會的和個人的，這種形塑是為了在潘霍華所生活的政治的和教會的世界，培育忠心的生命。」[12] 格林扣緊潘霍華這一階段的政治的和教會的處境，來定位《追隨基督》的價值。可是，他跟菲爾一樣，沒有滿足於《追隨基督》對世界的看法，他視之為孕育自〈願祢的國降臨〔……〕地上〉，而為其中的一個面向；至於這篇演說對基督教的世界性（Christian worldliness）的正面肯定，則蘊含於《倫理學》（*Ethics*）及顯明於《獄中書簡》（*Letters and Papers from Prison*）之中。[13] 我們大可進一步推論，潘霍華的《追隨基督》及以後的《倫理學》和《獄中書簡》，是其演説〈願祢的國降臨〔……〕地上〉的正、反兩面的開展。《追隨基督》和《獄中書簡》對世界的討論，都是基督中心的，意即透過基督來了解世界。前者為我們提供一種消極的關係，教會一羣體在基督的呼召底下跟墮落的世界分別出來；後者為我們提供一幅積極的圖畫，教會一羣體追隨基督進入世界之中。這兩種跟世界的關係，菲爾喜歡援引《追隨基督》一書中潘霍華對路德（Martin Luther）的描寫來説明：路德進入修道院為的是捨棄邪惡、叛道的世界，然而他離開修道院進入世界，不單為了捨棄他的敬虔主體性，更因為修道院成了一個自我稱義/證成的世界（self-justified world）。因此，路德回到世界是一個全然、徹底地捨棄自己的主體性的舉動。[14] 菲爾援引《倫理學》中對路德的「職業召命」（vocation）的討論，顯出潘霍華對世界之「肯定」，以及由此而生起在世界之中的擔當行動。[15] 是以，菲爾指出，潘霍華對世界的看法，在《倫理學》及《獄中書簡》，基本上是辯證的；[16] 既是肯定的，又是否定的。這裏立即涉及了基督跟世界的關係，和教會一羣體跟世界的關係，而後者是依據前者而得出的，可説是貫徹追隨基督應有之義。菲爾就此作出了撮要式的勾畫：基督對世界的接受，始於《追隨基督》的「為我們的基督」（*Christus pro nobis*, Christ for us），而過渡至「為他者的基督」（*Christus pro aliis*, Christ for other）。在潘霍華的作品中，上帝的目的曾經是基督的羣體，後期卻變成世界；

教會一羣體與世界不再被認為是互相排斥的，而是在基督裏彼此連結。潘霍華曾經認為世界是為了教會的緣故而存在，但現在卻表示教會是為了世界而存在。這種倒轉過來的高峯，是可以從《倫理學》和《獄中書簡》中對基督的肯定：基督之為基督乃在於祂在世界的中間而得見的。[17]

二、〈願祢的國降臨〔……〕地上〉

在上一節的討論之中，我們指出教會一羣體跟世界的關係，是離不開耶穌基督跟世界的關係的。那麼，我們討論《獄中書簡》中教會一羣體跟世界的關係，自然離不開耶穌基督，以及其跟世界的關係。教會一羣體跟世界的關係必然是基督論式的；教會一羣體跟世界的關係必然是通過耶穌基督而建立起來的。這不單指到耶穌基督的中介作用，也涉及祂那代替性的代表生命和行動。這在《追隨基督》一書可以清楚看見，只是以消極的一面出現。至於《獄中書簡》卻是積極地肯定這個世界的世界性（worldliness），這跟《獄中書簡》的基督論有關，進而影響教會一羣體與世界的關係。只是，正如前面所講，《追隨基督》與《獄中書簡》並非互相否定，反之，後者預設前者而向前推進一步。

熟悉《獄中書簡》的讀者都知道，對宗教的批評、非宗教的解釋（non-religious interpretation）或非宗教的基督教（religionless Christianity），是其中重要的議題。然而，在《獄中書簡》之中，潘霍華對這些議題的討論，是基督論式的，嚴格來説，是十架神學式的。另一方面，潘霍華對宗教的批評，重點乃在其未能對世界提供一個恰當的了解，這種失敗乃在於忽略了上帝的國度乃基督在地上的國度。[18] 菲爾特別注意到潘霍華就宗教對世界的看法之批評，進而指出潘霍華的用心不像巴特（Karl Barth）那樣，關心啟示與宗教之間的類比，以及福音與律法之辯證，而是視宗教為耶穌基督和祂的教會的對手。[19] 兩者之間的矛盾在於彼此對世界的看法互相對立。在尚未進入《獄中書簡》的討論之前，我們有必要首先稍為交代《追隨基督》之前，潘霍華在一九三二年十一月的演講〈願祢的國降臨〔……〕地上〉（英文題目是 Thy Kingdom Come! The Prayer of the Church-Community for God's Kingdom on Earth）[20] 中所流露出來對世界的正面看法。格林注意到這演講的日期跟另一演講〈基督與和平〉（Christ and Peace）是相近的，[21] 後者是在同年的十二月發表的。[22] 由於〈基督與和平〉是《追隨基督》的濃縮版，這就意味著〈願祢的國降臨〔……〕地上〉跟《追隨基督》是應該並排閱讀的。換句話説，潘霍華在其中期的神學寫作和思考之中，並未出現全然一面倒的否定世界的觀點。

事實上，〈願祢的國降臨〔……〕地上〉開首即表示無論我們基督徒是他世的（otherworldly）或是世俗的（secularists），兩者都意味著我們不再相信上帝的國度。[23] 並且，因著這種共同特性，兩者不過是一個銅幣的兩面。[24] 因為上帝的國度乃是上帝在地上的國度，[25] 在這個國度之中，上帝與世界並非互相分離、彼此排斥的，所以不相信上帝國度的，自然要不是逃離世界，就是自己建立地上王國。[26] 這兩種態度其實是透過否定對方而得出的。[27] 換句話説，前者只要上帝不要世界，後者則只要世界不要上帝，[28] 雙方都把上帝跟世界視為敵對的，兩者之間是一種負面、反面的否定關係。這兩種基督徒的態度，潘霍華認為是宗教性的。[29] 他世性的基督教固然犧牲了大地，[30] 世俗性的基督教何嘗不然？基督徒一旦否定上帝是大地的上主，那他就可以站立起來為上帝在地上的事業爭戰，[31] 但最後同樣失去大地。潘霍華在論到兩者不過是一個銅幣的兩面時，進一步分析它們殊途同歸：

> 那些逃避大地的，他找到的不是上帝而只是另一個世界，他自己認為更好的、更可愛的、更和平的世界。他找到的是一個在這世界之外的世界，肯定地，這永遠不是上帝的世界，上帝的世界正在這個世界之中冒起。那些逃避大地以為可以找到上帝的，只找到自己。那些逃避上帝以為可以找到大地的，找不到大地乃是上帝的大地，他找到的是莫大的戰場：善與惡之間的、敬虔與不敬虔之間的，那是他自己引發的——簡單來説，他找到自己。[32]

他世的基督徒與世俗的基督徒，最後所找到的都是一樣：他自己，而不是上帝在地上的國度。潘霍華對這兩種態度的批評，是建基於其基督論的。他清楚表明基督進入了並且以其肉身承擔了這受咒詛的大地；在這大地之上佇立了受咒詛之樹——十字架，但卻是由此而建立起基督的國度，這基督的國度乃是在受咒詛的大地之上的上帝的國度。[33] 是以，「基督不是要引領人進入宗教撤離主義的他世性之中，反之，乃是把大地歸還給他，使他成為大地真正的兒子」。[34] 這就使得愛大地跟愛上帝，乃是一體的。[35] 格林説：「潘霍華拒絕他世性而提倡忠心的基督徒生活，就是忠於世界、忠於培育真正基督教的世界性。」[36]

我們看見早在這篇演講時，潘霍華已因為宗教的他世性及世俗性而予以拒斥。[37] 到了《獄中書簡》，宗教與世界的關係這個議題不單沒有終止，並且是潘霍華的重心思考所在。然而，我們同時要記得在這中間的《追隨基督》。正如前面所講，在潘霍華整個著作的脈絡底下來審視，《追隨基督》那種因著追隨基督而捨棄世界並非終極的舉動，只是突出了教會一羣體跟世界的辯證關係，這全然在於其所跟隨的耶穌基督祂跟世界的辯證關係，這就涉及潘霍華的十架神學了。換句話説，《獄中書簡》中的十架神學，決定了教會一羣體跟世界之間的關係，而為辯證的。簡單來説，教會一羣體必須與耶穌基督一起被釘死，她才可以跟耶穌基督一起進入世界。

三、追隨基督進入世界

在討論《獄中書簡》時，我們有必要從潘霍華的〈十年後〉(After Ten Years)開始。〈十年後〉是潘霍華於一九四三年四月五日被捕入獄之前的聖誕節寫下的回顧，為新的一年作出思考。這篇文章無論在舊版的或是校勘版全集的英文《獄中書簡》，都被置於卷首的地方。柏蘭特(Stephen Plant)指出這文章是一份禮物，送給那些在抵抗納粹政權中一起走過的最親密但又屈指可算的同謀者。[38] 然而，文章的語調雖然是帶著感恩去整理過去十年所學習到的功課，但對密謀抵抗的道德後果，卻提出嚴峻的質詢。[39] 按照潘霍華的分析，納粹主義的邪惡掀開了六種道德性格的缺失，包括了理性的人、道德狂熱者、訴諸良心的人、履行責任/義務的人、實踐自由的人，以及逃避到私人德性中的人。[40] 柏蘭特判斷潘霍華所謂的這六種人，分別為效益/實用主義者、社會主義者、新教徒、康德式追隨者、存在主義者、法利賽人。[41] 潘霍華在逐一分析這六種道德性格的人之後，提出了問題：「誰站立得穩呢？」[42] 他並沒有再討論這六種人，卻提及這六種人之外的另一種人，惟有這種人才站立得穩。他寫道：

> 誰能站立得穩呢？惟有一種人，他終極的標準不是他的理性、不是他的原則、不是他的良知、不是他的自由、不是他的德性。惟有當他被呼召要作出順服與擔當的行動時，單單憑著信靠，以及與上帝的關係，準備犧牲這一切。這樣的人是擔當的人，他的生命就是因為上帝的問題

和呼召。這些擔當的人在哪？[43]

潘霍華在這裏提出擔當，其實是源自他稍前開始寫作的《倫理學》。研究潘霍華神學的拉斯穆森（Larry Rasmussen）就寫有〈擔當的行動倫理〉（The Ethics of Responsible Action），以「擔當」來分析和討論這一作品。[44] 在這裏我們更加關心的是柏蘭特所注意到的，這篇文章結束時所作出的自我質詢：「我們仍然有用嗎？」潘霍華關心的是，擔當的行動不能不考慮行動成功的倫理含義（the ethical significance of success），他認為忽略這一層面，只是執迷於原則的人才會作出的非歷史的思考，並因而是不負責任的。[45] 謀反納粹政權，潘霍華固然希望能夠成功，但是他卻恐怕其成功是透過邪惡手段而達至的，這樣，倫理難題就浮現出來了。[46] 歷史的成功創造了延續生命的基礎，[47] 可是一旦帶來成功的卻是邪惡的手段，那麼，問題就來了：行使這些帶來成功的手段的人，仍然有用嗎？狡猾、説雙關語、互相猜疑、不能説半句真話和開心見誠的話、犬儒，那麼，我們仍然有用嗎？[48] 潘霍華在最後作出了結論：「我們不需要天才，不需要犬儒，不需要輕視他人的，不需要巧妙的策士，而需要簡單/專一（simple）、不複雜，以及誠實的人。」[49]

潘霍華這篇與合謀造反的朋友所分享的文章，固然指出面對邪惡勢力要有擔當的行動。惟有以擔當的行動回應上帝的呼召，進入世界，我們才站立得穩，但是這擔當的人卻必須是簡單/專一、不複雜，以及誠實。這篇文章揭開了潘霍華隨後的神學反省。《獄中書簡》延續潘霍華自《倫理學》以來所提倡的擔當行動，但是這擔當的行動已經變成背景，他把討論拉得更寬闊。潘霍華在獄中反省的，是甚麼原因使得擔當行動變成不可能，甚麼原因使得教會失落了擔當的行動。於是，我們在他的書信之中，逐漸看到他對宗教的討論慢慢成為焦點。為甚麼討論宗教？正如上述所講，這涉及了跟世界的關係，也由此進一步涉及了對世界擔當的行動。因此，這個時期潘霍華所講的教會—羣體，自然是一個對世界有所擔當的教會—羣體，其教會論乃是一個擔當的教會論。下面我們從他對宗教的分析與批評開始討論。

潘霍華很早就開始批判宗教。從《聖徒相通》(*Sanctorum Communio*)他就觸及宗教這一議題。然而，正如菲爾所說，潘霍華起初是緊緊地追隨巴特對宗教的批判，但不久之後他逐漸遠離巴特。不過只是到了獄中的書信，潘霍華對宗教的了解才出現徹底的改變：宗教成了某些可被克服的東西，因為只有被歷史塑造的實在，才可以被時代的改變作出根本的改變。[50] 我們在這裏無意追溯潘霍華對宗教之了解的發展過程。[51] 我們倒是在必要時才討論潘霍華獄中對宗教的看法跟巴特對宗教的看法彼此之間的差異，由此而突顯出兩人對世界的不同看法。

在一九四四年四月三十日的信件，潘霍華提出了一個他慣常提出的問題：「今日，對於我們來說，基督究竟是誰？」(Who is Christ actually for us today?)[52] 對於他來說，「今日」是具有特別的意思的，就是這信件隨即提到的「宗教的時代」(the age of religion)和「非宗教的時代」(religionless age)；他認為「宗教時代」已經過去，我們正進到一個全然非宗教的時代。[53] 首先，潘霍華並沒有把基督教完全等同宗教，卻認為過去的基督教總是「宗教」的一種形式(a form of "religious")。[54] 言下之意，那只是歷史的產物而已，基於某些歷史條件基督教被視為宗教的形式或宗教的真正形式(the true form of religious)，但一旦這些條件消失了，基督教是甚麼？基督教在非宗教的時代中是甚麼？潘霍華甚至這樣說：倘若我們終於必須判斷，即使基督教的西方形式，也只是宗教完全不在場的初階，那麼，對我們、對教會，這是一種怎樣的處境？基督如何成為非宗教的主？[55]「在一個非宗教的世界之中，教會、會眾、講道、禮儀、基督徒的生命，是甚麼意義？」[56] 由此可見，潘霍華是要把基督教從宗教分別開來，這種分別開來涉及的是世界的問題，而更為根本的則涉及耶穌基督跟世界的關係。並且，潘霍華更進一步提問或探索，當宗教時代過去，非宗教時代來臨，基督教對其有甚麼意義呢？教會一羣體及其一切作為在這個時代有甚麼意義呢？最終仍然是，在這樣的時代中，基督究竟是誰？下面我們首先探討潘霍華對宗教的了解。

首先，潘霍華認為過去的一千九百年基督教的宣講及神學，都是建基於人類的「宗教先驗」(religious a priori)之上，[57] 只是這種對人類宗教意識的看法是歷史的；「宗教先驗」只是歷史底下的產物。相應地，非宗教也是歷史的產物。那麼，使得「宗教先驗」出現的歷史條件或前設是甚麼？在一九四四年四月三十日這封信件之中，潘霍華指出了形而上學、內在生命(inner life)等等，都是設定宗教的歷史前提。[58] 正因為如此，宗教就不過是基督教的外表、裝束(grab)，不同時代就有不同的外表、裝束。[59] 事實上潘霍華在獄中所寫的書信多番提及形而上學和內在性(inwardness)或個人主義(individualism)，例如一九四四年五月五日和七月八日的信件。菲爾對這兩個條件解釋為某種對世界和人類的看法，在其中上帝是在這世界之外的(beyond the world)，並由這種上帝觀引申出我們的主體性或內在性，[60] 這內在性潘霍華亦稱為個人主義，如五月五日的信件。值得注意的是，形而上學所講論有關上帝的超越性(transcendence)，對潘霍華來說是虛假的，他自《聖徒相通》以來已反對這種認識，[61] 以之為知識論式的超越性，而倡議一種倫理的一社羣的超越性。宗教除了形而上學和個人的內在性之外，尚有部分性(partiality)的元素，這特別是指到自由神學「其目的只在清理出一塊地方，好讓宗教在世界之中居住，或讓宗教去和世界對抗」。[62] 菲爾指出，這部分性是形而上學和主體性所生出來的果子，[63] 而形而上學和主體性在內容上是不能互相分割開來的。[64] 形而上學、主體性和部分性是宗教時代的明顯特性。

潘霍華在《獄中書簡》中論及的填補罅隙的上帝（stop-gap）、運作性假設的上帝（working hypothesis），[65] 全都是指到宗教時期把上帝置定於世界及人類知識的邊緣。[66] 至於主體性，則是這樣的上帝的對應物，他對上帝的大能等的一般相信，並非因為真的如此經歷上帝，而是世界的延伸、擴展。[67] 這是潘霍華於一九四四年八月三日擬就的一本書的綱領 [68] 所寫下的。潘霍華在這綱領中的第二章提問的，還是「上帝是誰？」他所講的人的主體性只把上帝視為世界的延伸、擴張，其意思是人的認知主體，只認識世界，因此他把上帝置於自己所認識的世界的邊緣，而視之為大能。因此，上帝的超越性是知識論的。潘霍華對這種認識上帝的方法，立即予以批評：「我們跟上帝的關係，並非人跟某些最高的、最有能力的，以及最能想像得到的，所建立的宗教關係——這並非真正的超越性。」[69] 真正的超越性乃倫理的—社羣的，然而，當人類的知識、能力不斷擴展，那就意味著上帝愈被推遠至更邊緣的位置，[70] 而成了填補人類知識的罅隙的上帝、人類知識運作性假設的上帝。

因此，正如菲爾所說：「我們可以看見，一種對上帝獨特的經歷，與一種跟世界獨特的關係，是如何緊密地在宗教之中連結一起，而以獨特的形而上學表達出來。從對世界的經歷推導出一種對上帝的觀念，上帝成了世界觀念的絕對化而拋擲到世界之外。」[71] 宗教時代這樣子的思維方式是把上帝與世界置於兩個領域之內，而互相排斥；上帝與世界是透過彼此否定而得以認識的。這種特殊的認知主體的活動，造就的是一種特殊的形而上學：對上帝與世界持有特殊的看法。在這種情況下，宗教有甚麼位置、空間呢？如果宗教的對象是上帝，但是這位上帝是在世界的邊緣，那麼宗教就變成邊緣了；一切對世界的認識，宗教都無權過問，只能交付給那些研究世界的自然科學、社會科學與人文科學。這就是宗教的部分性，它並非人類生命的全部，上帝只被保留在「個人的」、「內在的」和「私人的」領域。[72]

對於潘霍華來說，這樣的了解並非聖經所講的，而是一種智性歷史的現象（a phenomenon of intellectual history），[73] 因此不是必然的，是會過去的。是以，非宗教時代的來臨只是標誌著宗教時代的沒落，而非關基督教的瓦解。潘霍華固然把基督教或基督信仰跟宗教分別開來，但他沒有把基督教跟教會分割。[74] 因此，在非宗教的時代，他不單提問基督教或基督信仰有甚麼意義，[75] 他也提問教會一羣體有甚麼意義。[76] 可是，這些問題最終必然歸結於如下一個問題：「今日，對於我們來說，基督究竟是誰？」潘霍華在《獄中書簡》要重新弄清楚上帝與世界之間的關係，而這種關係又具體在耶穌基督身上展現，故此最終是一個基督論的議題。在這種基督論底下，而有相應的教會論，由此可以清楚了解《獄中書簡》時期潘霍華對教會跟世界之間的關係。

要深入了解潘霍華這個時期對上帝、耶穌基督的看法，我們不能抽離他對非宗教與世界的看法。這幾方面的概念是相互牽連的。菲爾清楚指出「非宗教的」和「世界的」（worldly）這兩個形容詞，潘霍華是用來表達信仰的兩個面向。「非宗教的」信仰是反面的講法，針對的是過去穿上了宗教外衣的文化新教主義（Cultural Protestantism）；而「世界的」信仰是正面的講法，指向今後基督教的路向。[77] 菲爾和格林都強調潘霍華把「非宗教的」和「世界的」這兩個字結合來使用。[78] 格林更指出這種情況出現了兩次之多，[79] 一次是一九四四年四月三十日的信件：「非宗教的一世界的」基督徒（“religionless-worldly” Christian），[80] 另一次是一九四四年七至八月所寫的筆記：「對基督教概念作世界的非宗教的解釋」（worldly nonreligious interpretation of Christian concepts）。[81] 格林對潘霍華這種寫法，解釋為兩字是互相對等的，分別只是如菲爾所說的反面與正面。[82] 這兩個字一起合用，相信潘霍華是要把對「世界」的認識從「宗教的」時代解放出來，目的是避免把上帝置於世界的邊緣，以及任由世界自己來決定其自己——潘霍華對巴特的批評指向了這一點。[83] 正面來說，則是重新對上帝與世界作出恰當的解釋，上帝與世界具有正面的關係。這種正面的關係只有在回答「上帝是誰？」「今日，對於我們來說，基督究竟是誰？」，才能揭示。

潘霍華在一九四四年七月二十一日的信件談到「基督教的此世性」（this-worldliness of Christianity）：「我並不是指那些開明的、熙來攘往的、富裕的、淫慾的等一類的、淺薄的和平庸的此世性，而是深刻的此世性，當中顯出〔祕密的〕（arcane）操練（discipline）並且包括死亡和復活這些常存的知識。我想路德活出的是這樣的一種此世性。」[84] 無疑，這裏涉及了耶穌基督的死亡和復活，以及教會一羣體的生活。對於潘霍華來說，此世性不是沒有耶穌基督的，那麼耶穌基督是誰？祂對此世性有何意義？讓我們再次回到一九四四年四月三十日的信件。在這封信他以問題方式指出基督徒被呼召出來而為教會並全然居於世界、基督不再是宗教的對象而是世界的真正的上主。[85] 潘霍華透過對宗教時代的對比，來表明上帝是誰、上帝跟世界的關係。宗教的人在人類知識的盡頭處或人類能力不逮的地方談論上帝，但非宗教的基督教要說的上帝，卻不在邊界而在中心、不在軟弱之中而在剛強之中、不在死亡與罪咎之中而在人的生命與人的美善之中。[86] 潘霍華這樣的說法，無疑是回應著他昔日柏林大學的基督論講課所講的：耶穌基督是生命的中心。他同時以這樣的上帝跟教會並排而論：「上帝的『之外』（beyond）不是在我們的認知之外；知識論的超越性跟上帝的超越性無關。上帝是我們的生命／生活中心之外的〔引按：這「之外」意指倫理的一社羣的「之外」〕。教會不是站在人類能失敗的地方、邊緣上，而是在村落的中心。」[87] 潘霍華這些講法表明了上帝與世界的恰當關係，但這只是其中一點：上帝在世界的中心、上帝在人類生活的中間。除此之外，還有另外一點，就是上帝是為世界的、為他者的。這要進到《獄中書簡》中的基督論，以基督論為基礎，進而討論教會一羣體的雙重特性：在世界之中與為他者的。

格林認為：「深刻的基督教的世界性，及根源於基督的福音，是跟他世類型的基督教對立的。」[88] 對於潘霍華來說，上帝總是「在耶穌基督裏的上帝」，[89] 因此，如果說上帝是生命/生活的中心，那是因為耶穌基督是生命/生活的中心，這可見於一九四四年六月二十七日的信件。[90] 在一九四四年七月十六日的信件中，有一段講到耶穌基督在十字架上受苦的文字，其用字充分反映了潘霍華這種看法。在這封信件中潘霍華談到：「那位與我們同在的上帝，就是那位棄絕我們的上帝（可十五 34）。〔……〕我們在上帝面前生活，以及與上帝一起生活，上帝缺席我們也生活（Before God, and with God, we live without God）。上帝同意被推出世界之外而至十字架上面；上帝在世界之中是軟弱的與無能的，而正正以這種方式，並且惟獨如此，祂在我們身邊並幫助我們。馬太福音八章 17 節清楚指出基督幫助我們，並非出於祂的全能，而是在於其軟弱和受苦！這是基督教與所有宗教的關鍵分別所在。」[91] 這段文字意義豐富，但在這裏我們首先要指出潘霍華是有意把基督與上帝互換地使用，這種互換地使用並非隨意的，而是反映了潘霍華一貫以來的神學思想：上帝總是在耶穌基督裏啟示其自己。那麼，耶穌基督在世界之中就啟示了上帝在世界之中。這段文字之中多番講到這位上帝是與我們同在的上帝，並且就是那位受苦並死在十字架上以致離開我們的上帝。換句話說，上帝在耶穌基督裏有分於我們這個世界，由此潘霍華進而指出「我們必須住在這個世界，即使沒有上帝」。[92] 在《獄中書簡》中潘霍華對世界的肯定，就是建基於耶穌基督在地上的生活，例如一九四四年八月二十一日的信件，就呈現了格林所講的耶穌基督乃世界性的根源所在：

> 在這些風浪的年間，我們一而再地看不見為甚麼生命真的值得活下去，我們想：因為這個或那個人存在，所以我們自己的生命有意義。然而，真相是這樣的：如果大地被視為配得去盛載耶穌基督這人，如果像耶穌這樣的人曾經活過，那時亦惟有那時，我們作為人類的生命就有意義。[93]

潘霍華這封信的開首明言：「我想一切的事情都在於『在基督裏』這幾個字。」[94] 因此，只有在耶穌基督裏，我們才可以同時跟上帝一起生活、在上帝面前生活，以及沒有上帝也繼續生活。[95] 這是說，我們跟著耶穌基督一起來生活，我們也在耶穌基督面前生活，我們要在耶穌基督死去時生活。我們在耶穌基督裏過此世的生活，意即在耶穌基督的道成肉身、死亡與復活之中，來過此世的生活。在耶穌基督的道成肉身、死亡與復活之中，不單顯明了上帝在我們生活的中間，也揭示了祂那為這世界的生命。一九四四年五月五日的信件，有這樣的說法：「問題不是之外（beyond）而是這個世界，它是如何被創造和保守、如何被賜予律法、與之和好，以及被更新。在福音裏，在這個世界之外的意思是在那裏**為**這個世界（to be there **for** this world）〔……〕這是按照聖經的創造和耶穌基督的道成肉身、被釘十字架和復活的意思來了解的。」[96] 格林直言這是最有力地講述「上帝在時間的、歷史的、社羣的、物理的世界之中心臨在與活動，把敬虔的他世逃避主義的大門關上」。[97]

在這段文字之中，潘霍華表明了按照聖經的看法，耶穌基督在地上的一生，包括他的道成肉身、被釘十字架和從死裏復活，是為了這個世界的。耶穌基督不單與這個世界一起，並且為了這個世界而在這個世界中間。祂的存有/生命是一種與他者共在並為他者的存有/生命(being-with-and-for-other)。潘霍華是在耶穌基督一生在地上的生活底下,來討論祂的十字架,而顯出這十字架所具有的深刻的世界性。[98] 潘霍華反對把十字架與/或受苦化為原則,[99] 那是具體在地上的生活,那是聖經中所講述的生活。只有這樣,我們才會明白潘霍華引用保羅提摩太前書一章1節:「基督,我們的盼望。」他稱之為保羅的公式,是我們生命的力量。[100] 因為這是「基礎穩固的盼望」(well-founded hope),[101] 因為這盼望是建基於耶穌在地上的十字架之上的。耶穌基督不是抽象的原則,不是世界盡頭的延伸,而是生活在人類中間只為他者的那一位,與祂相遇讓我們經歷一切人生的逆轉;經歷耶穌的為他者的存有,就是經歷超越。[102] 以上潘霍華對耶穌基督在地上的生活,包括祂在十字架上的命途,視為上帝在世為他的行動,顯現出上帝那為他的生命。上帝在耶穌基督裏的為他行動,不是他世的,而是此世的,故此上帝的為他乃是此世的為他,具有世界性,而不是否定世界性;上帝在基督裏的為他,正是肯定世界的世界性。因此潘霍華在一九四四年七月十六日的信件寫道:「人的宗教性使得他在需要時朝向上帝在世界之中的能力,上帝乃是由機器出來的神明(*deus ex machina*)。聖經指引人朝向上帝的無能與苦難;只有受苦的上帝能夠幫助。」[103] 宗教的上帝是離世的,基督教的上帝是為此世的。

在這裏,菲爾提醒我們,潘霍華在《獄中書簡》重拾自基督論講課到《倫理學》的「為我們」(*pro nobis*)的觀念,但卻作出了重要的修正,就是以「為他者」(*pro aliis*)取代「為我們」:[104]「耶穌總是為他者的。」(Jesus only "is there for others")[105] 潘霍華這種對上帝的看法,是基督論式的,讓他反對宗教時代那形而上學所講的超越的上帝,而重新根據聖經所見證的耶穌其在地上的一生來確定上帝的超越,乃是我們可以經歷得到的為他的行動與生命。[106]

因為這種認識，即使世界已經成熟，但潘霍華知道上帝仍然管治這個世界，因為他從耶穌基督在世的生活：道成肉身、被釘死在十字架上、從死裏復活，而得知上帝就在世界中間而為世界承擔一切。因為這個原因，菲爾指出，他並非無須關注教會的自我肯定，他滿有自信的認為教會得繼續存在，但不是因為歐洲有可能經歷重生，也不是因為其他世界的權能的臨在，而是因為上帝在世界的歷史中工作，他透過耶穌基督進入其中。[107] 那麼，相應地，教會一羣體在非宗教時代有甚麼特徵？在這樣的一種對上帝的看法底下，非宗教的基督教信仰，其跟世界的關係應該是建設性的關係。[108] 從「為我們」轉到「為他者」，就意味著教會一羣體要拒絕從宗教的觀點視自己為一羣特權分子，反之乃是完全屬於這個世界的，[109] 像耶穌那樣子完全屬於這個世界，而非抽離世界，退縮到自己的內在的、私人的領域之中。這表示了教會一羣體，在基督裏，並非跟世界只有負面的關係，也同時具有正面的關係，這就是潘霍華所講的「為他者」的世界。這種為他者的生命同時是與他者一起的生命，這種為他者的生命是全面的而非部分的，整個生命都活在世界之中，像耶穌基督那樣子。教會一羣體就在世界的中間，[110] 也是為這世界，「教會一羣體之為教會一羣體只在於其為他」。[111]

潘霍華在一九四四年七月十七日的信件說，只有受苦的上帝才能幫助我們，[112] 隨即他在七月十八日的信件提出：「人類是被召喚去有分上帝在這無神的世界之中的苦難，〔⋯⋯〕作為基督徒，〔⋯⋯〕是要在世界的生活中有分上帝的苦難。這就是"μετάνοια"（引按：意即悔改），〔⋯⋯〕容讓自己被拉進去走上耶穌所走上的道路，〔⋯⋯〕這就是他們的『信仰』（faith）。『宗教的行動』總是部分的，而『信仰』卻是整體的與涉及一個人的整個生命。耶穌呼召來跟隨的不是一個新的宗教而是生命。」[113] 然後，潘霍華在七月二十一日的信件道出了《追隨基督》一書的危險，就是想要透過某一種宗教的行動成為基督徒，[114] 這一點在七月十八日的信件在跟「信仰」作對比時已經提到了。[115] 潘霍華強調成為人、成為基督徒，就是把自己完全置於上帝的臂彎裏，這就是此世性，在生活的各種處境之中完全地生活，著緊的不再是自己的苦難而是上帝的苦難。這就是信仰，這就是悔改。[116] 這就是為他的生命與行動。這樣的強調，潘霍華是為了扭轉那種只看見「為我們的」上帝而使得教會一羣體成了內在彼此為他而沒有外在為此世的踐行。希尼斯（Stephen Haynes）和希利（Lori Brandt Hale）認為潘霍華《獄中書簡》這樣講的基督教：有分於上帝在世上的苦難——有分於所有我們遇上的他者的苦難，是他一生著作的總結，是延續他早期的思想，特別是其基督論的思想。[117] 有分他者的苦難是擔當的舉動，是《聖徒相通》、基督論講課及講章、《追隨基督》，以及《倫理學》之中，一脈相乘的基督的形象、樣式，是追隨基督所必然的、自願的行動。[118] 耶穌基督以教會一羣體的樣式存在，那麼，教會一羣體就要在世界之中活出對這個世界的擔當，而不能只是退縮至內在的、私有的空間，不能只滿足於上帝「為我們的」行動；上帝不單是「為我們的」更是「為他者的」。正如菲爾所說，非宗教的和世界的，意即活在弔詭（paradox）之中，被呼召離開世界，但同時全然屬於世界。[119] 這是教會一羣體的非宗教性和世界性。

潘霍華這樣了解基督教的信仰，以及教會一羣體，其弔詭性在他論及祕密操練（arcane discipline）的時候再次呈現出來。潘霍華所講的祕密操練，指的乃是基督教的崇拜、聖禮、講道和祈禱；非宗教性的基督教並非要廢棄這些，但對世界有甚麼意義呢？[120] 從祕密操練的角度切入，可以幫助我們更加了解潘霍華對教會一羣體的看法。菲爾對潘霍華的祕密操練的研究，指出祕密操練跟教會一羣體在世界面前的行動有關連，[121] 這很可能跟潘霍華視整個教會一羣體為榜樣有關。[122] 這兩者之間的關連，正如潘霍華自己斷言：

宣講正確詞語只出自靜默。[123] 以此作為類比，那麼，有怎樣的祕密操練，就有怎樣的行動。這祕密的操練跟非宗教的基督教有關，對基督教的信息作非宗教的與世界的解釋將指導教會─羣體對自己的宣講及對他者的宣講。[124] 然而，成熟及齡的世界同樣會影響祕密操練，使其邁向自主性，[125] 但是，如果那種為他的、擔當的祕密操練真的能演練，那麼教會─羣體就不會再站在人的能力不逮之處，而是世界的中間。[126] 這樣的一種祕密操練，就不是從世界之中撤離。這樣就把教會─羣體的內在與外在連結起來，如菲爾所講：教會─羣體那種在世界中間與為他者而存在的位置，是顯現於教會─羣體外在的服事與內在的操練——為外在的服事而有的操練，如崇拜中的宣講及聖禮。[127] 菲爾認為《團契生活》所描述的，不是一種內行的宗教生活或一種新的方法主義，而是強化對世界的服事；潘霍華說：「目的不在於修道院的魅力，而在於其為一處地方，可以為了外在的服事而作最深入的內在專注。」[128] 在這種內在的操練與外在的踐行之中，並沒有互相分離各自獨立的情況。然而兩者也不是可以混為一談、彼此等同起來的。內在的祕密操練是對上帝的愛，外在的踐行是對鄰舍的愛，不能互相等同起來，否則即有可能陷入世俗主義，為了次終極（pen-ultimate）的緣故而否定終極；反過來，若把兩者分別開來，則會陷入他世主義，為了終極的緣故而否定次終極。[129] 教會─羣體必須活在這種弔詭的張力底下，才可獲取信仰。只有在這樣的了解底下，我們才會明白潘霍華所講的：「只有全然活在這個世界之中，才學懂獲取信仰。」[130]

註釋

1. Dietrich Bonhoeffer, *Letters and Papers from Prison*, trans. Richard Krauss, Nancy Lukens, Lisa E. Dahill and Isabel Best (Minneapolis: Fortress, 2009), 486；潘霍華：《獄中書簡》，九版，許碧端譯（香港：基督教文藝，

1999），頁 180。一九四四年七月二十一日信件。

2. Clifford Green, "Sociality, Discipleship, and Worldly Theology," in *Being Human, Becoming Human: Dietrich Bonhoeffer and Social Thought*, ed. Jens Zimmermann and Brian Gregor (Eugene: Pickwick, 2010), 82.
3. Green, "Sociality, Discipleship, and Worldly Theology," 83.
4. Ernst Feil, *The Theology of Dietrich Bonhoeffer*, trans. Martin Rumscheidt (Philadelphia: Fortress, 1985), 134.
5. Feil, *The Theology of Dietrich Bonhoeffer*, 135.
6. Dietrich Bonhoeffer, *Discipleship*, trans. Barbara Green and Reinhard Krauss (Minneapolis: Fortress, 2001), 36；潘霍華：《追隨基督》，七版，鄧肇明、古樂人譯（香港：道聲，2000），頁 25。
7. Bonhoeffer, *Discipleship*, 262；潘霍華：《追隨基督》，頁 275。
8. Bonhoeffer, *Discipleship*, 238；潘霍華：《追隨基督》，頁 253。
9. Feil, *The Theology of Dietrich Bonhoeffer*, 136.
10. Feil, *The Theology of Dietrich Bonhoeffer*, 137.
11. Feil, *The Theology of Dietrich Bonhoeffer*, 138.
12. Green, "Sociality, Discipleship, and Worldly Theology," 85.
13. Green, "Sociality, Discipleship, and Worldly Theology," 85.
14. Feil, *The Theology of Dietrich Bonhoeffer*, 129.
15. Feil, *The Theology of Dietrich Bonhoeffer*, 148.
16. Feil, *The Theology of Dietrich Bonhoeffer*, 138；見其標題：The Dialectical Understanding of the World of the Last Period。
17. Feil, *The Theology of Dietrich Bonhoeffer*, 138.
18. Feil, *The Theology of Dietrich Bonhoeffer*, 172.
19. Feil, *The Theology of Dietrich Bonhoeffer*, 172.
20. Dietrich Bonhoeffer, *Berlin, 1932～1933*, trans. Douglas W. Stott, Isabel Best and David Higgins (Minneapolis: Fortress, 2009), 285～297.
21. Green, "Sociality, Discipleship, and Worldly Theology," 83.
22. 見 Bonhoeffer, *Berlin, 1932～1933*, 258 Note [1]。
23. Bonhoeffer, *Berlin, 1932～1933*, 285.

24. Bonhoeffer, *Berlin, 1932 ～ 1933*, 288.
25. Bonhoeffer, *Berlin, 1932 ～ 1933*, 288.
26. Bonhoeffer, *Berlin, 1932 ～ 1933*, 288.
27. Bonhoeffer, *Berlin, 1932 ～ 1933*, 285 ～ 286.
28. Feil, *The Theology of Dietrich Bonhoeffer*, 117.
29. Bonhoeffer, *Berlin, 1932 ～ 1933*, 286, 287.
30. Bonhoeffer, *Berlin, 1932 ～ 1933*, 286.
31. Feil, *The Theology of Dietrich Bonhoeffer*, 118.
32. Bonhoeffer, *Berlin, 1932 ～ 1933*, 288.
33. Bonhoeffer, *Berlin, 1932 ～ 1933*, 288.
34. Bonhoeffer, *Berlin, 1932 ～ 1933*, 286.
35. Bonhoeffer, *Berlin, 1932 ～ 1933*, 286.
36. Green, "Sociality, Discipleship, and Worldly Theology," 85.
37. Feil, *The Theology of Dietrich Bonhoeffer*, 118.
38. Stephen Plant, *Bonhoeffer* (London and New York: Continuum, 2004), 139.
39. Plant, *Bonhoeffer*, 139 ～ 140.
40. Bonhoeffer, *Letters and Papers from Prison*, 38 ～ 40；潘霍華：《獄中書簡》，頁 193 ～ 195。
41. Plant, *Bonhoeffer*, 140.
42. Bonhoeffer, *Letters and Papers from Prison*, 40；潘霍華：《獄中書簡》，頁 195。
43. Bonhoeffer, *Letters and Papers from Prison*, 40；潘霍華：《獄中書簡》，頁 195。
44. Larry Rasmussen, "The Ethics of Responsible Action," in *The Cambridge Companion to Dietrich Bonhoeffer*, ed. John W. de Gruchy (New York: Cambridge University, 1999), 207 ～ 225.
45. Bonhoeffer, *Letters and Papers from Prison*, 42；潘霍華：《獄中書簡》，頁 197。
46. Bonhoeffer, *Letters and Papers from Prison*, 42；潘霍華：《獄中書簡》，頁 197。

47. Bonhoeffer, *Letters and Papers from Prison*, 42；潘霍華：《獄中書簡》，頁 197。
48. Bonhoeffer, *Letters and Papers from Prison*, 52；潘霍華：《獄中書簡》，頁 209。
49. Bonhoeffer, *Letters and Papers from Prison*, 52；潘霍華：《獄中書簡》，頁 209。
50. Feil, *The Theology of Dietrich Bonhoeffer*, 177.
51. 潘霍華《獄中書簡》前對宗教的批判，參 Feil, *The Theology of Dietrich Bonhoeffer*, 167～171。
52. Bonhoeffer, *Letters and Papers from Prison*, 362；潘霍華：《獄中書簡》，頁 134。潘霍華於一九三三年的基督論講課就提出這個問題：耶穌基督是誰？
53. Bonhoeffer, *Letters and Papers from Prison*, 362；潘霍華：《獄中書簡》，頁 134。
54. Bonhoeffer, *Letters and Papers from Prison*, 362～363；潘霍華：《獄中書簡》，頁 135。
55. Bonhoeffer, *Letters and Papers from Prison*, 363；潘霍華：《獄中書簡》，頁 134。
56. Bonhoeffer, *Letters and Papers from Prison*, 364；潘霍華：《獄中書簡》，頁 136。
57. Bonhoeffer, *Letters and Papers from Prison*, 362；潘霍華：《獄中書簡》，頁 134。
58. Bonhoeffer, *Letters and Papers from Prison*, 364；潘霍華：《獄中書簡》，頁 136。
59. Bonhoeffer, *Letters and Papers from Prison*, 363；潘霍華：《獄中書簡》，頁 135。
60. Feil, *The Theology of Dietrich Bonhoeffer*, 173.
61. Feil, *The Theology of Dietrich Bonhoeffer*, 173.
62. Feil, *The Theology of Dietrich Bonhoeffer*, 174；Bonhoeffer, *Letters and Papers from Prison*, 429；潘霍華：《獄中書簡》，頁 158。

63. Feil, *The Theology of Dietrich Bonhoeffer*, 174.
64. Feil, *The Theology of Dietrich Bonhoeffer*, 173.
65. 分別見於 Bonhoeffer, *Letters and Papers from Prison*, 405, 425 ～ 426；潘霍華：《獄中書簡》，頁 151、155。分別為一九四四年五月二十九日及六月八日信件。
66. Feil, *The Theology of Dietrich Bonhoeffer*, 174；Bonhoeffer, *Letters and Papers from Prison*, 405 ～ 406；潘霍華：《獄中書簡》，頁 151。
67. Bonhoeffer, *Letters and Papers from Prison*, 501；潘霍華：《獄中書簡》，頁 231。
68. 寫作日期見 Bonhoeffer, *Letters and Papers from Prison*, 501 n.1。
69. Bonhoeffer, *Letters and Papers from Prison*, 501；潘霍華：《獄中書簡》，頁 232。
70. Bonhoeffer, *Letters and Papers from Prison*, 366, 405 ～ 406；潘霍華：《獄中書簡》，頁 137、151。
71. Feil, *The Theology of Dietrich Bonhoeffer*, 174.
72. Bonhoeffer, *Letters and Papers from Prison*, 455；潘霍華：《獄中書簡》，頁 168。
73. Feil, *The Theology of Dietrich Bonhoeffer*, 175.
74. Feil, *The Theology of Dietrich Bonhoeffer*, 175；Bonhoeffer, *Letters and Papers from Prison*, 367；潘霍華：《獄中書簡》，頁 137 ～ 138。
75. Bonhoeffer, *Letters and Papers from Prison*, 362；潘霍華：《獄中書簡》，頁 134。
76. Bonhoeffer, *Letters and Papers from Prison*, 364；潘霍華：《獄中書簡》，頁 136。
77. Feil, *The Theology of Dietrich Bonhoeffer*, 156.
78. Feil, *The Theology of Dietrich Bonhoeffer*, 157; Green, " Sociality, Discipleship, and Worldly Theology, " 87.
79. Green, " Sociality, Discipleship, and Worldly Theology, " 87.
80. Bonhoeffer, *Letters and Papers from Prison*, 364；潘霍華：《獄中書簡》，頁 136。

81. Bonhoeffer, *Letters and Papers from Prison*, 490；中譯缺。
82. Green, "Sociality, Discipleship, and Worldly Theology," 87.
83. Bonhoeffer, *Letters and Papers from Prison*, 373；潘霍華：《獄中書簡》，頁 140。一九四四年五月五日信件。
84. Bonhoeffer, *Letters and Papers from Prison*, 485；潘霍華：《獄中書簡》，頁 180。「祕密的操練」見一九四四年四月三十日的信件。「祕密的」意即隱藏的。參 *Letters and Papers from Prison*, 485 n.19。
85. Bonhoeffer, *Letters and Papers from Prison*, 364；潘霍華：《獄中書簡》，頁 136。
86. Bonhoeffer, *Letters and Papers from Prison*, 366～367；潘霍華：《獄中書簡》，頁 137。
87. Bonhoeffer, *Letters and Papers from Prison*, 367；潘霍華：《獄中書簡》，頁 137～138。
88. Green, "Sociality, Discipleship, and Worldly Theology," 87～88.
89. Feil, *The Theology of Dietrich Bonhoeffer*, 91.
90. Bonhoeffer, *Letters and Papers from Prison*, 448；潘霍華：《獄中書簡》，頁 163。
91. Bonhoeffer, *Letters and Papers from Prison*, 479；潘霍華：《獄中書簡》，頁 175。
92. Bonhoeffer, *Letters and Papers from Prison*, 479；潘霍華：《獄中書簡》，頁 175。
93. Bonhoeffer, *Letters and Papers from Prison*, 515；潘霍華：《獄中書簡》，頁 187。
94. Bonhoeffer, *Letters and Papers from Prison*, 514；潘霍華：《獄中書簡》，頁 187。
95. Feil, *The Theology of Dietrich Bonhoeffer*, 92.
96. Bonhoeffer, *Letters and Papers from Prison*, 373；潘霍華：《獄中書簡》，頁 139。粗體字為潘霍華所強調的。
97. Green, "Sociality, Discipleship, and Worldly Theology," 89.
98. Feil, *The Theology of Dietrich Bonhoeffer*, 93.

99. Bonhoeffer, *Letters and Papers from Prison*, 492；潘霍華：《獄中書簡》，頁 183。
100. Bonhoeffer, *Letters and Papers from Prison*, 488；潘霍華：《獄中書簡》，頁 182。
101. Bonhoeffer, *Letters and Papers from Prison*, 488；潘霍華：《獄中書簡》，頁 182。
102. Bonhoeffer, *Letters and Papers from Prison*, 501；潘霍華：《獄中書簡》，頁 231～232。
103. Bonhoeffer, *Letters and Papers from Prison*, 479；潘霍華：《獄中書簡》，頁 176。
104. Feil, *The Theology of Dietrich Bonhoeffer*, 93.
105. Bonhoeffer, *Letters and Papers from Prison*, 501；潘霍華：《獄中書簡》，頁 232。一九四四年八月三日寫的〈書的綱領〉。
106. Bonhoeffer, *Letters and Papers from Prison*, 501；潘霍華：《獄中書簡》，頁 232。
107. Feil, *The Theology of Dietrich Bonhoeffer*, 199.
108. Feil, *The Theology of Dietrich Bonhoeffer*, 199.
109. Bonhoeffer, *Letters and Papers from Prison*, 364；潘霍華：《獄中書簡》，頁 136。
110. Bonhoeffer, *Letters and Papers from Prison*, 367；潘霍華：《獄中書簡》，頁 138。
111. Bonhoeffer, *Letters and Papers from Prison*, 503；潘霍華：《獄中書簡》，頁 233。
112. Bonhoeffer, *Letters and Papers from Prison*, 479；潘霍華：《獄中書簡》，頁 176。
113. Bonhoeffer, *Letters and Papers from Prison*, 480～482；潘霍華：《獄中書簡》，頁 176～178。
114. Bonhoeffer, *Letters and Papers from Prison*, 486；潘霍華：《獄中書簡》，頁 180。
115. Bonhoeffer, *Letters and Papers from Prison*, 480；潘霍華：《獄中書簡》，

頁 176～177。

116. Bonhoeffer, *Letters and Papers from Prison*, 486；潘霍華：《獄中書簡》，頁 180。
117. Stephen R. Haynes and Lori Brandt Hale, *Bonhoeffer for Armchair Theologians* (Louisville: Westminster John Knox, 2009), 132.
118. Haynes and Hale, *Bonhoeffer for Armchair Theologians*, 132.
119. Feil, *The Theology of Dietrich Bonhoeffer*, 199.
120. Bonhoeffer, *Letters and Papers from Prison*, 364～365；潘霍華：《獄中書簡》，頁 136。
121. Feil, *The Theology of Dietrich Bonhoeffer*, 199～200.
122. Feil, *The Theology of Dietrich Bonhoeffer*, 199；Bonhoeffer, *Letters and Papers from Prison*, 503～504；潘霍華：《獄中書簡》，頁 233～234。
123. Feil, *The Theology of Dietrich Bonhoeffer*, 200.
124. Feil, *The Theology of Dietrich Bonhoeffer*, 200
125. Feil, *The Theology of Dietrich Bonhoeffer*, 200.
126. Feil, *The Theology of Dietrich Bonhoeffer*, 200～201.
127. Feil, *The Theology of Dietrich Bonhoeffer*, 201.
128. 轉引自 Feil, *The Theology of Dietrich Bonhoeffer*, 201，見於 Dietrich Bonhoeffer, *The Way to Freedom: Letters, Lectures, and Notes 1935～1939, From the Collected Works of Dietrich Bonhoeffer*, volume II, trans. Edwin H. Robertson and John Bowden (London: Collins, 1966), 31。
129. Feil, *The Theology of Dietrich Bonhoeffer*, 201.
130. Bonhoeffer, *Letters and Papers from Prison*, 486；潘霍華：《獄中書簡》，頁 180。一九四四年七月二十一日信件。

後記：今天，教會一羣體仍然有用嗎？

讓我們再次回到潘霍華（Dietrich Bonhoeffer）於一九四二年聖誕節所寫下的〈十年後〉（After Ten Years）這篇文章。雖然這篇文章分享的對象是潘霍華的家人，以及一起謀反德國納粹政權的朋友：貝特格（Eberhard Bethge, 1909～2000）、杜南毅（Hans von Dohnanyi）、奧斯特（Hans Oster），[1] 但是其針對當時德國教會的反省，仍然對今日我們的教會一羣體，深具意義。這一部的引言，我們引用了潘霍華〈十年後〉的最後提問：「我們仍然有用嗎？」並且轉化成：「我們今天的教會，仍然有用嗎？」正如希尼斯和希利在談到〈十年後〉這篇文章時表示，潘霍華要把那些視自己為宗教的卻在敬虔中逃避面對納粹暴行不作一事的人，跟那些選擇把他們在真實世界之中的責任攬在身上、為了將來的世代而活出他們的信仰的人，分別開來。[2] 這種擔當的行動，早在《倫理學》（*Ethics*）已經成為主題，深化了潘霍華一直以來的基督論的討論，也深化了建基於基督論的教會論。對於潘霍華來說，是否仍然有用，在於擔當的生命與行動；教會一羣體是否仍然有用，在於她是否追隨耶穌基督，分擔這個無神世界的苦難。然而，這種為他者、為世界作出擔當的踐行，並非否定了《追隨基督》（*Discipleship*）一書從世界分別出來的舉動。教會一羣體只有被耶穌基督呼召從世界分別出來，才能進入世界並在生活中分擔其一切的罪責與苦難。

教會一羣體必須活在這種愛上帝與愛鄰舍的辯證張力之中。潘霍華對教會論的貢獻，恐怕就在這裏。這種辯證的關係，可以用潘霍華自己喜歡使用的音樂類比來表達。在一九四四年五月二十日的信件中，他談到「生命的複音」(the polyphony of life)：「我的意思是，上帝、那永恆的，想要我們全心地愛祂，可是並非要我們損害或減少對大地的愛，而是視對上帝的愛為主調(*cantus firmus*)，其他生命中的聲音以對位副調(counter-point)來發聲回應這主調。其中一個對位副調，既可保有其**完全的獨特性**但仍然跟主調連繫，就是地上的愛。」[3] 他認為惟有這種複音音樂才能給予生命所應有的整體性。[4] 教會一羣體的為他擔當行動，不能離開對上帝的愛，自行發展；而這對上帝的愛就要求教會一羣體跟世界分別開來。教會一羣體對世界的愛是受到其對上帝的愛所規限的。這種規限是要防止教會一羣體落入世俗主義的樊籬之中。另一方面潘霍華也重視地上的愛而非單單強調對上帝的愛，否則教會一羣體就落入了他世主義的領域之中。很明顯，潘霍華是要破除兩個領域(two spheres)的觀點，或是一種非此即彼的知性邏輯。但是他訴諸的不是概念、原則，而是耶穌基督的具體性：道成肉身、被釘死在十字架上、從死裏復活。教會一羣體要全心地愛上帝，就當整個生命全然追隨耶穌基督，因為上帝就在耶穌基督裏。這樣一來，教會一羣體全心地愛上帝，其引申出來的就是愛這個耶穌基督為其受苦的世界。

我們今天的教會，仍然有用嗎？這是一個自省的問題。只是按照潘霍華的想法，如果我們落於任何一邊，只是愛上帝又或只是愛世界，亦即他世主義或世俗主義，都會成為無用的，教會一羣體還能站穩腳跟嗎？她在上帝面前怎樣才可以站立得穩？她在世界面前怎樣才能夠站立得穩？今天，教會一羣體會否把自己完全置於上帝的臂彎裏，而完全投入生命的任務、問題、成功與失敗、經歷，以及迷茫之中來過活，然後不再看重自己的苦難，就只看重上帝在世界之中的苦難，[5]而可以在上帝面前在世界面前站立得穩，而為有用的？

註釋

1. John W. de Gruchy, editor's introduction to the English Edition, *Letters and Papers from Prison*, trans. Richard Krauss, Nancy Lukens, Lisa E. Dahill, and Isabel Best (Minneapolis: Fortress, 2009), 11.
2. Stephen R. Haynes and Lori Brandt Hale, *Bonhoeffer for Armchair Theologians* (Louisville: Westminster John Knox, 2009), 128 ~ 129.
3. Bonhoeffer, *Letters and Papers from Prison*, 393 ~ 394；潘霍華：《獄中書簡》，九版，許碧端譯（香港：基督教文藝，1999），頁 146。粗體字為潘霍華所強調的。
4. Bonhoeffer, *Letters and Papers from Prison*, 394；潘霍華：《獄中書簡》，頁 147。
5. 參 Bonhoeffer, *Letters and Papers from Prison*, 486；潘霍華：《獄中書簡》，頁 180。一九四四年七月二十一日信件。

第三部

牧者：論職事與牧養

11.

潘霍華對教牧/牧養職事的看法*

一

潘霍華（Dietrich Bonhoeffer, 1906～1945）這位二十世紀德國的神學家，一方面以其充滿睿見的神學而聞名於世，[1] 另一方面則在於其參與抵抗希特勒（Adolf Hitler）政權而被判叛國而遭問吊處死，為人所認識。[2] 然而，潘霍華除了是神學家、殉道士 [3] 之外，他還是牧者，這是甚為少人注意到的。或許神學家與殉道士的名氣過大，掩蓋了他牧者的身分。可是，嚴格來說，這三重身分，在潘霍華一生的文章事業之中，是不能完全分割開來的。總的來說，潘霍華一生的思考與行動，都可以用「為教會」（for the Church）概括起來。當然這種概括不免有所遺漏，或是稍為以偏蓋全，但卻不能否認「教會」是潘霍華一生念茲在茲、擔負之所在，而擔負又豈不是潘霍華的神學思考與生命踐行的最終歸結嗎？而事實上，潘霍華曾

* 本文原於香港中文大學崇基神學院第一屆牧養研討會二〇〇七（2007 年 9 月 19～20 日）發表，研討會主題為「在華人教會處境中探尋『教牧職事』」。後收於李耀全主編：《在華人教會處境中探尋教牧職事》（香港：香港中文大學崇基學院，2008），頁 67～78。蒙允採用。

實際參與牧養的工作，先後在西班牙的巴塞隆拿（Barcelona；1928年2月至1929年2月）、德國的柏林和查樂頓堡（Charlottenburg；1931至1933年）及英國的倫敦（1933年10月至1935年3月）牧養不同處境的德國信徒，[4] 且於一九三一年十一月被按立為牧師。不單如此，眾所周知，潘霍華應德國認信教會的邀請，主持傳道人神學院，日後出版的《追隨基督》（*Discipleship*）及《團契生活》（*Life Together*），即分別為這個時期的教學材料的整理及實踐的神學反思。期間他對聖經閱讀、宣講、關顧的教導都在在反映出他對於教牧/牧養職事的看法。

筆者長時間從事潘霍華神學的研究，尚未發現有人全面探討及整理他對教牧/牧養職事的看法，筆者不避淺陋，撰寫過〈僕人的素質（一）：追隨與靜默〉、[5]〈僕人的素質（二）：追隨與擔當〉、[6]〈潘霍華的宣講〉、[7]〈潘霍華的靈性關顧〉，[8] 但也沒有想過就此作出深入的發掘、全面的思考。筆者在這裏只是拋磚引玉，作出一點初步嘗試，扣緊潘霍華的神學思想與處境，來呈現他這方面的看法，以及對這方面所可能涵蘊的洞見，盼望不單能引起大家繼續深思的興趣，並且也能深化我們對潘霍華的認識，即他不單是神學家、殉道士，他更是心繫教會的牧者。正如研究潘霍華的學者紐臣（F. Burton Nelson）所言：「潘霍華雖然以神學家及抵抗者而為世所識，但他也是牧者——直至最後一刻。」[9]

二

上文我們說過，潘霍華一生的思考與行動，都可以用「為教會」概括起來，但這句說話必須有所規定，不能一概而論。無疑，從表面的行動來看，潘霍華立志服事教會、進入大學研讀神學，又考取大學教授神學的資格，都好像是為了教會而努力，但實情卻又不這麼簡單，問題在於潘霍華有他自己隱蔽的議程。這是一個十分值得我們思考的問題。牧養教會的人應該是怎樣的人呢？潘霍華自己追隨基督的經歷，後來在他主持的神學院之中的講課中，輾轉地透視出來，同時也進一步影響他對牧者的宣講和關顧的看法。簡單地說，他以基督——上帝的道——為教會的中心，而牧者的生命乃是基督所呼召而為教會的，他也要繼續宣講上帝的話語，以此來牧養信徒，使得基督是可見的——基督以教會一羣體的方式存在（Christ existing as church-community）。

潘霍華年紀很小的時候就決定要當神學家、牧者。[10] 但是他這個決定是出於甚麼原因呢？這個問題涉及的是，一個牧者從起初的那一刻開始，是被甚麼塑造的？當潘霍華向他的家人講述這個決定之後，兄弟姊妹都不以為然，嘗試説服他走一條較少阻礙的道路，因為他想投身的教會是貧弱、沉悶、地位低下、資產階級的建制，但潘霍華滿有自信地回答：「如果真是那樣子，那我將改革她。」[11] 這種信心背後的是一種怎樣的心態？根據貝特格（Ebehard Bethge, 1909～2000）的研究，潘霍華這樣的選擇並非出於地方教會的教導，也不是來自他的堅信禮，更不是因為崇拜某些偉大的宗教人格，而是在根本上他想要獨立，既擺脱父親的影響，也不同於他的兄弟姊妹。[12] 這是潘霍華個人成長的關鍵一刻。

可是，一個人的個體性的建立，並不是成為牧者、投身服事教會的充分條件。固然這很可以是一股強大的力量，推動人毫無保留地努力不懈，不過問題仍然是，這是為誰的？而這正是潘霍華的情況。他的決定，他的努力，究竟是為了自己，還是為了教會？抑或是為了教會之餘，更是為了自己呢？格林（Clifford Green）這位研究潘霍華的專家直接指出，一九三二年是潘霍華「從言詞轉向真實」（from the phraseological to the real）的分水嶺，在此之前，潘霍華的個人困難是他的自我、權力、野心，[13] 導致他的孤獨與爭競。[14] 而一九三二年下半年，潘霍華在讀登山寶訓時卻得到釋放，從那種把耶穌基督視作事業上平步青雲的手段中脱離出來，[15] 轉而真的成為一個基督徒。潘霍華説，在此之前，他很少祈禱，沒有真正的讀聖經，雖然經常宣講，但卻從來不曾成為一個基督徒。[16] 在這裏，我們特別注意到他下面的一句説話：「對我來説，這很清楚表示耶穌基督的僕人其生命必須屬於教會，而且我也逐漸清楚明白這意味著甚麼。」[17] 潘霍華的改變不單是他個人生命的改變：從非基督徒變成基督徒，並且是屬於教會的，而非利用、主宰教會，這是從以教會為工具轉到為教會所使用。這後面的改變，乃是牧養教會者所不可或缺的條件。此後，潘霍華的事業與文章，都該從這裏出發來解釋，格林就指出這可以幫助我們更好地了解他神學中的自傳性向度，並且也是解釋他後來神學發展所不可或缺的向度。[18] 然而，我們更有興趣的是，潘霍華這一轉變，使得他所首要關注的不是他自己的野心和前途，而是教會。這種改變使他得以恰當地回應一九三三年希特勒上台的危機。他在回顧其生命轉變的信件中表示：「然後就是一九三三年的危機了。這更強化我對事情的認識。〔……〕教會和〔教牧／牧養〕職事的復興成了我首要的關注。」[19] 一九三三年的政治危機對潘霍華是一個試煉，讓他清楚明白成為基督徒、屬於教會是一條怎樣的道路，換句話説，牧養教會的職事，是怎麼的一回事。

從以上所述，我們可以看見，就潘霍華自身作為牧者而言，他視教牧／牧養職事者的生命首先是屬於教會的，而屬於教會又首先在於屬於耶穌基督而為基督的門徒。因此，教牧／牧養職事不是職業，不是知識的出售，不是專業關顧的服務，一句説話，不是跟自身生命不相干的抽離活動。剛剛相反，牧者或牧養職事者是基督教會一羣體的一分子，他分享了基督的生命，也分擔了祂的重擔；他以他分享了的基督的生命來背負祂那擔負他人罪責的重擔。教牧／

牧養的職事是擔當的職事，一如耶穌基督那樣。教牧／牧養的職事因而乃是生命的職事，因為所擔當的不是別的，乃是生命。事實上，潘霍華自一九三二年之後，其活出的就是擔當的生命，至死也是如此。然而，怎樣的生命才能擔當別人的生命？對潘霍華來說，關鍵乃是成為基督的門徒。耶穌基督的僕人，首先乃是祂的門徒，這重意思在他於神學院的教導表露無遺，同時也在其日後的著作《追隨基督》和《團契生活》中顯明出來。這是下一節我們要討論的。潘霍華主持神學院訓練牧者，其目的、宗旨何在？他自己教授的課程及安排的神學院生活，反映出他對教牧／牧養職事的本性有甚麼看法？要求又是甚麼？然而，我們必須謹記，潘霍華的神學發展，包括其對教牧／牧養職事的看法，都具有一種自傳性向度在內。這種自傳的向度，乃是上述所及的剝落個人的自我中心性，除去一切的野心和爭競，而這之所以可能，只在於上帝藉著耶穌基督的呼召。而更為重要的是，這自傳性的向度表明潘霍華這方面的言說，又或是其神學所涵蘊的這方面的言說，都不是純粹抽空的理論；反之，首先乃是生命存在的第一序體驗：以聖經為中介而與基督相遇。是以，一切有關教牧／牧養職事的言說，都是建基於第一序的追隨基督作門徒的遭遇。

三

一九三五年春天潘霍華應德國認信教會的邀請，從英國回到德國主持其中一間非法的傳道人神學院。認信教會設立了五間神學院，目的是準備牧區的牧者忠於基督，以基督為主來牧養教會，不致被納粹政府所收編及宰制，背棄福音。按照德國的傳統，神學教育（而非訓練）是操縱在政府所任命的大學教授的手中。學術的神學學習及研究被視為教育的一部分，而神學「訓練」被認為沒有甚麼獨立價值，因而常被忽略。[20] 這種情況到二十世紀才開始改變，教會承認年青教牧承擔職事之前需要某些教導，可是其課程也十分標準，跟大學所提供的互相重複。[21] 然而，認信教會所設立的神學院，目的卻是擺脱政府的掣肘，以免像其他依附政府由國家教會辦理的神學院，失去自己的獨立性。

那麼，潘霍華的傳道人神學院有甚麼特色？這些特色又是想要訓練出怎麼樣的傳道牧者？當中展現的是怎樣的教牧/牧養職事的理念？根據貝特格的記載，潘霍華的神學院其課程並沒有甚麼特別不同之處，包括了講道學和教理問答的學習，教牧/牧養關顧和禮儀的學習，討論教會、職事及羣體的講課，這些都是德國傳道人神學院的課程。[22] 可是，貝特格隨即指出：「潘霍華神學院只有一個主題使得它與別不同〔……〕：作門徒的講課系列。」[23] 神學院的新人不消幾個小時就意識到這是一切的核心所在，他們知道自己正在見證一件神學事件，這事件會對他們教牧/牧養職事的每一層面起著刺激的作用。[24] 由此可以瞥見不單潘霍華十分重視在神學訓練中學習追隨基督的重要性，並且當時的神學生都意識到作門徒對教牧/牧養職事的踐行有其不可忽略的影響。

潘霍華如此重視追隨基督作門徒，是因為他「堅信教會及其牧者不可能牧養世界，特別在一個危機中的世界，除非『基督的身體』成為實在（reality）」。[25] 意思是基督的身體——教會，必須是可見的，只有可見的教會才能服事世界，而可見的教會乃是追隨基督作門徒的羣體，或者轉過來説，因為基督呼召叫人作門徒而人順服地回應，所以教會就在歷史中實現而為基督身體可見的實在。對接受訓練的神學生來説，他首要的是經歷這一以追隨基督作主門徒的信仰羣體，以致可以在日後的牧養工作中的每一層面，促進建立一個追隨基督的信仰羣體。這種經歷是一種以基督為中心的經歷，一方面基督呼召他離開舊有的世界跟隨祂，另一方面基督又呼召他加入一個新的羣體與其他同樣蒙祂呼召的信徒過一種彼此為他的共同生活。事實上，潘霍華在其神學院所踐行的正是如此這般的基督羣體的生活。這是孕育傳道牧者的場景，也是裝備他們日後恰當地牧養的訓練。而更為重要的，是讓神學生體會：何謂教會？何謂信仰羣體？教會在這裏不是建制，不是組織，而是在基督裏透過聖靈所建立的信仰羣體，而為教會一羣體（church community）。只有親身經歷何謂教會一羣體，神學生才能明白其教牧/牧養職事的方向和目的，他才可以知道甚麼是重要的，甚麼是次要的，甚麼是必不可廢去的，甚麼是可有可無的，甚麼是必不可有的。只有這樣，他才能恰當地牧養教會一羣體。

四

下面我們希望透過潘霍華對其所主持的神學院的反省，首先勾畫出牧養職事的場景：教會一羣體。然後在這一背景底下進到他的講課，分析教牧/牧養職事的範圍和本質所在。教會一羣體究竟是怎麼樣的呢？潘霍華在一九三八年九月完成了《團契生活》，那時神學院剛被關閉一年。《團契生活》正是對幾年下來神學院中的共同生活所作的神學反省。這個反省是正面地確立何謂教會一羣體。但若果我們把時間稍為推前一點，《團契生活》也是潘霍華延續其於一九三六年四月於神學院中的講課〈教會邊界及教會合一的問題〉（The Question of the Boundaries of the Church and Church Union），當中涉及的就是真教會與假教會的問題，其中的分別是順服基督抑或背叛基督，這是對當時德國教會所陷入的危機的回應。

對於潘霍華來説，教會一羣體以崇拜及研讀聖經為中心，其結果則是彼此支持及強化我們在世界中的服事，[26] 而崇拜和研讀聖經則是以耶穌基督為中心。只有耶穌基督才是教會一羣體的根基，因此，崇拜和研讀聖經是讓耶穌基督臨在而形成教會一羣體。離開了耶穌基督別無教會一羣體。潘霍華在《團契生活》中講得十分清楚：

> 基督徒羣體意即透過耶穌基督並在耶穌基督裏的羣體（community through Jesus Christ and in Jesus Christ），所謂的基督徒羣體，不多不少，正是這樣。無論是短暫的、一次性的或經年累月每日聚集的，都是這樣。我們惟獨透過耶穌基督，也是在耶穌基督裏面，才彼此相屬。[27]

這裏表明了潘霍華對教會一羣體的了解。基督徒羣體跟別的羣體在本質上很不一樣，別的羣體的焦點都在於自我的實現、完成，或是採取小組動力的技巧來達至既定的目標。[28] 這些都是集中在羣體自身來實踐的，但潘霍華卻強調羣體以外的耶穌基督才能賜下教會一羣體。為甚麼有這樣的不同呢？這是因為「信徒的生與死都不能取決於他自己，因為兩者都是在上帝的話語當中，而這話語是從外而加於他身上的」，[29] 而這從外而來的話語，上帝將之「放入人的口中，叫我們向別人繼續傳揚」。[30] 所以，潘霍華說：「信徒所有的團契〔羣體〕，目的就是：彼此傳播救恩的信息。」[31] 由此，教會一羣體就不斷、持續地彼此建立起來。最終，這是上帝的話語的工作，是以，教會一羣體的建立就不是自生的，而是祂生的，是上帝的恩賜、禮物。潘霍華說得分明：「他們〔信徒〕的團契〔羣體〕惟獨透過耶穌基督和『外來的義』才得以建立。我們因此只能說：信徒的團契〔羣體〕是源於人的稱義，是仰賴聖經及宗教改革的信息，同時，這也是信徒渴望彼此共聚的惟一根據。」[32]

潘霍華這樣理解教會一羣體，引申出教牧／牧養職事的核心，只在於宣講、講述、傳揚上帝的話語。由於上帝的話語只在崇拜及查考研習聖經之中方才能被聽到，因此崇拜及研讀聖經，也就是宣講、主領聖餐及教導，乃不可少的教牧／牧養職事，藉此而塑造、建立信仰羣體。潘霍華直接指出：「靈裏的團契〔羣體〕，惟獨上帝的話語掌權；〔……〕」[33] 潘霍華由此而拒斥任何人的設計與籌劃以達到人理想中的羣體，在這裏沒有甚麼「人本治療」、「羣體治療」（“humanists” or “group therapy”）的牧養。[34] 潘霍華特別提醒我們：「對於信徒的共同生活來説，能不能及時分辨人的理想和上帝的實在，分辨靈和魂的團契〔羣體〕，是生命的問題。因為能否盡早在這一點上保持頭腦清醒，是可以決定信徒團契〔羣體〕的生和死的。」[35] 潘霍華要拒絕的是魂的羣體、人的理想，只接受靈的羣體、上帝的實在作為教會一羣體。魂的羣體在本質上指的是由那「出於人的自然衝動、力量稟性」[36] 所組成的羣體。這種羣體「除了上帝的話語外，還加上人的特殊能力、經驗和帶有暗示及魔力的稟性」，[37]「在這裏是人自己的技巧和方法。在那裏〔指靈的羣體〕是對弟兄伸出純真的、非心理學的、非方法論的、愛的援手；在這裏是人自己的分析和建造。在那裏是謙卑地、單純地事奉弟兄；在這裏是對陌生者加以研究和估計」。[38]

潘霍華念茲在茲的乃是教會一羣體得以建立的可能性——上帝的話語：耶穌基督，並由此而確立上帝的話語乃教牧／牧養職事的核心所在，一切的教牧／牧養職事，最終是讓人聽聞上帝的話語，以致人透過並在上帝的話語裏面彼此相交，而成信仰羣體。離開了上帝的話語，一切人自己的方法、技巧，包括心理學的、小組理論的、輔導治療的，都不可以幫助我們建立教會一羣體。潘霍華甚至進一步提醒不要混亂地把婚姻、家庭、友誼等以魂的因素來建立的羣體，來跟靈的羣體互相結合起來，以為「靈的因素只不過是附加在人的心智和肉體之上罷了」。[39] 然而，「一個純粹屬靈的團契〔羣體〕共處一堂，卻極易犯這樣的毛病，即將一切魂的東西順著帶來，同這個團契〔羣體〕混和一起」。[40] 所以潘霍華指出：「把我們團結在一起的，不是信徒弟兄生活的經驗，乃是對弟兄關係那種牢固的、確實的信仰。」[41] 換句話說，讓信仰羣體得以建立的，並不是那種弟兄姊妹共同生活的美麗經驗，這是額外的恩典，但沒有甚麼比這樣的事更加致命。[42] 是以，在牧養之中，高舉的不是這種經驗本身，而是使得這種經驗得以可能的條件：耶穌基督：「惟有藉著祂，我們才彼此溝通，彼此有快樂，彼此團契。」[43]

五

我們在上一節的分析中指出，潘霍華對教會一羣體的看法決定了他對教牧/牧養職事的觀點，就是以上帝的話語為中心。如果教會一羣體的持續建立繫於上帝的話語的臨在，那麼教牧/牧養職事的重點就在於透過崇拜及研讀聖經等事工來讓弟兄姊妹聽到上帝的話語。教會一羣體不能變成「一個運動、修會、聯會或敬虔社團（*collegium pietatis*）」，[44] 她乃是透過基督又在基督裏的靈的羣體。在這裏，我們繼續進入潘霍華在傳道人神學院所開設的課程來了解他對教牧/牧養職事的看法。貝特格在他的潘霍華傳記中記錄了潘霍華講授的科目及內容。此外，潘霍華也留下了他的《靈性關顧》（*Spiritual Care*）[45] 的講義，而他的宣講學講義雖然散佚，但學生抄寫的筆記卻已經整理出版，[46] 我們可以根據這些材料來進一步認識潘霍華怎樣理解教牧/牧養職事。貝特格記述了的課程包括宣講學、職事與教會、認信的著作（Confessional Writings）、作門徒。認信的著作這課程主要是教導宗教改革時期的認信神學，而其他課程則或多或少地跟教牧/牧養職事有直接的關係。下面我們即就宣講學、職事與教會、作門徒，以及貝特格沒有記述的《靈性關顧》作出討論。

首先，值得注意的是，潘霍華在教導職事與教會時，對職事與教會的關係採取了有別於羅馬天主教會、東正教、聖公會的觀點，但也不同於會眾制的看法，而是在兩者之間，即職事既非先於教會但也不是後於教會，既非高於會眾但也不是隸屬於會眾而在會眾之下。[47] 沒有哪一個是主，也沒有哪一個是僕，兩者同樣屬於聖靈。[48] 潘霍華希望藉此以化解職事與信徒皆祭司的衝突，[49] 意即既非職事創造會眾，也不是會眾創造職事，而是二者並生於聖靈的。前者是一種從上而下的，後者則是一種彼此服事。潘霍華認為兩者並無先後、高低之分，他並且進一步把這兩者整合起來，認為都是傳道牧者所應該踐行的，這可以從他對宣講及靈性關顧的教導中反映出來。更為重要的是，牧者不只是從事從上而下的職事，如宣講上帝的話語、施行聖禮等，他更要進到信徒中間服事他們，這就是他在《靈性關顧》中所談及的。然而，職事與服事又不是互相分割的。基本上，後者是前者的延續，後者預設了前者。下面讓我們先談宣講，然後再論及關顧。

根據貝特格的記載，潘霍華非常嚴肅地對待學生的講章，關心的是有沒有讓基督那真正的和活潑的聲音表達出來，沒有甚麼比這更重要了。[50] 在主持神學院之前，他已經提問：我們這一代對傳到我們手裏的成文福音，其精要及確實的信息，是否明白？[51] 在神學院時，他確切地明白到：憐憫恩慈的福音是具體的和迫切的，不增不減。[52] 在這種了解底下，宣講也同樣是對聖經的信息、福音不增不減，如實地以人的説話言説出來。他這樣説過：「不要嘗試使聖經變得相干，它的相干性是自明的……不要為上帝的話語辯護，但卻要見證它……信靠上帝的話語，上帝的話語乃是一艘負重至其極限的船。」[53] 他特別針對那些提出宣講要具體應用的講法。潘霍華視上帝的話語為具體的、是對應我們生命存在的處境的。[54] 然而，在此之外的任何應用，都會首先視上帝的話語為普遍原則，所以需要把普遍原則應用到個別的情景之中，方才是具體的。[55] 因此，對於潘霍華來說，宣講不是把上帝的話語變成普遍原則，而是讓上帝的話語自己說出來，讓上帝那種承擔及接納我們每一個人的話語——耶穌基督，透過宣講而臨在會眾之中。[56] 由此，潘霍華並不高舉宣講的方法、技巧、風格，他認為這都不是最重要的，他特別提到不要過分著重風格，否則只會看重自己，尋求別人的認同和接納。[57] 這樣的結果，只會是轉移了視線，阻礙了上帝的話語在信仰羣體之中作工。潘霍華沒有尋求新的傳遞溝通技巧和媒介，或是以美麗的詞藻來修飾他對上帝話語的解釋，[58] 他惟一的目的是重新為上帝贏回講台，讓上帝的話語不增不減、如實地被宣講出來。[59] 這是教牧／牧養職事至為重要的一環。

對潘霍華來說，講壇的宣講是從上而下的宣告福音，而靈性的關顧則是特殊的宣講，是服事的宣講，也是傳道牧者不可忽略的教牧／牧養職事。他在靈性關顧的講課中開宗明義地表示：

> 靈性關顧的使命是置於宣講這一普遍使命之下的。關顧靈性是一種特殊的宣講。牧者應盡可能宣講。[60]

這裏值得注意的是，潘霍華把靈性關顧視為一種特殊的宣講，沒有把這種關顧跟上帝的話語分別開來，他指出靈性關顧的目的是要讓心硬的信徒敞開心靈，讓罪人知罪，預備自己的心靈迎接福音。因此，潘霍華指出靈性關顧並非為了提供生活意見或幫助，[61] 也不是為要建立品格或塑造某類人格，[62] 而是要讓被關顧者與上帝相遇，[63]「揭示罪並創生福音的傾聽者」。[64] 潘霍華一以貫之地認為牧者的教牧／牧養職事所關心的，是人的根本需要：上帝話語的審判與拯救。

由於潘霍華的靈性關顧是以上帝的話語為中心，他拒絕了心理學、心理治療的手法，[65] 因為要改變的是那為罪所扭曲的生命，這只有上帝所賜予的寬恕才能帶來幫助，心理學或心理治療等手法，帶來的只是生活方式的改變，對生命的根本改變沒有任何助益。[66] 反之，潘霍華批判以心理學、心理分析的學問、技巧來幫助人，其實是直接地掌握另一個人的心靈世界，[67] 結果是落入操控他人的陷阱之中。[68] 潘霍華強調聆聽，強調祈禱而把被關顧者交在基督的手裏，強調讓被關顧者面前只有上帝，從而看見他自己的罪惡過犯及上帝寬恕的恩典。[69] 潘霍華不是律法主義者，他講的靈性關顧完全是基督論式的，為的是要建立教會一羣體。因為不是任何人的方法可以建立教會一羣體，所以潘霍華從來沒有高舉人的方法，甚至他會拒絕和否定這些方法，認為會帶來負面的效果，跟基督教所講的教會一羣體完全不一樣。

從以上所述，潘霍華教導的宣講、靈性關顧，只有一個目的，就是讓上帝的話語臨到會眾身上作工，建立和更新教會一羣體，使之成為靈的羣體而非魂的羣體。正因如此，一切人為的方法和技巧，都要讓路，不可成為上帝話語臨到的障礙，否則教牧/牧養職事就是變質了的，而教會一羣體也不再是教會一羣體。在踐行上，有怎樣的教牧/牧養職事，就有怎樣的羣體；而在神學上、教義上，有怎樣的羣體觀，也就有怎樣的教牧/牧養職事觀。潘霍華存在地經歷過上帝的話語，他從上帝的話語出發來了解教會一羣體的生發和構成，因而要求教牧/牧養職事必須相應於此一生發和構成來踐行。是以，傳道人神學院的教導，自然以此為依歸了。

六

最後，我們回到一個根源的問題，在潘霍華眼中，踐行教牧/牧養職事的傳道牧者該是怎樣的人？傳道人神學院中的一大特色，是潘霍華教授作門徒的課程，新學生上過第一課後，都即時曉得他們來此並非要學習甚麼宣講及教導的技巧，而是被引發至某些景況之中，從而被徹底改變，然後才可以踐行宣講及教導的活動。[70] 換句話說，作門徒是踐行教牧／牧養職事的先設條件，這是潘霍華的看法。潘霍華說：「當基督呼召一個人時，祂是領他至死。〔……〕惟有對自己的意志死去的人，然後才能跟從基督。」[71] 只有老舊的生命死去，緊緊地跟從基督，才能作基督的僕人服事祂的教會一群體。順服讓人從自我意志的生命（self-willed life）中釋放出來，以致可以進入信仰的羣體中，不再服事自己、主宰他人，倒是自己作僕人，服事弟兄姊妹。潘霍華在神學院教授追隨基督作門徒的課程，正是要讓這羣要在教會一羣體中事奉的傳道牧者，首先明白怎樣的生命才能服事基督的教會一羣體，怎樣的生命才能成為服事教會一羣體的僕人。牧者、傳道必須是在追隨基督底下來服事弟兄姊妹，他沒有別的主。他自己不是自己的主，世界不是他的主，就只有耶穌基督才是他的主。只有這樣的生命才會容讓耶穌基督臨到教會一羣體之中模造弟兄姊妹，以致達到潘霍華所說的「基督以教會一羣體的方式存在」，在地上成為可見的。一切的教牧／牧養職事都必須以作門徒的生命為前設，好叫教牧／牧養的職事成為一條管道，讓上帝在基督裏的恩典可以流溢出來，造就生命。在這裏潘霍華對那些跟上帝話語相衝突的方法、技巧採取否定、排斥的態度，他要避免人為的主宰和操控代替了上帝恩典的作為。只有上帝的恩典才能叫人得生命，人為的主宰和操控卻會損害生命。最終，潘霍華所講的教牧／牧養職事，就只是回到最本源的地方去：拯救生命的上帝的話語——耶穌基督，祂是起點，也是終點，並且是不可繞過的道路。如此而已。

註釋

1. 有關潘霍華神學的深入介紹及討論，可參 Clifford Green, *Bonhoeffer: A Theology of Sociality*, rev. ed. (Grand Rapids / Cambridge: Eerdmans, 1999)；鄧紹光：《界限與倫理：潘霍華的倫理神學》(香港：香港浸信會神學院，2006)。
2. 有關潘霍華的生平，權威的傳記為 Eberhard Bethge, *Dietrich Bonhoeffer: A Biography*, rev. ed., ed. Victoria Barnett, trans. Eric Mosbacher et al. (Minneapolis: Fortress, 2000)。
3. 對於潘霍華是否一位信仰的殉道者，亦有不同的看法，但至少他是稱得上的政治意義的殉道者。
4. 有關潘霍華的牧養，精要的敍述參 Geffrey B. Kelly and F. Burton Nelson, *The Cost of Moral Leadership* (Grand Rapids: Eerdmans, 2003), 14 ~ 18。
5. 收於鄧紹光：《界限與倫理》，頁 113 ~ 124。
6. 收於鄧紹光：《界限與倫理》，頁 125 ~ 132。
7. 鄧紹光：〈潘霍華的宣講〉，《山道期刊》卷五第二期(2002 年 11 月)，頁 51 ~ 65。此文收於本書第十三章。
8. 鄧紹光：〈潘霍華的靈性關顧〉，《山道期刊》卷六第二期(2003 年 11 月)，頁 71 ~ 86。此文收於本書第十四章。
9. F. Burton Nelson, "Pastor Bonhoeffer," *Christian History* 10, no. 4 (1991): 38.
10. 據貝特格的研究，潘霍華於小學最後一年級時於班上表達了這個決定，見其 *Dietrich Bonhoeffer*, 40。
11. Bethge, *Dietrich Bonhoeffer*, 36.
12. Bethge, *Dietrich Bonhoeffer*, 37.
13. Green, *Bonhoeffer*, 140.
14. Green, *Bonhoeffer*, 144 n.84.
15. 這是潘霍華於一九三六年寫給他的一位女性朋友的信件裏披露出來的，見 Bethge, *Dietrich Bonhoeffer*, 205。
16. Bethge, *Dietrich Bonhoeffer*, 205；同一信件。
17. Bethge, *Dietrich Bonhoeffer*, 205；同一信件。
18. Green, *Bonhoeffer*, 140.

19. Bethge, *Dietrich Bonhoeffer*, 205；同一信件。
20. Bethge, *Dietrich Bonhoeffer*, 419 ～ 420.
21. Bethge, *Dietrich Bonhoeffer*, 420.
22. Bethge, *Dietrich Bonhoeffer*, 441.
23. Bethge, *Dietrich Bonhoeffer*, 441.
24. Bethge, *Dietrich Bonhoeffer*, 441.
25. John de Gruchy, introduction to *Dietrich Bonhoeffer: Witness to Jesus Christ*, ed. John de Gruchy (London: Collins, 1988), 26.
26. de Gruchy, introduction to *Dietrich Bonhoeffer*, 27.
27. Dietrich Bonhoeffer, *Life Together and Prayerbook of the Bible*, trans. Daniel W. Bloesch and James H. Burtness (Minneapolis: Fortress, 1996), 31；這裏的中譯參考鄧肇明的翻譯，見潘霍華：《團契生活》，新譯修訂版，鄧肇明譯（香港：基督教文藝，1999），頁 6。
28. de Gruchy, introduction to *Dietrich Bonhoeffer*, 25 ～ 26.
29. Bonhoeffer, *Life Together and Prayerbook of the Bible*, 31；潘霍華：《團契生活》，頁 7。此處中譯依中譯本。
30. Bonhoeffer, *Life Together and Prayerbook of the Bible*, 32；潘霍華：《團契生活》，頁 8。此處中譯依中譯本。
31. Bonhoeffer, *Life Together and Prayerbook of the Bible*, 32；潘霍華：《團契生活》，頁 9。此處中譯依中譯本。
32. Bonhoeffer, *Life Together and Prayerbook of the Bible*, 32；潘霍華：《團契生活》，頁 9。此處中譯依中譯本。
33. Bonhoeffer, *Life Together and Prayerbook of the Bible*, 40；潘霍華：《團契生活》，頁 20。此處中譯依中譯本。
34. John W. de Gruchy, "Bonhoeffer," in *The Blackwell Companion to Modern Theology*, ed. Gareth Jones (Oxford: Blackwell, 2004), 366.
35. Bonhoeffer, *Life Together and Prayerbook of the Bible*, 45；潘霍華：《團契生活》，頁 27。此處中譯依中譯本。
36. Bonhoeffer, *Life Together and Prayerbook of the Bible*, 38；潘霍華：《團契生活》，頁 19。此處中譯依中譯本。

37. Bonhoeffer, *Life Together and Prayerbook of the Bible*, 40；潘霍華：《團契生活》，頁 20。此處中譯依中譯本。
38. Bonhoeffer, *Life Together and Prayerbook of the Bible*, 40；潘霍華：《團契生活》，頁 21。此處中譯依中譯本。
39. Bonhoeffer, *Life Together and Prayerbook of the Bible*, 46；潘霍華：《團契生活》，頁 28。此處中譯依中譯本。
40. Bonhoeffer, *Life Together and Prayerbook of the Bible*, 46；潘霍華：《團契生活》，頁 28。此處中譯依中譯本。
41. Bonhoeffer, *Life Together and Prayerbook of the Bible*, 47；潘霍華：《團契生活》，頁 29。此處中譯依中譯本。
42. Bonhoeffer, *Life Together and Prayerbook of the Bible*, 47；潘霍華：《團契生活》，頁 29。此處中譯依中譯本。
43. Bonhoeffer, *Life Together and Prayerbook of the Bible*, 47；潘霍華：《團契生活》，頁 30。此處中譯依中譯本。
44. Bonhoeffer, *Life Together and Prayerbook of the Bible*, 45；潘霍華：《團契生活》，頁 27。此處中譯依中譯本。
45. 英譯本為 Dietrich Bonhoeffer, *Spiritual Care*, trans. Jay C. Rochelle (Philadelphia: Fortress, 1985)。現分別收於 Dietrich Bonhoeffer, *Theological Education at Finkenwalde: 1935 ～ 1937*, trans. Douglas W. Stott (Minneapolis: Fortress, 2013), Lectures on Pastoral Care, 559 ～ 594；Dietrich Bonhoeffer, *Theological Education Underground: 1937 ～ 1940*, trans. Claudia D. Bergmann, Scott A. Moore, and Peter Frick (Minneapolis: Fortress, 2012), Lectures on Pastoral Care, 307 ～ 321。
46. 英文翻譯為 Dietrich Bonhoeffer, *Worldly Preaching: Lectures on Homiletics*, ed. and trans. Clyde E. Fant (New York: Crossroad, 1991)。現收於 Bonhoeffer, *Theological Education at Finkenwalde,* Lecture on Homiletics, 487 ～ 535。
47. Bethge, *Dietrich Bonhoeffer*, 446.
48. Bethge, *Dietrich Bonhoeffer*, 446.
49. Bethge, *Dietrich Bonhoeffer*, 446.

50. Bethge, *Dietrich Bonhoeffer*, 441～442.
51. Bethge, *Dietrich Bonhoeffer*, 442.
52. Bethge, *Dietrich Bonhoeffer*, 442.
53. Bethge, *Dietrich Bonhoeffer*, 442.
54. Bonhoeffer, *Worldly Preaching*, 114.
55. Bonhoeffer, *Worldly Preaching*, 114.
56. Bethge, *Dietrich Bonhoeffer*, 443.
57. Bonhoeffer, *Worldly Preaching*, 143.
58. Bethge, *Dietrich Bonhoeffer*, 444.
59. Bethge, *Dietrich Bonhoeffer*, 444.
60. Bonhoeffer, *Spiritual Care*, 30.
61. Jay C. Rochelle, introduction to *Spiritual Care*, 16.
62. Bonhoeffer, *Spiritual Care*, 32.
63. Rochelle, introduction to *Spiritual Care*, 23.
64. Bonhoeffer, *Spiritual Care*, 32.
65. Bonhoeffer, *Spiritual Care*, 35, 36, 37, 38.
66. Bonhoeffer, *Spiritual Care*, 34.
67. Bonhoeffer, *Spiritual Care*, 35.
68. Bonhoeffer, *Spiritual Care*, 36.
69. Bonhoeffer, *Spiritual Care*, 36～37.
70. Bethge, *Dietrich Bonhoeffer*, 458.
71. Dietrich Bonhoeffer, *Discipleship*, trans. Barbara Green and Reinhard Krauss (Minneapolis: Fortress, 2001), 87～88；中譯：潘霍華：《追隨基督》，七版，鄧肇明、古樂人譯(香港：道聲，2000)，頁63。

12.

默想上帝的話語*

一

當代德國神學家潘霍華（Dietrich Bonhoeffer），沒有寫過一本書叫作《熾熱的話語：潘霍華談讀經》（英文書名為 *Meditating on the Word*），但是一九八六年英國的高立出版社（Cowley Publications）卻編輯了這本著作，如今又翻譯成中文，擺在讀者眼前。這本除了引言與後語之外，都是潘霍華的作品，寫於一九二八至一九四二年間，其中又以一九三五至一九三七年間的最多，在十一篇文章之中佔六篇。現在這些書信、教導、講章、默想，全都可以在潘霍華英語版校勘本全集（*Dietrich Bonhoeffer Works English*，簡稱為 *DBWE*）找到。

現在這本文集收錄的潘霍華作品可分為兩類，一類是「論默想」，另一類是「對詩篇的宣講與默想」，將〈默想詩篇第一百一十九篇〉分別出來，想是因為這篇默想十分長，以致從「對

---

* 本文原以〈被經文佔領：潘霍華的默想觀〉為題，載於潘霍華：《熾熱的話語：潘霍華談讀經》，王瑜玲譯（新北：校園，2015），頁 1～14。蒙允採用，稍作修訂。

詩篇的宣講與默想」獨立出來另成一類，方便讀者。由此可見，這本文集是雙主題的，一方面涉及的是就默想聖經的思考，另一方面是對詩篇的宣講與默想。有怎樣的思想，就有怎樣的踐行與成果。

由於潘霍華英語版校勘本全集十六卷已於二〇一三年全部出版，所以我在這裏把英語版全集與這本文集之中相應的著作對照列明出來，讓讀者可以循此追查，繼續深入思考潘霍華這些閃耀著光芒的文字。

- 〈每日默想指導〉=“Guide to Spiritual Meditation, Finkenwalde, May 22, 1936”[1]
- 〈早晨〉=“Biblical Reflection: Morning, Finkenwalde, Summer 1935”[2]
- 〈惟獨聖經〉=“To Rüdiger Schleicher, Friedrichsbrunn, April 8, 1936”[3]
- 〈默想的意義〉=“Finkenwalde Circular Letter, Berlin [?], March 1, 1942”[4]
- 〈默想的先決條件：我的心默默無聲〉=“Sermon on Psalm 62:2, Barcelona, Sixth Sunday of the Trinity, July 15, 1928”[5]
- 〈渴想神：讓祂的話語堅固你〉=“Sermon on Psalm 42, Zingst, Exaudi, (Sunday after Ascension), June 2, 1935”[6]
- 〈仰望神：紀念祂的審判和慈愛〉=“On Psalm 50:1～5”[7]
- 〈投靠神：順從祂的旨意〉=“Sermon on Psalm 90, Berlin, January 15, 1936”[8]
- 〈呼求神：盼望祂的公義與饒恕〉=“Sermon on Psalm 58, Finkenwalde, Eighth Sunday after the Trinity, July 11, 1937”[9]
- 〈等候神：信靠祂的救贖與祝福〉=“Daily Text Meditation for Pentecost 1944”[10]

- 〈喜愛神的話語：將眼目轉離自己〉=“Meditation on Psalm 119, 1939～1940”[11]

二

從以上列出的教導、書信、講章、默想的寫作時間，可以知道主要是集中在一九三五至一九三七年間，只有一篇是一九二八年，三篇分別是一九三九至一九四〇年、一九四二、一九四四年。一般來説，一九三五至一九三七年間是潘霍華在芬根瓦（Finkenwalde）的神學教育時期，而一九三八至一九四〇年則屬於地下神學教育時期。因此，收錄在這本文集中的十篇文章，就有七篇是寫於神學教育時期。要了解這本文集的意義，必須注意這些文章的寫作時間，特別是一九三五至一九三七年間，與一九三八至一九四〇年間，基本上屬於德國教會歷史上的「教會爭鬥」（Church Struggle）時期。這是一段教會要為自己成為真教會（true church）而爭鬥的時期。這是一個教會之為教會的問題，這是一個教會之所是的問題，這是一個教會之存有、本性的問題。那麼，對於潘霍華來説，是甚麼讓教會成為教會？或者，在「教會爭鬥」時期，是甚麼讓教會成為真教會？

面對德意志基督徒（German Christians）這個為希特勒（Adolf Hitler）政權所利用的民族主義、反閃族主義的教會內的羣體，潘霍華和一羣認信的基督徒預見教會前面的危機，這個危機就是要與希特勒和納粹國家妥協。德意志基督徒的目的是要把基督教與民族社會主義（National Socialism）結合而成徹底純粹的「人民的教會」（People's Church），這不單直接挑戰地方牧區教會的自主權，更是直接挑戰信義宗與改革宗的教義原則。[12] 一九三四年，認信教會（Confessing Church）在五月及十月的兩次全國性大會之中正式成立，並於第一次大會之中通過並發出《巴門宣言》（Barmen

Declaration），拒絕「德意志基督徒」這異端。[13]

這場爭鬥遠非只是政治的，更是神學的。《巴門宣言》認為教會「並不站在兩條支柱上面——部分地站在上帝的話語之上，部分地站在另一些『實在』（realities）之上〔指德國人民及其歷史、威權形式的國家、其領袖，以及日耳曼民族〕，而是**只**站在一塊石頭上面，就是上帝的話語。」[14] 潘霍華這個時期的神學主軸，就落在教會要成為真教會，從異端與虛假之中分別出來。潘霍華認為教會爭鬥乃是神學的爭鬥，因為納粹的意識形態威嚇教會的認信，他看出納粹對「血緣、種族，以及大地」的認信，威嚇教會真正的生命。[15] 潘霍華早在一九三二年的文章〈關於基督教上帝的觀念〉（Concerning the Christian Idea of God）指出，人嘗試認識上帝的一切努力都是徒然的。那麼，人如何認識上帝？潘霍華認為只有透過上帝自己的自我啟示：「在我的信之中，上帝在我之中透過基督啟示祂自己。」[16] 真神學只基於上帝的自我啟示。希特勒上台成為總理之前四個月，也就是一九三二年十一月六日的宗教改革主日，潘霍華在宣講之中呼籲教會改革：「宗教改革的教會，乃是把自己向這〔呼籲悔改的〕呼召敞開的教會。〔……〕我們的教會只站在上帝的話語之上，只有上帝的話語使那些站穩的人可以面向正確的方向。教會在悔改中站立，教會讓上帝成為上帝，才是使徒和路德的教會。」[17] 在這篇講章之中，我們可以清楚看見，對於潘霍華來說，教會只建基在上帝的話語之上，否則就只是假教會，甚至不是教會。由此，我們才可以明白默想主道（meditating on the Word）的重要性，乃是在於只有主道才是教會的根基。

三

那麼，默想主道究竟是甚麼意思？基本上這是一個研讀聖經的問題。對於這一個問題，我們需要解讀潘霍華在一九三五年八月二十三日給認信教會牧者的講課：〈當下同化新約文本〉（Contemporizing New Testament Texts）。在第一節，[18] 潘霍華開宗明義表明，基本上「當下同化新約信息」可以從兩個方向來闡釋。其一是：聖經的信息必須在「當前」（the present）面前證立（justify）其自己，因而顯明它能被當下同化。另一是：「當前」必須在聖經的信息面前證立其自己，因而它可以變得當下。[19] 對於前者，潘霍華進一步舉出不同時代的例子，但本質上卻並無兩樣：聖經的信息在十八世紀的論壇上，要在「理性」面前證立其自己，在十九世紀則是在「文化」面前證立其自己，在二十世紀或是一九三三年，則是在「民族與文化傳統」（Volkstum）面前證立其自己。這些不同情況其實都是同一項問題：基督教能否對現在的我們，是當下同化的？[20] 即是説，是對當下相干的？潘霍華直言這種把基督教信息當下同化的舉動，直接引致異教主義（paganism）。[21]

潘霍華認為「當下同化」並非指基督教向「當前」證立其自己，而是反過來，「當前」向基督教的信息證立其自己（justifying the present to the Christian message）。[22] 即是，「當下同化，意即把當前置於基督教信息的論壇之前；換句話説，我們要問的是實質內容（substance）的問題、『甚麼』的問題，而當下同化的虛假概念所問的是當前的『甚麼』。真正的當下同化，是在實質內容的問題之中找到的。〔……〕不再需要任何當下同化的特別舉動，當下同化就在實質內容本身之中發生的。〔……〕因為這裏的實質內容是基督與基督的話語。當基督在新約的話語之中被表達出來，我們就有了當下同化了。當前不是對基督作出自己的宣稱，而是當前自己站在基督的宣稱面前。**因為**：當前的概念不是時間的決定，而是透過基督的話語作為上帝的話語而被決定。」[23]

上面長長的一段引文，要帶出下面的問題，就是誰才是主：

「當前」是主，還是聖經所見證的基督才是主？誰要證立自己：「當前」？還是所見證的基督？當然，在潘霍華來說，聖經所見證的基督才是主，當前才需要在基督面前證立自己。因此，真正的當下同化，是一個關乎實質內容的問題，而聖經所見證的實質內容就是基督，所以聖經所見證的基督決定了，使「當前」成為「當下同化」、與基督相干。但是，基督是透過聖經來置定「當前」的。潘霍華這樣寫道：「當前的主體是聖靈，不是我們自己。〔……〕**基督教信息的具體性**與文本闡釋，並非人的當下同步的行動，反而總是上帝、聖靈的行動。因為新約的『實質內容』，乃是基督透過基督的聖靈跟我們說話，並且因為這樣的事情不是外在的或伴隨的，而只是並全然是**透過**聖經自己的話語來**發生**的，我們只能說：朝向那實質內容，即是宣講自身的聖經朝向〔的東西〕，就是對當下同化的構成，〔……〕這同時是方法論〔……〕以及對聖靈的實質內容的順服與信靠。」[24] 潘霍華這段論說也不好解，但他隨即的講述就很清楚了：

> **當前是外在地被決定的**，而非內在地，而不能被我們決定，而是由那外在地接近我們的、由那接近的東西、由將來〔所決定〕。當前首先不是由過去決定而是由**將來**決定，而這將來是基督、是聖靈。「當下地」因而意即朝向這**將來**、朝向這外在〔……〕本真的當前其判斷處於當前本身之外、處於將來、處於聖經與其所見證的基督的話語之中。[25]

因此，這就使得我們對聖經的解讀截然不同：「〔……〕對聖經中上帝話語的規範，乃是上帝話語自身，而我們的情況、理性、良知，以及種族—民族性經驗，都只是這規範要應用到其上的東西。」[26]「〔……〕只有上帝以當下同化的方式發出其話語，而聖靈是這當下同化的原則。」[27] 只有聖靈才可以使得上帝的話語在當下同化。那麼，在釋經上，「這就意味著不能以聖經為一本書籍，在其中可以發現普遍真理、普遍倫理規範，或神話（myth）的書籍。因為恰當的釋經，聖經整體來講乃是上帝在基督裏的**見證**，而每一信息的重點乃在於使得這話語作為見證的性格，可以被聽到。」[28] 是以，「**當下同化的出現，不是透過選取某些經文，而是使得整本聖經可以作為見證上帝的話語而被聽到**。當下同化的惟一**方法**，因而是依據實質內容來把文本闡釋為基督的見證，而這樣的釋經具有基督臨在的應許。」[29]

無疑，有怎樣的聖經觀，就有怎樣的聖經閱讀。

四

這本文集的名稱叫《熾熱的話語：潘霍華談讀經》（*Meditating on the Word*；直譯為「默想上帝的話語」），當中涉及了一個動作，就是「默想」，也涉及了一個對象，就是「上帝的話語」。我們從這個書名，也可以嘗試解釋上文第三節潘霍華所主張的閱讀聖經的方法：「當前必須在聖經的信息面前證立其自己，因而它可以變得當下。」對於潘霍華來說，上帝的話語並不是現代哲學中的一個被認識的客體，而是一個主體。聖經作為對基督的見證，因著基督的緣故，就不能只是把它當作被認知的客體來處理。因此，無論上帝的話語是指基督，還是見證基督的聖經，都不能以現代哲學中認知主體對待被認知客體的態度，來對其作出認識。簡單來說，聖經鑑別學（biblical criticism）對聖經的研究，對潘霍華來說，是要跨越過去的。否則，聖經以及聖經指向、見證的基督，就落在人的主體底下來被扣問、審查，因此出現聖經，甚至基督，與我的理性、良知、文化、經驗有何關係這樣的問題。

如果聖經與基督並非被扣問的客體，如果基督透過聖經在聖經中向我們說話，那麼事情就是倒過來的了。聖經的實質內容是基督，基督在聖經中向當前的我們說話，聖靈使得基督在聖經中向當前的我們所說的話當下同化，而要求我們的當前證立其自己，這就是審判了。這就是潘霍華一直強調上帝的話語是具體而非抽象的意思。因此，問題不再是：上帝與我有何相干呢？而是：我與上帝有何相干呢？前者以人為準則，後者以上帝為準則。前者要求上帝順從人，後者要求人順從上帝。前者要求上帝符合人，後者要求人符合上帝。這就是潘霍華提出「默想」上帝的話語，而不是「研究」上帝的話語的讀經方法的原因。

「默想」上帝的話語並非一種主體研究客體的動作，更不是一種主體隨意閱讀、想像聖經的作為。「默想」上帝的話語是一種實踐的行動。除了這本文集中的第一部分的教導、書信之外，我們也可以在潘霍華於一九三九年寫成及出版的《團契生活》(*Life Together*)第三章〈獨處的日子〉之中的一節「默想」了解他的看法。他這樣寫道：「默想的時間，不是讓我們陷入獨處和空虛和深淵中，而是叫我們獨自和道相處。」[30]「在默想中，我們是根據上帝的應許，讀所選的經文，相信這段經文無論對我們今天的生活，還是我們作為信徒羣體，都有特別體己的意義。〔……〕既然是這樣，我們就置身於個別的字句中，直至這些字句向我們單獨說話為止。」[31]「當然，我們首先必須弄清楚經文的內容，但我們在這個時候不是釋經，不是預備講章，不是作任何形式的聖經研究，而只是等候上帝對我們說話。這不是空空等待，而是根據清楚的應許而作的等待。」[32] 所以默想「要從禱告開始，祈求上帝藉著祂的道，差遣聖靈來到我們當中，向我們啟示祂的聖道，使我們得著光照。」[33]

「默想」是基於上帝的應許：祂的道必然來臨，[34] 因而要在禱告中等候聖道來臨。而「在默想中，我們沒有必要一下子就看完整段經文。我們往往要在一個句子，甚至在某一個字眼上停下來，因為它已經將我們抓住，使我們不能逃避了。」[35] 因此，默想不在於找尋新觀念、[36] 碰到異常的經驗，[37] 而在於「道能夠進入我們裏面，住在我們心中」，[38]「〔……〕上帝的道要在默想中進入我們裏面，與我們同住，催促我們，在我們裏面作工，有所行動，叫我們整天不能脱身，然後往往在我們不知道的情況下，在我們裏面留下工作的果效。」[39] 因此，默想上帝的話語，是在默想之中讓道臨在抓住我們，而道的臨在不是我們可以操控的，我們只能是主動地被動，在確信上帝的應許底下閱讀聖經，等候聖道的臨到，讓祂住在我們心裏。

五

最後，收在這裏的第二部分：「對詩篇的宣講與默想」，是潘霍華自己踐行的結果。潘霍華十分鍾愛詩篇，在《團契生活》第二章〈共同的日子〉就有一節「詩篇的祕密」。為甚麼潘霍華默想詩篇？對他來説，詩篇是耶穌基督的禱告書：「祂在詩篇禱告，而詩篇也因此成為祂的禱告。」[40] 所以，潘霍華寫了《耶穌的祈禱書：潘霍華談詩篇》(*The Prayer Book of the Bible*)。[41] 那麼，默想詩篇，就是在默想耶穌基督自己的禱告，讓耶穌基督自己的禱告住在我們心裏，讓耶穌基督自己的禱告成為我們的禱告。從這個角度來看眼前這本文集，默想上帝的話語，與禱告是分不開的。正如上文曾經提及：默想要從禱告開始，而當默想的是詩篇——耶穌的祈禱書，最終就是耶穌的禱告住在我們心裏。這樣的默想，不單使我們住在聖道之中，更使我們住在耶穌的禱告之中，而可以以耶穌的心為心。由此，我們成了一個默想的人，以及一個禱告的人。

註釋

1. Dietrich Bonhoeffer, *Theological Education at Finkenwalde: 1935～ 1937*, trans. Douglas W. Stott (Minneapolis: Fortress, 2013), 931 ～ 936.
2. Bonhoeffer, *Theological Education at Finkenwalde*, 864 ～ 867.
3. Bonhoeffer, *Theological Education at Finkenwalde*, 166 ～ 170.
4. Dietrich Bonhoeffer, *Conspiracy and Imprisonment*, trans. Lisa E. Dahill (Minneapolis: Fortress, 2006), 253 ～ 255.
5. Dietrich Bonhoeffer, *Barcelona, Berlin, New York: 1928 ～ 1931*, trans. Douglas W. Stott (Minneapolis: Fortress, 2008), 500 ～ 505.
6. Bonhoeffer, *Theological Education at Finkenwalde*, 845 ～ 854.
7. Bonhoeffer, *Theological Education at Finkenwalde*, 595 ～ 597.
8. Bonhoeffer, *Theological Education at Finkenwalde*, 907 ～ 912.
9. Bonhoeffer, *Theological Education at Finkenwalde*, 963 ～ 970.
10. Bonhoeffer, *Conspiracy and Imprisonment*, 627 ～ 628.
11. Dietrich Bonhoeffer, *Theological Education Underground 1937 ～ 1940*, trans. Claudia D. Bergmann, Scott A. Moore, and Peter Frick (Minneapolis: Fortress, 2011), 496 ～ 528.
12. H. Gaylon Barker, editor's introduction to the English Edition, in *Theological Education at Finkenwalde*, 6.
13. Barker, editor's introduction to the English Edition, 8.
14. Barker, editor's introduction to the English Edition, 9.
15. Barker, editor's introduction to the English Edition, 10.
16. Barker, editor's introduction to the English Edition, 13.
17. Dietrich Bonhoeffer, *Berlin: 1932～1933*, trans. Donglas W. Stott, Isabel Best and David Higgins (Minneapolis: Fortress, 2009), 444。
18. 潘霍華這篇講課收於其 *Theological Education at Finkenwalde*, Lectures on Contemporizing New Testament Texts, 413 ～ 433。此文沒有標明第一節從哪裏開始，因此筆者把第二節之前的全部視為第一節。對於潘霍華的閱讀聖經，以及對這篇講課的討論，可參考韋伯斯特（John Webster）著作：韋伯斯特：《聖經：一個教義式的勾畫》，鄧紹光譯（香港：基道，

2010），第三章〈在恩典的經世活動中閱讀〉。

19. Bonhoeffer, *Theological Education at Finkenwalde*, 413.
20. Bonhoeffer, *Theological Education at Finkenwalde*, 414.
21. Bonhoeffer, *Theological Education at Finkenwalde*, 415.
22. Bonhoeffer, *Theological Education at Finkenwalde*, 416.
23. Bonhoeffer, *Theological Education at Finkenwalde*, 416～417.
24. Bonhoeffer, *Theological Education at Finkenwalde*, 417.
25. Bonhoeffer, *Theological Education at Finkenwalde*, 418.
26. Bonhoeffer, *Theological Education at Finkenwalde*, 421.
27. Bonhoeffer, *Theological Education at Finkenwalde*, 421.
28. Bonhoeffer, *Theological Education at Finkenwalde*, 421.
29. Bonhoeffer, *Theological Education at Finkenwalde*, 421～422.
30. Dietrich Bonhoeffer, *Life Together and Prayerbook of the Bible*, trans. Donicl W. Bloesch (Minneapolis: Fortress, 1996), 86～87；中譯：潘霍華：《團契生活》，新譯修訂版，鄧肇明譯（香港，基督教文藝，1999），頁 84。全集沒有這樣的分節。
31. Bonhoeffer, *Life Together and Prayerbook of the Bible*, 87；潘霍華：《團契生活》，頁 85。
32. Bonhoeffer, *Life Together and Prayerbook of the Bible*, 87；潘霍華：《團契生活》，頁 85。
33. Bonhoeffer, *Life Together and Prayerbook of the Bible*, 87；潘霍華：《團契生活》，頁 86。
34. Bonhoeffer, *Life Together and Prayerbook of the Bible*, 87；潘霍華：《團契生活》，頁 85。
35. Bonhoeffer, *Life Together and Prayerbook of the Bible*, 87；潘霍華：《團契生活》，頁 86。
36. Bonhoeffer, *Life Together and Prayerbook of the Bible*, 88；潘霍華：《團契生活》，頁 86。
37. Bonhoeffer, *Life Together and Prayerbook of the Bible*, 88；潘霍華：《團契生活》，頁 87。

38. Bonhoeffer, *Life Together and Prayerbook of the Bible*, 88；潘霍華：《團契生活》，頁 86。

39. Bonhoeffer, *Life Together and Prayerbook of the Bible*, 88；潘霍華：《團契生活》，頁 86～87。

40. Bonhoeffer, *Life Together and Prayerbook of the Bible*, 54～55；潘霍華：《團契生活》，頁 39。

41. 英文版收於 *Life Together and Prayerbook of the Bible*；中文版由歐力仁翻譯，台灣校園書房於二○一四年出版。

13.

上帝話語的宣講*

引言

潘霍華（Dietrich Bonhoeffer）這位著名的二十世紀德國神學家，正如迪蘭格（Frits de Lange）所指出，要想從他的神學中找到基石建立一套自然的神學思想，或是有助女性神學的發展，是十分困難的。[1] 原因不難理解，主要在於在上帝話語（the Word of God）的神學傳統下，潘霍華並沒有以自然和女性為焦點來進行神學思考。然而，有趣的是，潘霍華對宣講上帝話語（proclamation of God's Word）的思想，卻沒有引起很多人的注意，就筆者所見的，只有芬德（Clyde E. Fant）的〈教會如何向世界説話〉（How Can the Church Speak to the World）[2] 及迪蘭格的《等候話語》（*Waiting for the Word*）第五章〈一個紅蘋果，一杯涼水：在教會中的宣講〉（A Red Apple, a Glass of Cool Water: Proclamation in the Church）曾作相關的論述。事實上，一九三五至一九三七年潘霍華曾在芬根瓦（Finkenwalde）的神學院教授講道學（Homiletics），後來講義雖然

---

* 本文原曾以〈潘霍華的宣講〉為題，刊於《山道期刊》卷五第二期（2002 年 11 月），頁 51～65。承蒙香港浸信會神學院授權轉載。現稍作修改。

散佚，但學生抄寫的筆記仍存，並已翻成英文 *Worldly Preaching: Lectures on Homiletics*（中文可譯為《道地的宣講：講道學講義》），現亦收於潘霍華英語版校勘本全集第十四卷之中。[3] 而且，潘霍華對宣講上帝話語的討論早始於其在柏林大學就讀時，他的博士論文、大學講授資格論文，以及其後的一連串講課、寫作，總有涉及這一主題，以及其神學根據。[4] 這些材料足夠讓我們仔細和深入分析潘霍華對宣講的神學思考。

根據貝特格（Eberhard Bethge）的記載，當潘霍華知道了一個親戚可能只剩下幾個月的生命，他這樣寫道：「如果我知道自己的生命在四個月到六個月後便到了盡頭，我會做些甚麼？我相信我會繼續嘗試教導神學，一如過往，並且**恆常講道**。」[5] 那時是一九四〇年的夏天，德國政府正對潘霍華施加極大的壓力，要求他閉口不言。潘霍華一生都在不斷思考宣講上帝話語這一問題，貝特格甚至認為：「講道，在潘霍華三個階段的圖畫中，是一個焦點。第一個階段他關注的是道的具體性（the concreteness of the Word），第二個階段則涉及道的代價（costliness），第三個階段則為道的世界性（worldliness）。」[6] 然而，在潘霍華看來，宣講上帝的話語，並不局限於教會的講壇，聖禮以及信仰羣體本身也同樣是宣講；這可見於其基督論的講課。[7] 並且，宣講上帝的話語不單是公共的，也同時是個別的，這方面潘霍華的《靈性關顧》（*Spiritual Care*）一書提供了踐行的指引；[8] 宣講不單是牧者對會眾的，也可以同時在弟兄姊妹間進行，他的《團契生活》（*Life Together*）一書就有清楚的說明，而為特殊的宣講。[9]

宣講上帝的聖道，目的乃是讓基督臨在。當然，宣講的媒體首先是指人的言語，但對潘霍華來說，卻不能局限於此。迪蘭格有一段說話把這看法解釋得十分清楚，他說：「上帝在基督裏讓祂的神性按人的尺碼來裁剪。聖經說，上帝謙卑自己進入人的實在

（human reality）。根據潘霍華，人的實在包含三個層面：言說的、身體的，以及社羣的。基督的形象即在我們這三重架構的實在中臨在：作為語言（話語）、作為物質（聖禮），和作為社羣（羣體）。」[10]筆者不擬就此全面深入分析潘霍華的宣講神學，本章目的只在於整理潘霍華對如下問題的看法：牧者應怎樣在信仰羣體的講壇上宣講聖道？本文架構十分簡單：宣講前的準備、宣講中的注意、宣講後的跟進。當然，這看似簡單，潘霍華卻有很深入的神學反省。在闡述的過程中，我們會在必要的地方交代其背後的神學思想，讓讀者明白踐行的神學理據。

宣講前

讓聖經塑造講章：閱讀傾聽、沉思默想

在信仰羣體中宣講上帝的話語，就是讓基督從寫成的話語（the written Word）臨在於宣講中的話語（the proclaimed Word）。因此，閱讀聖經——寫成的上帝的話語，就成為首要。潘霍華十分看重閱讀聖經，這因為那不單是宣講的內容，更是宣講的規範。上帝的話語決定講章的內容，而非反過來。潘霍華指出「〔聖經〕文本塑造講章的格式」，[11]「永遠不要問你要宣講的主題內容是**甚麼**，卻要經常追問聖經文本」。[12] 這是因為聖經乃是寫下來的上帝的話語，若要宣講的是上帝的話語，就不可能以人的主見先行，從而決定宣講的內容，甚至聖經文本的意義。潘霍華說：

> 撰寫講章始於就著打開的文本祈禱。**因為講章並非用來發展我的思想，它不是我的話語，而是上帝自己的話語**。所以我祈求聖靈說話。「來啊，上帝，你曾容讓我口中發出話語，藉著這些話語請你接收我們。」這祈禱不只

是靈修，且是安排講章這一工作必要的部分。[13]

祈禱的目的不單是校正宣講者的心態，提醒我們不要陷進僭越上帝的失誤，更重要的是引導我們進入一種在禱告中思考聖經的舉動，以致「話語自己對我們說話而不被誤解」。[14] 潘霍華說：「在禱告中思考聖經，給予我們堅固的立足點。」[15]

這樣在禱告中思考聖經，就是潘霍華所說的默想（meditation），當中沒有任何預先設定的目標。潘霍華說要如同馬利亞把這「存在心裏，反覆思想」（路二 19），[16] 直至文本上的經文對我們來說，不再是客觀的命題，而是來自耶穌自己的。[17] 這要求宣講者完全沉浸其中，以致聽到的是存在性的（existential），而非抽離客觀的（objective）。對於潘霍華來說，只有這樣，「我們才不再尋找普遍、永恆的真理。這些〔普遍、永恆的〕真理對應我們自己『永恆的』本性，因此也就某程度來說對我們是自明的」。[18] 我們尋找的不是已經熟悉的，而是上帝那叫人驚奇的、嶄新的、切身的話語和心意。[19]

那麼，其他研究聖經的方法又如何？譬如潘霍華自己十分熟悉的歷史鑑別法（historical-critical method）呢？事實上，潘霍華並不完全否定、排除其他閱讀聖經的方法，「我們也可以像閱讀其他書籍一樣閱讀聖經，例如從經文鑑別學（textual criticism）的角度來研讀」。[20] 但他隨即指出「這只能開啟聖經的表層意義，而非其內在具有的意義」。[21] 潘霍華這樣說，目的是要強調一切客觀研讀聖經的方法只能掌握文本抽離、客觀的意義，而非聽到上帝對我們說話，是非存在性的、非關係性的。當然，跟著的問題自然是：這兩種閱讀的方法有甚麼關係？在進入默想聖經之前，其他研讀聖經的方法扮演甚麼角色？就此潘霍華並沒有提供任何答案，也沒有討論分析。若如潘霍華上面所說的，非默想式閱讀聖經只能接觸表層的意義，那就不可以停留在這一層次，而必須進到更深的層次。換句話說，進入抽離、客觀的研讀卻不停留於此，並且隨即捨離，不為其束縛、限制，以免抽離、客觀的概念和思維阻礙上帝活潑的話語臨到。

讓上帝的話語首先臨到宣講者的身上，這是潘霍華所關心的。上帝的話語如何才能在我們閱讀聖經時臨在？默想式閱讀究竟是怎麼一回事？潘霍華十分喜歡路加福音二章 19 節：馬利亞把上帝的話語存在心裏，反覆思想。但是這反覆思想並非獨白式的，而是對話式的。潘霍華說：

> 我們必須預備提問〔聖經〕，只有這樣它才會向我們開啟。只有當我們等候聖經給予最終的答案，那才是它要給我們的話語（Word）。因為聖經說上帝向我們說話。我們不能單從自己出發來反思上帝，反之，必須求問上帝。只有尋求上帝，上帝才會回答。[22]

這段文字有幾點值得注意。首先，默想上帝的話語並非人從自己出發作出反思，而是人跟聖經——寫下來的上帝的話語——進行對話。其次，這種對話是以問、答的方式進行。在閱讀聖經時，我們要問：上帝在這裏要向我們説些甚麼？[23] 提問是把我們的視線集中在上帝的話語上，甚至在上帝身上，而非注目自己，這就產生一種傾聽的要求。提問，然後傾聽，但傾聽是要等候，等候是在靜默中進行的，當中所要求的乃是忍耐。因此，最後就涉及傾聽、等候、忍耐等閱讀聖經的規則。迪蘭格注意到潘霍華在《團契生活》中有這方面的討論。[24]

> 在默想中〔……〕我們向這些個別的字句敞開自己，直

> 至受感動為止。〔……〕我們閱讀上帝的話語，把上帝的話語當作祂向我們所說的話。〔……〕我們在這個時候不是釋經，不是預備講章，不是作任何形式的聖經研究，而只是等候上帝對我們說話。這不是空空等候，而是根據清楚的應許而作的等待。[25]
>
> 我們在聽道之前靜默，因為我們的思想早已放在上帝的話語之上，正如小孩子進入父親的房子不敢說話。〔……〕最後，靜默的意思就是等候上帝的話語，要從上帝的話語中得到恩福。[26]
>
> 在默想中，我們無須急於把思想和禱告表之於文字。從我們的傾聽而生起的默默思想與禱告，往往更為有益。〔……〕上帝的話語要在默想中進入我們裏面，與我們同住，催促我們，在我們裏面作工，有所行動〔……〕[27]

從這些文字可以見出，默想乃是在上帝的話語面前提問、靜默地等候、傾聽；即使上帝的話語已經觸動我們，成為上帝對我們要說的話，還是要繼續靜默，好讓上帝的話語在我們的生命中作工。

潘霍華要求宣講者在預備講章時首先祈禱和默想經文，為要恰當地傾聽上帝的話語，以及宣講上帝的話語：「在上帝話語面前的靜默更令我們聽得正確，因而叫我們在適當的時刻說出上帝的話語。」[28] 只有宣講者自身經過祈禱和默想經文，讓上帝的話語首先臨到宣講者的生命之後，才能進到為信仰羣體預備講章的階段。在這一階段，潘霍華提出仍然需要重複提問和閱讀經文，例如：這段經文對我們的教會有何意義？諸如此類。只有這樣才能逐漸「看見」經文的意義，也就是說，經過重複提問和閱讀，經文的中心要旨就呈現出來，成為可見的，以致可以把許多相關的思想和圖畫串連及整合起來。整篇講章就環繞這一中心要旨來發展、演繹，經文亦按此而細分及確定其意義。[29]

宣講中
讓上帝的話語透過人的話語說出來：謙卑與坦誠

芬德指出潘霍華像巴特（Karl Barth）一樣，並不相信宣講者應過度依靠如引言、結論、故事、事例和比較等設計，他也不相信複雜建構的講章。[30] 潘霍華清楚表明：

> 我必定拒絕沉溺於手法和技巧，這兩者都是情緒性和修辭性的。我必定不可變成賣弄學問、學究式，或是乞求、求情、慫恿。我不會嘗試把講章弄成一件藝術作品。[31]

但這並不表示潘霍華低貶人的話語在宣講中所扮演的角色，他沒有採取辯證神學（dialectical theology）的觀點，認為上帝的話語是免疫的，因此無須理會溝通的規則。[32] 這是因為上帝選擇了人的話語作為出口，所以宣講時也就不能忽略人的話語。潘霍華這種看法是基於他對宣講的理解，他認為「被宣講的話語其根源乃是耶穌基督的道成人身」。[33] 基督道成人身，取了我們的人性，[34] 同樣，「被宣講的話語就是基督穿戴了人性。這被宣講的話語並非新的道成人身，而是那位承擔起世界的罪的已成人身者」。[35] 這樣一來，在宣講中，人的話語就不可被忽略，就不是無關痛癢的。當人的話語並不順服上帝的話語，便會成為阻礙，不能有效地讓上帝的話語被宣講出來。這些阻礙可以包括上述所說的引言、結論、故事、事例、比較等。有人以為藉著許多演說技巧就可以傳遞上帝話語的意義，殊不知「宣講上帝話語的形式是有別於其他演說的形式」。[36]

那麼，宣講上帝的話語跟其他的演說，兩者的形式有何分別？

這主要涉及想要傳遞的真理或信息。後者所要傳遞的真理或信息，是在這些人的話語之外、之下或之上，又或是要表達某些情感或教導某些概念。[37] 換句話說，話語要傳遞的並不在話語之內，而在話語之外。然而，宣講的話語本身既是媒介，又是內容，因為宣講基督其首要的責任不在給予建議、引發情感、激發意志，而在於支撐生命。[38] 潘霍華指出：

> 然而，被宣講的話語其意義不在話語以外，它本身就是意義。它不傳遞任何東西，它不表達任何東西，它沒有任何外在的目標。反之，它傳遞的只是它自己：歷史的耶穌基督，祂自己取了人性，以及其一切傷痛與罪責。支撐〔生命〕的基督乃是被宣講的話語的向度。被宣講的話語其聖經內容讓它跟其他形式的演講分別開來。[39]
>
> 宣講的話語乃是已成人身的基督自己。正如道成人身並非只是上帝的外在形狀，宣講的話語也不只是展示實在（reality）的外在形狀。反之，它就是實在本身。被宣講的基督同為歷史的基督和當下臨在的基督。[40]

因此，「講章中的話語並不是『話語』這類（genus）的種（species），而是剛相反，我們的話語全都是上帝獨一、根源的話語的種，它創造且支撐世界」。[41] 換言之，被宣講的話語主導人的話語，而非人的話語主導被宣講的話語；人的話語只是奴僕，因為被宣講的話語乃是已成人身的基督自己，祂使用並穿戴了人的話語。宣講者在這裏就當避免為被宣講的話語添加甚麼，或是借用甚麼特殊風格去表達。[42] 宣講者要留心不要阻礙上帝的話語從聖經中浮現出來、形成講章，以及進入信仰羣體之中以承擔他們的生命。[43] 上帝的話語自有其自我運動的動力。

潘霍華詳細討論了宣講上帝話語時的語言問題，這可從正面和反面兩方面來說。反面來說是虛假的主體性和虛假的客體性，正面來說則是真正的主體性和真正的客體性，即謙卑(humility)與簡單。虛假的主體性是指宣講者個人的語言過度強烈，導致人的話語取代上帝的話語，以為藉著諸般的演說技巧與編排可以傳講上帝的話語，結果反而遮蔽了上帝的話語，並且僭越了上帝的位分。潘霍華說：「虛假的主體性意味著對〔上帝的〕話語缺乏信心。〔……〕〔上帝的〕話語不需要被弄成活潑的，我們的話語必須不帶有個人的目的，因為上帝要透過我們的話語說話。〔……〕我們必須在每一次宣講時，為〔上帝的〕話語本身的內在目的讓出空間。」[44] 潘霍華要強調的是可分辨的距離（discernible distance）：「在宣講聖道時，全然在於可分辨的距離。」[45] 人的話語跟上帝的話語不能互相混淆，但又不相分離，一如已成人身的基督的神人二性一樣。上帝的話語透過人的話語被宣講出來，人的話語卻不遮蔽上帝的話語，甚或等同上帝的話語。

潘霍華舉了一個很好的例子，他說：「當我們閱讀或宣講先知書的責罰時，十分明顯，忿怒的不是我們，而是上帝。〔……〕且十分清楚的是，我們自己是站在祂的責罰底下。」[46] 這才是真我，在宣講中我們被揭示出所有的邪惡，毫無遮蔽地呈露出來，在上帝的話語中我們成為真正的自己。[47] 作為宣講者，自然也不能免於上帝話語的審判與支撐。因此，宣講就必須完全真誠（truthful）和實在（factual），以謙卑的態度進行，只有這樣才能恰當地對應上帝的話語。[48] 為了上帝的話語的緣故，人的自我必須死去，只有自我意志死去才能服事上帝的話語。[49] 潘霍華說：「宣講不是藝術性的表演，而是人帶著罪和需要讓〔上帝的〕話語對質和鼓勵。事實上，當我們容讓自己的主體性死去，我們就以一更高和更真的形式參與在〔上帝的〕話語當中。」[50] 這樣，宣講者的話語就可以成為上帝話語的出口了。

虛假的主體性的另一面是虛假的客體性。宣講並非機械式的。潘霍華説：「〔上帝的〕話語要它可以讓人説出來，而非如制度規條般被説出來。」[51] 有些人以為把人性壓抑下去，或是使用唱誦的方式來傳講上帝的話語，會更能讓上帝的話語這一客體無扭曲地臨在。每一事物都設計得讓其客觀地發生，沒有任何人的主體參與其中。[52] 但這完全並非潘霍華所講的真正的客體性，反而是一種造作、不自然。「一切不自然和人為的都會妨礙宣講者的可信性，並成為〔上帝的〕話語的謊言。」[53] 潘霍華所求的只是坦誠無妄（genuineness）：

> 在事奉耶穌時我成為自然的。我是怎麼樣的人，就怎麼樣站在壇上和講台上，不模仿任何人和任何事物。的確〔上帝的〕話語跟我們的本性對立，但卻沒有使我們成為不自然。那裏有造作，那裏就存在著一種與〔上帝的〕話語之間虛假的關係。[54]

因此，潘霍華所講的真正的客體性，乃是真正的主體性的另一面，「真誠和實在所倡議的乃是簡單的方法。這就不鼓勵在宣講和崇拜之中出現無意義的呼喊和情緒激動」。[55] 在上帝的話語面前，一切都得平平放下，無有奇巧，無有造作。但是，這並非表示不可以有任何情感的流露，但情感卻是要由上帝的話語引發出來。同樣，風格也是不可避免的，但卻不是宣講者所應該追求的。[56] 過分著重風格只會是自我導向（self-directed），尋求認同、接納。[57] 可是這就不是宣講上帝的話語了。上帝話語的真正客體性，只在於宣講者的真正主體性。宣講者的真正主體性讓上帝話語的真正客體性呈現出來，但宣講者的真正主體性卻只在上帝話語的審判與支撐下方才誕生。

最後需要一提的是，潘霍華認為上帝的話語本身是具體的，因此只要上帝的話語在講章之中，講章就是具體的。講章只是解釋而非應用。[58] 任何應用，都表示人站在上帝的話語之上而非其下，因為我們視之為普遍的原則，應用到個別的景況上。[59] 但對潘霍華來說：

> 惟一真正的應用，乃是上帝自己，並且單只是上帝。透過如實解說上帝的話語，我們才可能達至最高的具體性。上帝呼召我們承認祂的主權，除此以外沒有更具體的了。[60]

真正的應用乃是出於上帝自己，並非宣講者把上帝的話語普遍化，使之成為抽象的原則，然後才應用到會眾的處境。要是這樣，只會阻礙上帝的話語在信仰羣體之中的運動與作工。

宣講後
讓上帝的話語繼續作工：祈禱領恩、檢討再思

潘霍華認為宣講的最後一句說話並不是宣講的終結，宣講後的時間跟宣講前的時間同樣重要。[61] 我們若以宣講為表演，大概不會重視宣講後的跟進工作，只會陶醉於當中所得到的肯定和接納。然而潘霍華認定宣講並非表演，而是服事。[62] 宣講上帝的話語為的是服事信仰羣體，讓上帝的話語在弟兄姊妹中間自由作工。潘霍華在其宣講學講課之中有專門討論宣講之後的跟進工作，共有五點，以下逐一介紹討論。[63]

首先，宣講要以祈禱結束。這祈禱必須是溫柔的，[64] 內容包括三點：一、謙卑地感謝上帝讓宣講者宣講福音，並且成為信仰羣體

的牧人；上帝藉此而叫宣講者得榮耀。二、懇求上帝寬恕那些因虛誇和懶惰、對聖道誤解和不專注的罪。三、懇求上帝現在就讓祂的話語自由地在信仰羣體中間活動，作其曾應許的工。[65] 潘霍華相信上帝話語的果效並不止於宣講之中，且要在宣講之後繼續作工。一切都是上帝話語的工作，這才是上帝話語真正的應用。

第二，沒有甚麼比宣講之後舉行聖餐更能解除宣講者的不安。因為聖餐乃上帝施恩、基督臨在的場合，宣講者在當中領受基督赦罪的恩典，以致能夠不受自身的罪所阻礙，仍然可以成為上帝話語的僕人。[66] 上帝的話語足以攪動人心，叫人敬畏、知罪，宣講者亦毫無例外地為上帝的話語所對質，他的罪性同樣被揭露，同樣需要上帝的寬恕。並且，作為上帝話語的出口，他所經歷的震撼應當較一般人更深刻，因而更需要上帝的恩典臨到，讓他的生命得以平復，並繼續在上帝的恩典中成為上帝話語的僕人。

第三，宣講者在宣講後需要教牧關顧。[67] 宣講後的不安會引致宣講者尋求誇讚的回應，但這只會滿足我們的虛榮心，卻不能真正平復內裏的不安。[68] 潘霍華提議跟成熟的弟兄姊妹或長執傾談，討論上帝的話語有沒有真正被宣講，從而保護宣講者面對不符合基督信仰的批評（un-Christian criticism）和不符合基督信仰的狂熱（un-Christian fanaticism）。[69] 這樣的做法是避免以世俗演講為標準去衡量宣講；無論是低貶或高抬，都不是恰當的。

另一個導致宣講者缺乏平安的原因，可能是根植於不信的試探。[70] 這不信的試探是指不相信上帝話語自身的效力，懷疑上帝話語在信徒羣體中能否發生果效。此外，宣講後若感到完全空虛，表示宣講者過度倚靠自己，沒有憑藉上帝的能力。[71] 身體的狀況很可能顯示靈性的狀況。真正的宣講不應是虛耗體力的。[72] 然而，潘霍華說更危險的是宣講者完全對自己和自己的宣講滿意。這種情況別人往往無計可施，難以令他變得謙卑起來。[73]

第四，崇拜後宣講者應再次閱讀宣講的經文，並繼續深思。上帝的話語要繼續向宣講者說話。因此不可就此把講章置於一旁，把聖經合上。[74]

第五，宣講的信息將成為其後一星期牧養信仰羣體的重要基礎。上帝的信息是牧者用來幫助和建立信仰羣體的。[75] 因此，宣講上帝的話語不單在講台上，也在探訪、關顧的牧養工作上。同一的信息可以繼續在探訪中、關顧中宣講，邀請弟兄姊妹不斷地反覆思想和咀嚼，好讓上帝的話語在他們的生命中動工。

結語

無疑，潘霍華對宣講的看法，無論是踐行上或神學上，都沒有引起甚麼研究。可是，其基於宗教改革重視「宣講的話語乃是神聖的話語」這一觀點而來的思考，卻是我們應當深思的。潘霍華在美國時曾參加許多教堂的主日崇拜，令他深感震驚、失望。他發現宣講已被低貶至邊緣位置，只談時事評論、宗教經驗，信仰羣體對十字架、罪、寬恕都聽不進耳，教會成了交際應酬的地方，卻非宣講和傾聽上帝話語的地方。[76] 對他來說，信仰羣體乃是聖道所生的，她負有宣講上帝話語的使命，這是信仰羣體的本性，她亦是為此而生。她亦有責任傾聽上帝的話語，以承托和支撐其生命，並在傾聽以後繼續宣講上帝的話語。

潘霍華重視人在宣講上帝話語當中的角色，因為那是上帝的揀選，上帝揀選了透過人的話語來宣講上帝的話語。可是，潘霍華對人如何可以讓上帝的話語被宣講出來，卻有很深入的神學思考。簡單地說，人應在上帝的話語面前謙卑，不造作，不矯飾，反覆閱讀、思考、等候、傾聽上帝的話語，並信靠上帝的話語會在信仰羣體中作工，塑造祂心意中的教會。上帝的話語是主，人的話語是僕，這樣，人就當順服，宣講前如是，宣講中如是，宣講後如是。如此而已。

註釋

1. Frits de Lange, *Waiting for the Word: Dietrich Bonhoeffer on Speaking about God*, trans. Martin N. Walton (Grand Rapids: Eerdmans, 2000), 3.
2. 載 Dietrich Bonhoeffer, *Worldly Preaching: Lectures on Homiletics*, ed. and trans. Clyde E. Fant (New York: Crossroad, 1991)。
3. *Worldly Preaching* 出版資料見註 2。講課現收於 *Theological Education at Finkenwalde: 1935 ～ 1937*, trans. Douglas W. Stott (Minneapolis: Fortress, 2013), Lectures on Homiletics, 487 ～ 535。
4. Clyde E. Fant, "How Can the Church Speak to the World," in *Worldly Preaching: Lectures on Homiletics*, ed. and trans. Clyde E. Fant (New York: Crossroad, 1991), 93 ～ 95.
5. 轉引自 Fant, "How Can the Church Speak to the World," 4。
6. 轉引自 Fant, "How Can the Church Speak to the World," 5。
7. Dietrich Bonhoeffer, *Christ the Center*, trans. Edwin H. Robertson (San Francisco: Harper & Row, 1978)，現收於 Dietrich Bonhoeffer, *Berlin: 1932 ～ 1933*, trans. Douglas W. Stott, Isabel Best, and David Higgins (Minneapolis: Fortress, 2009), Lectures on Christology (Student Notes), 299 ～ 360；中譯：朋霍費爾：〈誰是今在與昔在的耶穌基督？〉，載朋霍費爾：《第一亞當與第二亞當》，王彤、朱雁冰譯（香港：道風書社，2001）。
8. 現分別收於 Bonhoeffer, *Theological Education at Finkenwalde*, Lectures on Pastoral Care, 559 ～ 594；Dietrich Bonhoeffer, *Theological Education Underground: 1937 ～ 1940*, trans. Claudia D. Bergmann, Scott A. Moore, and Peter Frick (Minneapolis: Fortress, 2012), Lectures on Pastoral Counseling, 307 ～ 321。
9. Dietrich Bonhoeffer, *Life Together and Prayerbook of the Bible*, trans. Daniel W. Bloesch and James H. Burtness (Minneapolis: Fortress, 1996)；中譯：潘霍華：《團契生活》，新譯修訂版，鄧肇明譯（香港：基督教文藝，1999）。

10. de Lange, *Waiting for the Word*, 76.
11. Bonhoeffer, *Worldly Preaching*, 129.
12. Bonhoeffer, *Worldly Preaching*, 128.
13. Bonhoeffer, *Worldly Preaching*, 119。粗體為筆者所加。潘霍華亦指出宣講者只是透過聖經見證上帝的道——基督，「我們不應以經文作跳板好宣講自己的思想。」（Bonhoeffer, *Worldly Preaching*, 107）。另參頁 112。
14. Bonhoeffer, *Worldly Preaching*, 118.
15. Bonhoeffer, *Worldly Preaching*, 118.
16. Bonhoeffer, *Worldly Preaching*, 119.
17. Bonhoeffer, *Worldly Preaching*, 119.
18. Dietrich Bonhoeffer, *Meditating on the Word*, trans. David M. Grace (Boston: Cowley, 1986), 45.
19. Bonhoeffer, *Meditating on the Word*, 45; Bonhoeffer, *Worldly Preaching*, 119.
20. Bonhoeffer, *Meditating on the Word*, 44.
21. Bonhoeffer, *Meditating on the Word*, 44.
22. Bonhoeffer, *Meditating on the Word*, 43 ~ 44。中譯根據 Dietrich Bonhoeffer, *A Testament to Freedom: The Essential Writings of Dietrich Bonhoeffer*, ed. Geffrey B. Kelly and F. Burton Nelson, revised edition (San Francisco: Harper Collins, 1995), 425。
23. Bonhoeffer, *Meditating on the Word*, 45.
24. de Lange, *Waiting for the Word*, 102 ~ 104.
25. Bonhoeffer, *Life Together and Prayerbook of the Bible*, 86 ~ 87；中譯：《團契生活》，頁 85。
26. Bonhoeffer, *Life Together and Prayerbook of the Bible*, 84 ~ 85；中譯：《團契生活》，頁 81。
27. Bonhoeffer, *Life Together and Prayerbook of the Bible*, 88；中譯：《團契生活》，頁 86 ~ 87。
28. Bonhoeffer, *Life Together and Prayerbook of the Bible*, 85；中譯：《團契生活》，頁 82。
29. Bonhoeffer, *Worldly Preaching*, 120.

30. Clyde E. Fant, Jr. and William M. Pinson, Jr., *Dietrich Bonhoeffer*, vol. 12: *Twenty Centuries of Great Preaching* (Waco: Word Books, 1971), 113.
31. Bonhoeffer, *Worldly Preaching*, 112.
32. de Lange, *Waiting for the Word*, 96.
33. Bonhoeffer, *Worldly Preaching*, 101.
34. Bonhoeffer, *Worldly Preaching*, 101.
35. Bonhoeffer, *Worldly Preaching*, 102.
36. Bonhoeffer, *Worldly Preaching*, 102.
37. Bonhoeffer, *Worldly Preaching*, 102 ~ 103.
38. Bonhoeffer, *Worldly Preaching*, 102.
39. Bonhoeffer, *Worldly Preaching*, 103.
40. Bonhoeffer, *Worldly Preaching*, 101.
41. Bonhoeffer, *Worldly Preaching*, 104.
42. Bonhoeffer, *Worldly Preaching*, 104.
43. Bonhoeffer, *Worldly Preaching*, 102.
44. Bonhoeffer, *Worldly Preaching*, 140.
45. Bonhoeffer, *Worldly Preaching*, 140.
46. Bonhoeffer, *Worldly Preaching*, 140.
47. Bonhoeffer, *Worldly Preaching*, 141.
48. Bonhoeffer, *Worldly Preaching*, 141.
49. Bonhoeffer, *Worldly Preaching*, 113.
50. Bonhoeffer, *Worldly Preaching*, 141.
51. Bonhoeffer, *Worldly Preaching*, 140.
52. Bonhoeffer, *Worldly Preaching*, 140.
53. Bonhoeffer, *Worldly Preaching*, 142.
54. Bonhoeffer, *Worldly Preaching*, 142.
55. Bonhoeffer, *Worldly Preaching*, 142.
56. Bonhoeffer, *Worldly Preaching*, 143.
57. Bonhoeffer, *Worldly Preaching*, 143.
58. Bonhoeffer, *Worldly Preaching*, 113.

59. Bonhoeffer, *Worldly Preaching*, 114.

60. Bonhoeffer, *Worldly Preaching*, 114.

61. Bonhoeffer, *Worldly Preaching*, 145.

62. Bonhoeffer, *Worldly Preaching*, 141, 145.

63. Bonhoeffer, *Worldly Preaching*, 145 ~ 147.

64. Bonhoeffer, *Worldly Preaching*, 145.

65. Bonhoeffer, *Worldly Preaching*, 145.

66. Bonhoeffer, *Worldly Preaching*, 145.

67. Bonhoeffer, *Worldly Preaching*, 145.

68. Bonhoeffer, *Worldly Preaching*, 146.

69. Bonhoeffer, *Worldly Preaching*, 146.

70. Bonhoeffer, *Worldly Preaching*, 146.

71. Bonhoeffer, *Worldly Preaching*, 146.

72. Bonhoeffer, *Worldly Preaching*, 146.

73. Bonhoeffer, *Worldly Preaching*, 146 ~ 147.

74. Bonhoeffer, *Worldly Preaching*, 147.

75. Bonhoeffer, *Worldly Preaching*, 147.

76. Fant, " How Can the Church Speak to the World, " 11 ~ 12.

14.

靈性生命的關顧*

一

在當代的系統或教義神學家當中，潘霍華（Dietrich Bonhoeffer）是一個異數。一般而言，從事系統或教義研究的神學家，在二十世紀分科愈精的情況底下，基本上都只會集中在神學思想的鑽研，或疏解闡釋，或批判創造，鮮有涉及信仰生活、靈修踐行、牧養關顧等屬於實踐神學範疇的問題。然而，潘霍華卻撰有《追隨基督》（*Discipleship*）、《團契生活》（*Life Together*），亦留下宣講學、[1] 靈性關顧 [2] 的授課筆記，以及帶領查考試探的研經筆記。[3] 這些文字記錄了潘霍華對信仰落實於具體人生的要求，顯示出潘霍華神學思想的另一面。《追隨基督》與《團契生活》膾炙人口，研究文章甚多，惟是其講道學、靈性關顧、對試探所作的聖經查考，卻乏人問津，誠為可惜。特別在華人教會中，潘霍華的作品《追隨基督》、《團契生活》和《獄中書簡》（*Letters and Papers from Prison*）早於上世紀五十年代和六十年代已被翻譯成中文，可是竟沒有人提及和

* 本文原以〈潘霍華的靈性關顧〉為題，刊於《山道期刊》卷六第二期（2003 年 11 月），頁 71～86。承蒙香港浸信會神學院授權轉載。現稍作修訂。

引介其講道學、[4]靈性關顧等思想，這就不免滄海遺珠，錯失了潘霍華對牧養的許多珍貴反省。

加里（Geffrey B. Kelly）和尼爾遜（F. Burton Nelson）對潘霍華的牧養事工有扼要而深刻的描寫，玆引述如下：

> 潘霍華曾在柏林、巴塞隆拿及倫敦等多處基督教會事奉，他從自己個人的經驗中明白到牧養事工是怎麼一回事。他認為宣講在牧者的角色中是核心的，但他同時熱切關注到事工的多面性，諸如帶領崇拜、教導信仰信條、提供靈性關顧、輔導陷在困境的人、探訪患病者，以及安慰喪親的人。在巴塞隆拿，潘霍華對他牧區內許多因經濟衰退而陷在貧窮中的區民很有感觸。在紐約的協和神學院時，他被低下階層所承受的經濟災難及陰險的壓迫深深觸動，彷彿這就是哈林牧區區民的命運。在倫敦，他警覺到那些離開了德國文化根源的人需要安慰，他提醒他們在上帝的話語和聖禮當中總有希望。對於神學院的學生，他不單表現出牧者應有的榜樣，而且對被呼召作上帝關顧事工的學生在這方面所分享的經歷，提供靈性指引。學生都記得他那觸摸人心的異常能力，以及他強化他們成為基督——他們的兄弟——的門徒。[5]

本章的目的十分簡單，乃是就著潘霍華的《靈性關顧》（*Spiritual Care*）一書，介紹他對靈性關顧的看法，以幫助我們今天的牧者重新校正焦點。牧養事工不能離開上帝的話語，而僅僅追求技巧、方法、策略，甚至以為這就是牧養，從而忘卻了上帝的僕人當以宣講上帝的話語為其職事之所在。對潘霍華來說，宣講不單是講壇上的事，正如聖禮是上帝話語的宣講，信仰羣體本身亦是上帝話語的宣講。這方面的看法在他的基督論講課[6]中十分清楚明白。在講授講道學的時候，潘霍華亦毫不含糊地指出：上帝的話語不單在講台上，也在探訪、關顧的牧養工作上幫助信徒的生命。[7]

根據加里及尼爾遜，潘霍華的《靈性關顧》原是他一九三五至一九三九年間在神學院講授靈性關顧的講稿。[8]講稿其後於一九八五年譯成英文，譯者盧志理（Jay C. Rochelle）更寫了一篇導論，[9]根據講稿分析潘霍華對靈性關顧的看法，並加上註釋，提供許多相關的資料，[10]可以幫助我們更為全面和準確地了解其思想。本文在缺乏相關的二手研究的情況下，必須借助盧志理的導論來進入潘霍華的靈性關顧的思想，因此只能看為初步的介紹和整理，或是筆者個人的閱讀札記。

二

當代德國神學家修達（Gerhard Sauter）在他的《通往教義學的門閘：為教會的生命而神學性地思考》（*Gateways to Dogmatics: Reasoning Theologically for the Life of the Church*）[11]裏，以一節篇幅討論牧養關顧。他列出了三條命題：

> 牧養關顧的內在根據乃上帝的恩典，這恩典導引我們的心意朝向上帝。[12]
>
> 牧養關顧能夠幫助我們在上帝的審判前暴露自己，並接受這審判。[13]
>
> 牧養關顧參與了上帝所建立的國度和基督打敗毀壞力量而獲取的勝利。[14]

修達對牧養關顧的看法，表明了牧養關顧不能離開教義神學。

這三條命題涉及恩典和稱義的教義，也跟基督復活的盼望相干。並且不單如此，牧養關顧主要針對的是人與上帝的關係，恩典、稱義、盼望無不與此有關。人生一切的難題最終必然歸結到人自身的問題，這就涉及基督信仰在這方面的看法，也由此而確定牧養關顧的位分。

從這樣的角度來看，我們會較易了解、明白潘霍華的靈性關顧。潘霍華使用「靈性關顧」(spiritual care, Seelsorge)這個字眼，表明關顧的是靈魂(care of soul)。當然，我們沒必要在這裏探究潘霍華是否有靈魂、肉身的二元人觀。基本上他看人是整全的，使用「靈性」或「靈魂」不外是要表明所關顧的應當是人之本性，而非其他。牧養關顧只做一件事，就是關顧人之所以為人。基督信仰從來沒有離開上帝來了解人，因此，當所關顧的是人之所以為人，那就立即涉及人與上帝的種種關係，包括破碎與復和；靈性關顧要越過人的一切表面現象而進入生命的深處，那是上帝所要認識和接觸的。

無論如何，我們在這裏想要指出的是，潘霍華是從教義神學出發來了解人生命的實況和真正的需要，沒有借助任何心理學等學科，[15] 而是純粹神學的。這樣的進路使得他的靈性關顧也是神學的，而非人文科學的。不單如此，正如盧志理指出：「《靈性關顧》是站在信義宗教會的悠久傳統之中的，這傳統可以從古舊的牧養關顧指引中得見。」[16] 在當代牧養關顧的論述之中，心理分析曾經一度主導整個發展，基督信仰的神學傳統被遺忘了，造成牧養關顧的非神學化、非信仰化，以致出現身分危機。[17] 盧志理從這一角度來衡定潘霍華這一著作的意義：「然而，過去四十年，牧養關顧被心理學方法和語言支配著，這一古舊模型已被放逐至背後而湮沒。這書是一小小嘗試，志在重新檢視一個古舊的傳統。」[18] 這在華人教會的處境中，更饒有意義。華人教會向來有非歷史傳統之嫌，在竭力倡議回到聖經去的同時，卻傾向把教會的神學傳統邊緣化，特別是忽視了古教會的教導。[19] 因此，華人教會既已普遍接受潘霍華的《追隨基督》及《團契生活》，[20] 那麼，透過其《靈性關顧》來重新思考神學傳統對牧養關顧的重要性，[21] 從而使得牧養關顧再教義化、神學化，亦是應有之舉。

三

具體來說，潘霍華對靈性關顧的看法是建基於兩條神學原則的。一為上帝的道有律法與福音雙重功能，另一是上帝吩咐我們要宣講聖道。前者決定了靈性關顧的界限，後者定規了靈性關顧的本性。[22]《靈性關顧》開首兩節分別為〈靈性關顧的使命〉（The Mission of Spiritual Care）和〈靈性關顧中的律法與福音〉（Law and Gospel in Spiritual Care），確定了靈性關顧的本性與界限。潘霍華開宗明義地表示：

> 靈性關顧的使命是置於宣講這一普遍使命之下的。關顧靈性是一種特殊的宣講。牧者應盡可能宣講。[23]

靈性關顧並非宣講以外的，而是宣講的一種。在這裏，潘霍華竭力除去人的幫助從而高舉上帝的作為。他指出：「在靈性關顧中，上帝要行動。」[24] 因此，他反對視靈性關顧為靈性指引（spiritual direction）。「靈性指引」是兩個人在同一平面上進行的，其中一個把自己置於另一個之下。另一方面，靈性關顧則是「從上而下，從上帝到人類」。[25] 很明顯，潘霍華從宣講上帝的話語這一角度來看靈性關顧，自然要求人的退隱，一如他討論在講壇上宣講上帝的話語時強調：「我們必須在每一次宣講時，為〔上帝的〕話語本身的內在目的讓出空間。」[26]

對潘霍華來說，靈性關顧是讓上帝工作，「如果我把一個悲傷的人改變成喜樂的，一個膽怯的人改變成勇敢的，我並沒有提供任何**決定性**（decisive）的幫助。那只是一種世俗——而非真正——的幫助。在悲傷和膽怯的情況下，以及其他類似的情況下，必須相信上帝是我們的幫助和安慰」。[27] 潘霍華指出人的幫助並非決定性的，反倒可能遮蔽了上帝才能給予的真正幫助，他甚至強調一切虛假的盼望和安慰均需剔除。[28] 潘霍華這樣的言論好像很激進，要否定一切人的作為。然而，我們不可忽略的是，這裏所講的幫助，是針對人的生命來說的，特別是針對人之失喪生命之處境來說的，所以他說「基督及祂勝過健康與疾病、幸與不幸、生與死，必定要被宣講。祂帶來的幫助是寬恕和從死亡而來的新生命」。[29]

可是，另一方面，靈性關顧卻是一種特殊的宣講。它有別於講壇上的宣講，它是一種服事（diakonia），源自人不願再傾聽福音的宣講這一難題。[30] 這種靈性關顧的服事性宣講，一方面預設福音已被宣講，另一方面要帶領心硬的信徒敞開心靈，預備迎接將要來的宣講。[31] 靈性關顧「生於講道並帶領歸回宣講」。[32] 潘霍華特別指出靈性關顧作為服事是必然的，原因有四。首先，人因為不知名與隱密的罪而在傾聽福音時愈來愈心硬；其次，講道只不斷使某些人更加頑固不信，「恩典」使得任意妄為者愈加放肆；再者，講道不能提名指斥具體個別的罪，因而不能驅除罪；最後，牧區居民需要以言語表達自己，但其內容卻不能在宣講中透露。[33]

潘霍華關心的是罪的問題。罪使得人錯誤地傾聽福音。當人活在未被指出及揭露的罪當中，他只會把恩典扭曲成毒藥；恩典起不到警醒的作用，反之只會哄騙這些人進入死寂之中，愈加不信和心硬。[34] 因此，牧養工作不能停留在講壇宣講的事工之中，還要進到靈性關顧的層面。對那些因罪的緣故而無法傾聽上帝話語的人，靈性關顧因而是必需的，目的是要讓這些人確認自己的罪，從而回轉領受恩典。這樣我們所了解的靈性關顧，很明顯並非為了提供生活意見或幫助，[35] 也不是為要建立品格或塑造某類人格，[36] 而是要讓被關顧者與上帝相遇，[37]「揭示罪並創生福音的傾聽者」。[38] 靈性關顧要接觸的並非人的表面需要，而是人的根本面目，是聖道提名認識的真實個人。[39]

是以，潘霍華指出作為服事的靈性關顧，是有別於透過講壇宣講所產生的靈性關顧。他特別表示在靈性關顧的服事當中，牧者傳道首要的工作是聆聽對方訴說。靜默，是靈性關顧不可或缺的要求。靜默而聆聽，然後方才可以除去牧者傳道那種因聖職身分而來的自負和表現。[40] 潘霍華這樣的講法看來跟他強調這是一種服事有關；服事並非出於職分（office），而是因為信徒皆祭司；講壇宣講是基於職分，而靈性關顧的服事則在於牧者傳道也是信仰羣體的一分子，彼此之間需要互相服事。[41] 按照盧志理的分析，「靈性關顧是福音呼召的一部分，而潘霍華反對任何建基於屬靈權柄或優越性的『靈性指引』，因當中的對話交談總有一方凌駕於另一方之上。雙方應該在上帝活潑的臨在底下及當中，這臨在是聖道所宣告及生發的；雙方均為同一福音所釋放，為同一律法所對質」。[42] 在這種情況下，傳道牧者自然應當靜默，且讓被關顧者自己表白。關於這一點，我們在下一節還要進一步補充細講。

四

靈性關顧的目的是要讓人正確地傾聽福音的宣講。潘霍華站在路德神學的傳統之中，確認福音不離律法，領受恩典必須首先知罪，如此一來，更準確地說，「靈性關顧是預備人去傾聽那作為上帝誡命的律法，以及傾聽那作為實在解放與幫助的福音」。[43] 可是，當被關顧者已再不能在信心中傾聽上帝的話語，我們該怎麼辦？[44] 潘霍華首先重新解釋這種情況，然後才討論對治的方法。簡單來說，人對上帝的話語有所保留、抗拒，不願意上帝掌管其生命及生活中的某部分，於是慢慢把自己置於自閉的囚禁中。這就進一步引致對宣講全然漠視，寬恕的話語再起不到任何作用，因為寬恕的話語是針對具體的罪而被宣告出來的。如果因為想要把自己生命某部分保留歸給自己，以致不想具體地傾聽，那麼，自然就不會聽到甚麼寬恕的恩言。[45] 歸根究柢，這是順服的問題，不再把上帝的話語當作上帝的話語來接受，而是逃避不理會。[46]

潘霍華提出：靈性關顧的道路是從傾談勸告（counsel）到誡命宣告、從表達需要到承認罪過、從言說到傾聽應許。[47] 因此，首先是要讓被關顧的信徒說話，引導他透露在那些地方他不再對上帝的話語感興趣。[48] 整個談話從開始就要針對被關顧者異化的生命，[49] 潘霍華提出要以十誡所關涉的來查察被關顧者在那些地方出了問題。[50] 律法的作用是要正面質詢罪，「當我們逃避面對自己的罪，並且合理化（justify）我們的罪，我們必須被嚴厲的律法質詢」。[51] 十誡可以幫助我們確定那令我們不信的具體的罪。然而，面對律法，我們總是有可能繼續隱瞞逃避，以謊話來欺哄自己也欺哄牧者傳道，拒絕走出罪惡的困境。[52] 潘霍華提醒我們千萬別繼續以律法來告誡被關顧者，否則只會引致他更為心硬，[53] 讓他落在孤獨的處境中。[54]

或者，被關顧者會在這個時候提出反駁：我沒有能力走出這個困局。[55] 這樣的反駁好像是承認自己的確在某些地方犯了罪，但當強調「我沒有能力」的時候，實際上是表示我是例外的，不應被上帝的誡命律法審判定罪。潘霍華說：「『我不能』揭示出被關顧者對創造主的控訴，因為我向自己賦予了權利免去上帝的審判。」[56] 因此，「我不能」底下真正的思想是「我不會」，[57] 常常是從裏到外的不願意，這必須要完全、無條件地被扭轉。[58] 問題不在於「不能」，而在於「不願意」。面對這種情況，潘霍華認為要讓被關顧者知道他是可以走出困局的。[59]「一旦清楚認識只要我願意就必能做到，那麼對誡命的反對就消失了，而可以有自由去聆聽誡命。」[60]

這一切勸告都只是預備，讓人可以傾聽上帝的話語：律法與福音。靈性關顧以傾談勸告開始，卻以認罪領受恩典結束。[61] 潘霍華特別指出，宣講律法指向的是一個具體、獨一的決定，就是向這人宣告他跟十誡中的第一條誡命不能分割。[62] 這是最根本的、最具體的。潘霍華清楚表明我們關心的不是抽象的律法，而是生命的賜予者，不是可辨認的生命律則而是上帝的「我」，不是其中一位主而是**那位獨**一的主（the Lord）。[63] 因此，十誡不是抽離的，而是切身的，是上帝自身的道。所以誡命針對的並非個別的事件而是整個人；誡命所講的並非泛泛的神性而是那位與具體的人相交的整個上帝。[64] 第一條誡命的首要性、根本性，乃在於此。這樣的誡命就不只是叫人知罪的律法，也同時是上帝恩典的福音。在靈性關顧中，律法與福音是不能分割的，潘霍華對此有重要的分析和提醒。

在靈性關顧中要避免落入兩種失誤之中。其一是宣告律法時不要導致對方**絕望**（despair），其二是宣告福音時不要使對方只偏面地看到神的恩典，因而落入一份錯誤的**安全感**（security）之中，兩者都是不信與不順服。[65] 前者不相信上帝的福音可以拯救我們的生命，後者把上帝的恩典變成廉價的；[66] 在潘霍華看來，後者更為危險。[67] 無論如何，把律法與福音分割開來，由此而過分側重了其中一面，自然就會使受關顧者陷入絕望或安全感了。事實上，律法與福音是共存的（coexist），[68] 靈性關顧的原則必然是：「律法必定為福音所包含，而福音也必定為律法所包含。」[69] 這樣的後果就是：領受寬恕的必定順服，順服的必定獲得寬恕；[70] 悔改的必定得蒙赦免，蒙赦免的必定悔改。[71] 是以，律法與福音必須恆常處於一恰當的關係中，從而使靈性關顧得以達到其目的，就是認罪與宣赦，再次可以傾聽上帝的恩言。

無疑，潘霍華的靈性關顧是以聖道為中心的，由此他不厭其煩地以此為準則來拒絕心理學、心理治療的手法，[72] 因為只有上帝賜予的寬恕才能帶來幫助，而非生活方式的改變。[73] 他要我們注意到不順服以及順服，是能夠完全改變一個人的；在某一特殊的決定中的不順服，可以完全否定之前一連串的正確思想。[74] 是以，根本的問題是順服與否，這只有上帝的話語：律法與福音，才能真正使人得幫助。靈性關顧不是別的，只是其中一種基督臨在的方式，[75] 祂在對個別信徒的宣講中臨在，向那被關顧的面對面說話；基督總是以具體的言說來到我們面前。[76] 律法與福音給予我們的是生命的希望、新可能，從懷疑、絕望、疏離、混沌、飄流無根、漫無目的、失去意義的生命狀態中釋放出來。最終，乃是對罪的寬恕、赦免；[77] 當然，只有那些明白罪乃可怕的權勢的人才會渴求寬恕的宣告，視之為福音。[78]

五

最後，我們還要介紹潘霍華對作為服事的靈性關顧的前設性分析。靈性關顧有自己的前設，這前設其實不是抽象的理論或原則，而是牧者傳道的生命實踐。換句話說，靈性關顧本身以外還需要其他一些基本的踐行來配合，使得靈性關顧能成為合用的器皿，能傳遞上帝的話語，成為祂的出口，而不是反過來阻礙了祂的工作。

首先是恆常的代禱。沒有恆常的代禱，靈性關顧是不可能的。[79] 潘霍華十分看重代禱。[80] 在禱告中我們傾聽上帝的話語；在代禱中基督站在我和我的弟兄之間，祂是我們之間的中介者。[81] 因此，到達弟兄、姊妹那裏的道路並非直接的，而是經過耶穌基督、上帝的話語、聖道。這中間的含義是，我們不可能以心理學、心理分析的學問、技巧去直接掌握另一個人的心靈世界，靈性關顧永遠不能使用任何方法去達至「直接」的心靈引導或影響。[82] 否則，我們就會落入操控他人的陷阱之中，忘記了他跟我們一樣都具有上帝的形象。[83] 祈禱讓我們把弟兄、姊妹交在基督的手裏，讓基督自己去關顧他們。[84] 而正確的祈禱則始自聆聽，對他人的愛首要包含的是聆聽。[85]

進一步，任何靈性關顧都不能以計算或查探的方式去質詢被關顧者，而只能出於單純的關心的愛。[86] 任何查探的問題只能是打開話匣子，讓那被關顧者自己表達或講論。[87] 潘霍華在這裏再一次拒絕心理學等進路，他說：「牧者仍當基本上是前方法的和前心理學的，是純真無詭詐的。」[88] 牧者不能把任何人束縛以致對他產生依賴，被關顧者應當依賴聖道和基督的靈。[89]「依靠聖道、祈禱、信心，那人就能從自己自我的捆綁中得釋放」。[90] 反之，心理學等方法是講求兩個心靈之間的直接接觸，加上使用具有神奇力量的方法，很容易造成某種形式的依賴，而這是牧者傳道所應堅決拒絕的。[91] 在這些被關顧者面前應該只有上帝，透過上帝他們的眼睛被打開，看見自己的罪惡過犯以及上帝寬恕的恩典。[92]

因此，另一方面，教牧同工也不能因為牧者的身分而讓弟兄、姊妹有所依賴，在信徒皆祭司的觀念下，靈性關顧並非基於牧者有甚麼特殊不尋常的經歷、能力或較為成熟，他只是履行上帝所吩咐的使命：彼此服事。[93] 但這並非表示因著彼此服事而可以除去牧者與牧民之間的分別；牧者不應把個人的失敗或罪隨便分享。這只會在被關顧者與基督之間橫加阻隔，進一步造成牧者與牧民之間的身分混淆，虧蝕了靈性關顧的使命。[94] 是以，靈性關顧不在於宣告牧者對牧民的認同一體（solidarity），而僅止於傾聽及宣講福音。[95]

那麼，甚麼因素可促使我們做好靈性關顧呢？潘霍華提出兩點，一是愛基督，另一是默想十架並與十架掙扎。他再次認為心理學或心理治療對靈性關顧並無決定性幫助。[96] 甚至任何超凡的屬靈恩賜或生命經歷也不能催迫人參與靈性關顧的服事，惟有那份對基督的愛方能成事。[97] 潘霍華引用奧古斯丁（Augustine），表明人自己的知識並不能讓我們更認識人，只有透過基督和祂對我們的愛才能讓我們更有智慧，更深入明白他者，可以與他者溝通。[98] 至於默想十架並與十架掙扎，是要我們學習認識自己和別人都是罪人。有甚麼罪比基督在十字架上承受的無神性（godlessness）更嚴重呢？這樣我們就不會因被關顧者所承認的罪而震驚。[99] 潘霍華指出，如此可以避免了心理治療的困難：（1）與被關顧者的關係太遙遠，因為他想靠著自己的力量勝過邪惡；（2）與被關顧者的關係太親近，因為他跟被關顧者的關係是直接的；（3）太感情用事（erotic），因為他只建立在人的關係之上。[100] 只有默想十架又與十架掙扎，我們才能真正進入靈性關顧之中，讓被關顧者得著從上帝而來的幫助。

末了，潘霍華同時注意到保密的問題。他清楚表示會眾不是牧者講論的題目，他們是基督的羊羣，是祂交託給牧者去照顧的。[101] 因此，他有責任保護他的羊羣，説長道短通常是會眾中最為邪惡的，能破壞一切的信任、拆毀已建立的工作。[102] 潘霍華甚至説：「認罪的封印是一道神聖的誡命。」[103] 這道誡命一旦遭破壞，即會嚴重損害牧者牧養的職分。「別人只對我揭示他自己的隱罪，並把自己交在我的手中，因為我『代替上帝』而行動。我必須保守祕密，一如上帝保守祕祕密一樣。〔……〕只有到了審判的日子被承認的才會被揭示。」[104]

六

總結的部分，必須指出潘霍華整個靈性關顧的看法是出於承擔，盧志理特別指出這一點：靈性關顧是牧者以關愛去承擔羊羣的工作。[105] 關顧（Sorge）具有雙重意義：關心及傷痛（sorrow 或 pathos）。[106] 承擔的拉丁字與受苦的拉丁字是同一字根的。[107] 因此，若關顧是承擔，就需要受苦。但這是在基督裏的承擔和受苦。在基督裏我們得著福音的赦免而得自由，以致我們可以承擔他人的重擔，讓他們也在基督裏得自由。靈性關顧固然是上帝吩咐的使命，是一種特殊的宣講方式，是出於服事的，但正正是因為出於服事，所以它是一種承擔，以他人生命離開罪的捆綁得自由為最大的負擔。可是，要完成這使命，卻不能倚靠人的能力、恩賜或方法，而是純粹靠賴上帝的話語：律法與福音。

從這裏可以看到，潘霍華的靈性關顧全然是從他的教義神學出發的，而不須假借其他學科，他特別跟心理學、心理治療保持距離、劃清界線。這種做法主要在於確保靈性關顧能得到最恰當的處理。如果教義神學不能對人性的本相和需要有最終的定奪，而必須靠賴其他學科的研究結果，那麼，靈性關顧就不再只是從屬於教義神學的，而會落入其他學科的範疇。這不單涉及關顧的對象，也跟關顧的手法相干。教義神學從信仰的角度來衡定人的本相與需要，自然也會從信仰的角度來指出相應的解決之道。同樣地，心理學、心理治療等科目也會提出它們自己獨有的方法。潘霍華在此要捍衛的是靈性關顧的神學化、教義化。這對今天陷在身分危機中的牧養關顧，肯定具有不可忽視的參考價值。

由此，潘霍華的努力也告訴我們靈性關顧不純粹是方法、技巧的問題，不要以為隨便援引許多非神學領域的心理或輔導手法可以奏效。靈性關顧必然涉及教義神學。若果我們以為教義神學與技巧、手法無關，假設技巧、手法都是中性的，那麼我們就是忽略了這些技巧、手法本身所涵蘊的一套人性觀。對於崇尚技巧忽略教義的華人教會來說，這是需要多加反省的。很明顯，在潘霍華看來，方法是由教義來決定的，兩者不單不能分割，更不能倒過來由方法來決定教義。一旦我們引入了心理或輔導的手法，我們就要弄清楚這已非靈性關顧，並且這些手法也不能取代靈性關顧。從這一角度來看，牧者傳道的靈性關顧職事，是心理學家或專業輔導員所不能取代的。可是，若我們的牧者傳道放棄承擔這一職事，而向心理輔導傾斜，那麼，我們就是沒有盡上上帝所交託的牧養職任，沒有承擔那透過宣講上帝的話語來叫人脱離罪網得釋放的服事。

註釋

1. 英譯為 Dietrich Bonhoeffer, *Worldly Preaching: Lectures on Homiletics*, ed. and trans. Clyde E. Fant (New York: Crossroad, 1991)，講課現收於 Dietrich Bonhoeffer, *Theological Education at Finkenwalde: 1935 ～ 1937*, trans. Douglas W. Stott (Minneapolis: Fortress, 2013), Lectures on Homiletics, 487 ～ 535。
2. 英譯為 Dietrich Bonhoeffer, *Spiritual Care*, trans. Jay C. Rochelle (Philadelphia: Fortress, 1985)。現分別收於 Bonhoeffer, *Theological Education at Finkenwalde,* Lectures on Pastoral Care, 559 ～ 594；Dietrich Bonhoeffer, *Theological Education Underground: 1937 ～ 1940*, trans. Claudia D. Bergmann, Scott A. Moore, and Peter Frick (Minneapolis: Fortress, 2012), Lectures on Pastoral Counseling, 307 ～ 321。對此書的介紹，可參鄧紹光：〈情慾與靈性的試探〉(一) 至 (六)，《基督教週報》第 2093 期，2004 年 10 月 3 日；第 2094 期，2004 年 10 月 10 日；第 2095 期，2004 年 10 月 17 日；第 2096 期，2004 年 10 月 24 日；第 2097 期，2004 年 10 月 31 日；第 2098 期，2004 年 11 月 7 日。
3. 英譯為 Dietrich Bonhoeffer, *Temptation*, trans. Kathleen Downham (London: SCM, 1955)，現分別收於 Bonhoeffer, *Theological Education Underground*, Bible Study on Temptation, Zingst, June 20 ～ 25, 1938, 386 ～ 415。
4. 筆者撰有〈潘霍華的宣講〉，《山道期刊》卷五第二期 (2002 年 11 月)，頁 51 ～ 65，亦收入本書第十三章。潘霍華對講道的審視，簡短的歷史描述可參 Geffrey B. Kelly and F. Burton Nelson, "Introduction: The Word of God in Sermon and Spiritual Ministry," in *A Testament to Freedom: The Essential Writings of Dietrich Bonhoeffer*, revised edition, ed. Geffrey B. Kelly and F. Burton Nelson (New York: HarperSanFrancisco, 1995), 175～177。

5. Kelly and Nelson, "Introduction," 175.
6. Dietrich Bonhoeffer, *Christ the Center*, trans. Edwin H. Robertson (San Francisco: Harper & Row, 1978)，現收於 Dietrich Bonhoeffer, Berlin: 1932～1933, trans. Douglas W. Stott, Isabel Best, and David Higgins (Minneapolis: Fortress, 2009), Lectures on Christology (Student Notes), 299～360；中譯：朋霍費爾：〈誰是今在與昔在的耶穌基督？〉，載朋霍費爾：《第一亞當與第二亞當》，王彤、朱雁冰譯（香港：道風書社，2001）。
7. Bonhoeffer, *Worldly Preaching*, 147.
8. Kelly and Nelson, "Introduction," 178.
9. Jay C. Rochelle, introduction to *Spiritual Care*, by Bonhoeffer, 7～29.
10. Rochelle, Notes to *Spiritual Care*, by Bonhoeffer, 79～89.
11. Gerhard Sauter, *Gateways to Dogmatics: Reasoning Theologically for the Life of the Church* (Grand Rapids: Eerdmans, 2003).
12. Sauter, *Gateways to Dogmatics*, 141.
13. Sauter, *Gateways to Dogmatics*, 144.
14. Sauter, *Gateways to Dogmatics*, 146.
15. 有關潘霍華對心理分析的看法，參 Rochelle, Notes to *Spiritual Care*, 81～83 n.15。另見 Clifford J. Green, "Two Bonhoeffers on Psychoanalysis," in *A Bonhoeffer Legacy: Essays in Understanding*, ed. A. J. Klassen (Grand Rapids: Eerdmans, 1981), 58～75。
16. Rochelle, introduction to *Spiritual Care*, 23.
17. 有關這方面的討論，請參關瑞文：〈在身分危機中重構「牧養關顧」——布朗寧的獻議〉、方文傑：〈與東農老師相遇——教牧關懷的更新〉，《山道期刊》卷六第二期（2003 年 11 月），頁 13～32、33～49。
18. Rochelle, introduction to *Spiritual Care*, 23.
19. 有關華人教會與傳統的關係，參賴品超：《邊緣上的神學反思：徘徊在大學、教會與社會之間》(香港：基督教文藝，2001)，第二章〈與傳統復和：探索華人神學的前路〉。

20. 關於兩書的屬靈操練意涵，可參鄧紹光：〈追隨與靜默——管窺潘霍華《追隨基督》與《團契生活》對上帝僕人生命的要求〉，《神學與生活》第24期(2001年)，頁151～161。另可參鄧紹光：〈僕人的素質：追隨與靜默〉，載《界限與倫理：潘霍華的倫理神學》，鄧紹光著(香港：香港浸信會神學院，2011)，頁113～124。

21. 這方面的經典作品可參 Thomas C. Oden, *Care of Souls in the Classic Tradition* (Philadelphia: Fortress, 1984)；另參 Ellen T. Charry, *By Renewing of Your Minds: The Pastoral Function of Christian Doctrine* (Oxford: Oxford University Press, 1997)。

22. Rochelle, introduction to *Spiritual Care*, 13.

23. Bonhoeffer, *Spiritual Care*, 30.

24. Bonhoeffer, *Spiritual Care*, 30.

25. Bonhoeffer, *Spiritual Care*, 30.

26. Bonhoeffer, *Worldly Preaching*, 140。有關潘霍華這方面的看法，參鄧紹光：〈潘霍華的宣講〉，頁58～62；此文亦收入本書第十三章。

27. Bonhoeffer, *Spiritual Care*, 30.

28. Bonhoeffer, *Spiritual Care*, 30.

29. Bonhoeffer, *Spiritual Care*, 30.

30. Bonhoeffer, *Spiritual Care*, 31.

31. Bonhoeffer, *Spiritual Care*, 31.

32. Bonhoeffer, *Spiritual Care*, 32.

33. Bonhoeffer, *Spiritual Care*, 32.

34. Bonhoeffer, *Spiritual Care*, 31.

35. Rochelle, introduction to *Spiritual Care*, 16.

36. Bonhoeffer, *Spiritual Care*, 32.

37. Rochelle, introduction to *Spiritual Care*, 23.

38. Bonhoeffer, *Spiritual Care*, 32.

39. Rochelle, introduction to *Spiritual Care*, 26.

40. Bonhoeffer, *Spiritual Care*, 31.
41. Bonhoeffer, *Spiritual Care*, 32.
42. Rochelle, introduction to *Spiritual Care*, 13 ~ 14.
43. Bonhoeffer, *Spiritual Care*, 32.
44. Bonhoeffer, *Spiritual Care*, 32.
45. Bonhoeffer, *Spiritual Care*, 33.
46. Bonhoeffer, *Spiritual Care*, 33.
47. Bonhoeffer, *Spiritual Care*, 35.
48. Bonhoeffer, *Spiritual Care*, 40.
49. Bonhoeffer, *Spiritual Care*, 34.
50. Bonhoeffer, *Spiritual Care*, 40.
51. Bonhoeffer, *Spiritual Care*, 53.
52. Bonhoeffer, *Spiritual Care*, 40 ~ 41.
53. Bonhoeffer, *Spiritual Care*, 35, 41.
54. Bonhoeffer, *Spiritual Care*, 41.
55. Bonhoeffer, *Spiritual Care*, 41.
56. Bonhoeffer, *Spiritual Care*, 41.
57. Bonhoeffer, *Spiritual Care*, 41.
58. Bonhoeffer, *Spiritual Care*, 41.
59. Bonhoeffer, *Spiritual Care*, 41.
60. Bonhoeffer, *Spiritual Care*, 41.
61. Bonhoeffer, *Spiritual Care*, 35, 41.
62. Bonhoeffer, *Spiritual Care*, 42.
63. Rochelle, Notes to *Spiritual Care*, 83 n.19.
64. Bonhoeffer, *Spiritual Care*, 42.
65. Bonhoeffer, *Spiritual Care*, 43。絕望與安全感同為不順服，潘霍華在《試探》(*Temptation*)一書有專節論述，可參本書第十七章：〈情慾與靈性的試探〉。
66. Bonhoeffer, *Spiritual Care*, 43。廉價恩典是潘霍華《追隨基督》(*Discipleship*)一書的主題。

67. Bonhoeffer, *Spiritual Care*, 43.
68. Bonhoeffer, *Spiritual Care*, 44.
69. Bonhoeffer, *Spiritual Care*, 43～44.
70. Bonhoeffer, *Spiritual Care*, 43.
71. Bonhoeffer, *Spiritual Care*, 44.
72. Bonhoeffer, *Spiritual Care*, 35, 36, 37, 38.
73. Bonhoeffer, *Spiritual Care*, 34.
74. Bonhoeffer, *Spiritual Care*, 44.
75. Rochelle, introduction to *Spiritual Care*, 12.
76. Rochelle, introduction to *Spiritual Care*, 12.
77. Rochelle, introduction to *Spiritual Care*, 16.
78. Rochelle, introduction to *Spiritual Care*, 17.
79. Bonhoeffer, *Spiritual Care*, 35.
80. 潘霍華在《團契生活》(*Life Together*)中有專節討論。
81. Bonhoeffer, *Spiritual Care*, 35.
82. Bonhoeffer, *Spiritual Care*, 35.
83. Bonhoeffer, *Spiritual Care*, 36.
84. Bonhoeffer, *Spiritual Care*, 36.
85. Bonhoeffer, *Spiritual Care*, 36.
86. Bonhoeffer, *Spiritual Care*, 36.
87. Bonhoeffer, *Spiritual Care*, 36.
88. Bonhoeffer, *Spiritual Care*, 36.
89. Bonhoeffer, *Spiritual Care*, 36.
90. Bonhoeffer, *Spiritual Care*, 36.
91. Bonhoeffer, *Spiritual Care*, 36～37；亦參葉敬德：〈教牧關顧下的輔導倫理〉，《山道期刊》卷六第二期(2003年11月)，頁87～101。
92. Bonhoeffer, *Spiritual Care*, 37.
93. Bonhoeffer, *Spiritual Care*, 37.
94. Bonhoeffer, *Spiritual Care*, 37.
95. Bonhoeffer, *Spiritual Care*, 37.

96. Bonhoeffer, *Spiritual Care*, 37 ～ 38.
97. Bonhoeffer, *Spiritual Care*, 39.
98. Bonhoeffer, *Spiritual Care*, 39.
99. Bonhoeffer, *Spiritual Care*, 38.
100. Bonhoeffer, *Spiritual Care*, 38.
101. Bonhoeffer, *Spiritual Care*, 40.
102. Bonhoeffer, *Spiritual Care*, 40.
103. Bonhoeffer, *Spiritual Care*, 40.
104. Bonhoeffer, *Spiritual Care*, 40.
105. Rochelle, introduction to *Spiritual Care*, 10.
106. Rochelle, introduction to *Spiritual Care*, 26.
107. Rochelle, introduction to *Spiritual Care*, 11.

15.

再思「靈性關顧」講課*

一

當代德國神學家潘霍華（Dietrich Bonhoeffer）有關牧養教會的講課，學界討論並不多見。潘霍華是一個牧者，但他這個身分，經常被學界忽略，自然地也容易忽略他這方面的講課與討論。潘霍華生前出版的著作只有五本，包括《聖徒相通》（*Sanctorum Communio*）、《行動與存有》（*Act and Being*）、《追隨基督》（*Discipleship*）、《團契生活》（*Life Together*）、《耶穌的祈禱書》（*Psalms: The Prayer Book of the Bible*），這些都先後翻成英文於上世紀出版。倒值得注意的是，他離世之後，除了《倫理學》（*Ethics*）、《獄中書簡》（*Letters and Papers from Prison*）被編輯並翻譯成英文出版之外，還有潘霍華在講道人神學院（the Preacher's Seminary）的講課：宣講學、[1]靈性關顧、[2]聖經查考[3]等，相繼被整理出來，譯成英文。

對於潘霍華有關牧養教會的教導，我們現在完全可以得益於

---

* 本文原以〈再思潘霍華的「靈性關顧」講課〉為題，刊於《山道期刊》卷十七第二期（2014 年 12 月），頁 69～84。承蒙香港浸信會神學院授權轉載。

他的全集的出版，無論是德語版的還是英語版的，都為讀者提供了全面的資料，以供研究。潘霍華英語版校勘本全集中的第十四卷與第十五卷，題目分別是：「在芬根瓦的神學教育：一九三五至一九三七年」(Theological Education at Finkenwalde: 1935 ～ 1937)、「地下的神學教育：一九三七至一九四〇年」(Theological Education Underground: 1937 ～ 1940)。這兩卷所收的通信、講課、講章，以及聖經查考，全都是他的神學教育的記錄，從中我們可以透過他的教學來了解他的神學教育理念，也可以就著課程來認識他對教會、對牧者的看法：教會的本性是甚麼？牧者應該如何牧養教會？[4]

這篇文章是再思潘霍華的「靈性關顧」(Spiritual Care)。一方面，「再思」是因為筆者之前曾經撰文〈潘霍華的靈性關顧〉；[5] 另一方面，是因為筆者前作並未把潘霍華這講課，置於他這段神學教育的時期(1935～1940 年)來思考。因此，這一章十分簡單，主要是把潘霍華於德國教會爭鬥(Church Struggle)時期建立芬根瓦神學院的目的作為背景，並連繫著他對芬根瓦神學院的羣體生活的反省，重新思考他這一時期的「靈性關顧」講課。

二

根據潘霍華英語版校勘本全集第十四卷附錄三，我們知道潘霍華曾在一九三五至一九三六年第二學季、一九三六年第三學季、一九三六至一九三七年第四學季、一九三七年第五學季，開設和講授「靈性關顧」這一課程。[6] 至於潘霍華德語版校勘本全集第十四卷，按其編輯之一杜祖司(Otto Dudzus)所言：「從一九三五年夏天起，潘霍華在為期半年的課程中，再三講授這套講章，直到一九三九至一九四〇年冬。各章順序經常調動，但內容範圍基本上維持不變；推測是囿於時間的緣故，偶有一段或數段省略，但省略的段落會在稍晚的筆記再度出現。改動最多的顯然是『悔罪的處理』，在一九三五至一九四〇年間，逐漸演變成潘霍華最後在《團契生活》中發表的形式。」[7]

由此可見，潘霍華應該是差不多每一學季均講授「靈性關顧」這課程，讓每一學季新入學的學生都可以修讀，這反映了潘霍華十分注重教會的牧養。當然，潘霍華也非常著重宣講，每一學季他都開設聖經研究與宣講學。這樣的課程設計，涉及潘霍華對神學教育的了解；在他那二十世紀三十年代的德國處境之中，更是別有意義，更深層次的理由在於這個時期的教會，應當怎樣持續被構成。

潘霍華的「靈性關顧」課程，現在留存下來的只有學生的筆記。潘霍華德語版校勘本全集第十四卷參考六份學生的筆記，而以顏森（Hans-Werner Jensen）的為準來作出重構。[8] 潘霍華英語版校勘本全集第十四卷收錄兩位學生的筆記，分別為一九三五至一九三六年及一九三六年所寫的，而第十五卷則收錄另外一位學生於一九三八年的筆記。本文將以德語版第十四卷「靈性關顧」的中文譯本：《牧養是場冒險》，作為引述的文本，必要時參照英語版第十四卷與第十五卷的學生筆記。

三

我們在這兩節首先講述潘霍華在希特勒（Adolf Hitler）民族社會主義工人黨上台執政期間，他主持地下神學院的神學教育理念、課程設計，從而理解他講授的「靈性關顧」的用心所在。由於筆者並非歷史專業訓練，更非研究「教會爭鬥」的專家，故此需要借助這方面研究有成的學者的成果，下面即根據潘霍華英語版校勘本全集第十四卷的編者柏克（H. Gaylon Barker）的引言作出鋪陳。[9]

眾所周知，潘霍華所主持的地下神學院，是由認信教會（Confessing Church）所設立的。認信教會的出現乃是為了抵抗「德意志基督徒」（German Christians），這是德國新教中的一個民族主義小組，擁抱納粹執政黨的種族式民族主義與反閃族主義，在希特勒掌權之後迅速地把新教教會納粹化。[10] 認信教會的出現表明了「教會爭鬥」，從某種角度來說，是一場教會與政治的爭鬥，但同時，就核心而言，這是一場神學的戰役。[11] 一九三四年認信教會正式在兩次全國性大會之中成立（一九三四年五月及十月），並於第一次大會之中通過及發出《巴門宣言》（Barmen Declaration），拒絕「德意志基督徒」這異端，於第二次大會中通過成立五所獨立的認信神學院（Confessing seminaries）。[12]

跟帝國教會（Reich Church）不一樣，《巴門宣言》及支持《巴門宣言》的教會認為教會「並不站在兩條支柱上面——部分地站在上帝的話語之上，部分地站在另外一些實在之上〔引按：指德國人民及其歷史、威權形式的國家、其領袖，以及日耳曼民族〕，而是**只**站在一塊石頭上面，就是上帝的話語」。[13] 這裏涉及的遠不是政治的爭鬥，而是神學的爭鬥，關乎教會的認信。

潘霍華由一九三三年開始，就已經涉及德國教會的發展，並且辨識教會所面對的威脅及其見證，在「真教會」（true church）與後來德國新教教會成為的「假教會」兩者之間作出分別。[14] 柏克在其編者引言中指出，早在一九三三年之前潘霍華的某些寫作之中，已經含有日後神學地回應教會爭鬥的基礎，例子之一就是一九三二年出版的論文〈關於基督教上帝的觀念〉（Concerning the Christian Idea of God）。[15] 潘霍華在這篇文章之中，引用路德對真假神學之區分，來區分以人的觀念為基礎所建立的神學，與以上帝自己的啟示為基礎所建立的神學。[16]

由路德的真假神學之區分，以至真假的上帝觀念之區分，涉及的是上帝在基督裏向我們啟示祂自己。而對上帝在基督裏啟示祂自己，教會應該如何回應？希特勒成為總理之前四個月，潘霍華在宗教改革主日宣講，呼籲新的宗教改革，這無疑是針對教會內在的軟弱：[17]「我們的教會只站在上帝的話語之上，只有上帝的話語使那些站穩的人可以面向正確的方向。教會在悔改中站立，教會讓上帝成為上帝，才是使徒和路德的教會。」[18] 柏克指出，這是潘霍華在一九三〇年代最早涉及德國真教會的宣講。[19]

潘霍華的神學信念使他看到在轉變的社會之中，教會內憂外患，裏外所面對的危險，涉及的是教會能否活出及見證上帝的話語，而這對教會來説是生死攸關的戰役，因此他認定這是教會認信的時刻，是更新和保全教會的時刻。[20] 對於潘霍華來説，芬根瓦的神學教育，是使教會將來得以保全和落實認信的其中一途。[21] 他認定達成這樣目的之最有效方式是形塑門徒，最重要的是塑造他們的信仰，然後才是為教會將來的領袖提供必需的工具來領導教會。[22]

四

潘霍華接受了認信教會的邀請，一九三五年春天從倫敦回到德國領導在芬根瓦成立的地下神學院，因為他深信神學問題將會終極地形塑教會的將來。[23] 一九三六年九月十六日他寫信給巴特（Karl Barth），講述了他對那個時期認信教會牧者所接受的神學教育的關心，可以看出當教會在政治議題上殫精竭慮，他的焦點則在於教會整體及其將來的領袖的神學健全：[24]

> 這些神學人需要完全不一樣的訓練，這種不一樣的訓練絕對應該包括羣體的神學院經歷。我們簡直不能想像來到神學院的大多數弟兄有多空洞，而實情是完全耗盡。空

> 洞同時指神學知識，而肯定地也指對聖經的熟悉，以及他們個人的生命〔……〕年青神學人今日嚴肅地向我們提問：我可以怎樣學習禱告？我可以怎樣閱讀聖經？如果我們在這些問題上不幫助他們，我們對他們就一無助益了。[25]

事實上，潘霍華出任芬根瓦地下神學院的帶領工作，是要建立一個可以為教會訓練將來領袖的羣體；這個羣體以祈禱與聖經為中心，由一個以福音為核心而設計的課程所塑造，[26] 因為他並不信任大學對牧者的訓練。潘霍華在一九三四年九月十一日的信件表示：

> 我不再信任大學；事實上我從來不曾真正信任它〔……〕今天，下一代的牧者應完全在教會修道院式的學校之中受訓，在那裏純正的教義、登山寶訓，以及崇拜都被嚴肅地看待，但這三樣事情在大學之中都全不是那回事，並且在今日的情境之下也是不可能的。同時，現在也是時候，跟我們用來支持國家行事的神學，作出最後的斷絕〔……〕「為那不能開口說話的發聲」——今日在教會內的可會仍然記得，至少這是聖經要求我們在這樣的時間這樣做？[27]

柏克認為這封信函反映了兩件事。首先是關於教會的更新與為教會訓練將來的領袖。潘霍華視他眼前的使命、任務，遠超過提供神學專業的服務，他乃是要培育將來的教會領袖，在信仰方面塑造他們。因此在學術上的神學學習之外，更包括祈禱、崇拜，以及直接與上帝的話語相遇。[28] 其次是關於教會的見證。潘霍華除了主持神學院，以訓練教會將來的領袖為己任之外，還幫助教會以上帝的話語為中心而作見證，並且在上帝的話語底下成長。[29] 事實上，這兩者都關乎同一議題：真教會，這是潘霍華在德國教會爭鬥時期念茲在茲的事情，並在芬根瓦踐現出來。

潘霍華德語版校勘本全集第十卷的主編之一杜祖司，對這封信件作出了註解，指出潘霍華在芬根瓦神學院所開設和講授的課程，是完全有別於國家機構的神學部門所提供的訓練。為了保全教會，並預備教會將來作見證，神學生必須同時與上帝的話語、與世界相遇：「我們不能離開世界而進入純正的教義與純正地解釋登山寶訓〔……〕這些年他那相當狹窄的神學焦點，不外是堅決地集中在福音的核心真理、集中在那些教會自身所緊急需要的更新。」[30] 杜祖司的註解指向了潘霍華建立芬根瓦神學院的使命、任務。在這段時期，潘霍華的書信與報告也重申了他的目的：「對於我來說，現在每樣事情都在於更新教會與更新牧養據點」，芬根瓦神學院被定義為另類的羣體、對抗異端的堡壘。[31]

潘霍華對地下神學院的課程設計，其神學根基至少始於教會爭鬥開始時期，這根基就是：教會只是由福音所塑造，並且只是宣講福音。如果教會及其信息包含了與福音別異的東西，教會就不再是教會，而只是崇拜一個她自己選擇的上帝而已。[32] 因此，潘霍華的課程，從教義學、聖經解釋到教牧關顧，都致力針對教會的信仰與見證的核心。[33] 神學院從開始到終結，在每次為期只有四至五個月的課程之中，[34] 一直開設以作門徒（discipleship）為主題的講課。[35] 這是核心課程，涉及的正是「真教會」的聖經解釋。此外，其他一切課程均與教會職事（ministry of the church）相關，包括教導教會事工所需要的聖經與信條根基。[36] 至於歷史、神學、教義的諸種議題，潘霍華無不藉此而反省教會的長久歷史。[37] 在牧養教會所需要的技能、工具上，潘霍華會教導學生如何預備堅振禮課程、探訪牧區的信徒，但這一切最終都落在宣講福音這核心上面，因此潘霍華十分重視在他的宣講學講課與他自己的講道大綱，強調基督的臨在。[38] 他花了特別可觀的時間來訓練學生這重要的宣講工作。[39] 在芬根瓦神學院的整整五個學季，潘霍華每一個學季都教授宣講學，[40] 可見他是多麼著重牧者宣講職事的踐行。毋庸置疑，潘霍華這樣的神學課程設計與實作，要達到的目的只在於：為將來的教會預備領袖，好建立真正的教會。

五

潘霍華在芬根瓦的神學院開設並講授「靈性關顧」的科目，除了第一個學季之外，其餘四個學季都沒有停止、中斷，讓每一個新進來的學生都可修讀。如果我們把潘霍華這個課程抽離他參與建立神學院的目的來認識，將會無法把握這個課程的設計用心所在。我們必須扣緊潘霍華念茲在茲的是「真教會」的建立，來了解芬根瓦神學院的課程設計，全都是針對未來教會牧者、領袖的塑造。循此而了解，那麼「靈性關顧」這一課程，就可以突顯出其獨特的意義了。

首先讓我們看看「靈性關顧」這一課程的名稱和課程大綱。課程的德文名稱為“Seelsorge”，翻成英文和中文分別為“care for the soul”和「對魂的關顧」。課程大綱，根據德語版第十四卷的中譯本，我們看到在十二講之中，有四講是十分特別的，分別是第一講「靈性關顧的使命」、第二講「靈性關顧中的律法和福音」、第八講「悔罪是靈性關顧的焦點」、第九講「對牧者的靈性關顧」。第三至七講、第十至十二講分別是「家庭探訪」、「與態度不在乎的人對談」、「對受試探者的靈性關顧」、「對病人的靈性關顧」、「臨終探訪」、「葬禮」、「婚禮」、「幼兒洗禮」。

課程名稱為甚麼叫「對魂的關顧」？關顧的對象「魂」，究竟是甚麼？如果連繫著潘霍華更新教會的心意進一步提問，則是：對魂的關顧跟建立真教會有甚麼關係？對於第一個問題，我們需要借助潘霍華另一本著作——《團契生活》(*Life Together*)——來予以疏解。對於第二個問題,「靈性關顧」課程的第一講、第二講,以及第八講,可以為我們提供解答。

值得注意的是,為甚麼潘霍華把第十講的「葬禮」、第十一講的「婚禮」、第十二講的「幼兒洗禮」,置於第八講的「悔罪是靈性關顧的焦點」之後?很有可能這最後三講的關顧是另一類別,都是不涉及第八講的「悔罪是靈性關顧的焦點」。不過,這樣的講課安排基本上是芬根瓦神學院在一九三五至一九三七年期間的模式,到了一九三七至一九四〇年期間,在非法、不穩定授課的處境中,潘霍華卻將「悔罪」置於「靈性關顧的使命」與「靈性關顧中的律法與福音」之後。[41] 然而,這卻表明了「悔罪」在靈性關顧之中具有十分重要甚至是關鍵的地方,正如一九三五至一九三七年期間課程第八講的標題所示:「悔罪是靈性關顧的焦點」。

另一值得注意的事情,就是這個「靈性關顧」課程的其中一講是「對牧者的靈性關顧」。為甚麼潘霍華會加插這一講在內呢?一般來說,「靈性關顧」的課程只涉及對信徒而非對牧者的關顧。要了解潘霍華的用心,就必須回到他在這個時期參與神學教育的目的,是為了裝備、塑造將來教會的牧者、領袖,能夠更新教會,使之成為真教會。事實上,潘霍華在其《團契生活》的適當地方,也討論牧者在牧養教會時要避免的錯誤舉動。[42] 因此,上述這些問題所指向的,都關乎潘霍華參與芬根瓦神學教育的目的。或者,從另一個角度來看,扣緊潘霍華投身芬根瓦神學教育的目的,可以幫助我們更明白「靈性關顧」的課程結構。

六

現在讓我們回到上一節提出的第一個和第二個問題:關顧的對

象「魂」，究竟是甚麼？對「魂」的關顧跟建立真教會有甚麼關係？我們都知道，蓋世太保在一九三七年十月中封閉了芬根瓦的神學院，然後潘霍華在同年十一月出版了《追隨基督》(〔*The Cost of*〕*Discipleship*)。一九三八年九月到十月又寫作《團契生活》，並於一九三九年出版。《團契生活》是潘霍華在神學院與神學生經歷過一段共同生活之後，對基督徒羣體(Christian community)的性質所作的神學反省。因此，我們需要留意的是此書的序言(中文譯本缺譯)，它論到對基督徒羣體之本性的探索，是交託給教會的使命，是整體教會當執行的責任。[43] 事實上，整本《團契生活》充滿了「基督徒羣體」這一字眼。

潘霍華在這書的第一章即以「羣體」(Community)為章題，開宗明義討論及澄清基督徒羣體是一個甚麼樣的羣體。在其中潘霍華這樣寫道：

> 由於基督徒羣體惟獨以耶穌基督為基礎，所以是靈裏的(spiritual〔pneumatische〕)，不是魂裏的(psychic〔psychische〕)實在。它和其他羣體的區別就是在這一點上。聖經所謂聖，是指聖靈所創的一切事，同時，使我們心裏承認耶穌基督為主與救主的，也是聖靈。至於魂(psychic or emotional〔seelisch〕)，則是指出於人的自然衝動、力量和稟性。[44]

首先需要澄清的是，潘霍華的講課名為“Seelsorge”(care of the soul)，跟《團契生活》之中上引一段文字的“seelisch”，都涉及了“Seele”一字，英文都可翻成“soul”，即中文翻譯的「魂」。但是，潘霍華並沒有就這一課程的名稱作出解釋，而潘霍華英語版校勘本全集第十四卷及十五卷，分別把這講課譯成“Pastoral Care”

及“Pastoral Counselling”，而在第十四卷的編輯腳註表示：「這裏的德文 Seelsorge，依據上文下理可以翻譯成“Pastoral Care”或“Pastoral Counselling”。」[45] 同樣根據第十四卷的編輯腳註，潘霍華很有可能是沿用傳統德國神學教育及實踐神學著作的用語。[46] 因此，我們並不能只是透過分析這個課程的名稱，來了解潘霍華在意的關顧對象是甚麼，而是要進入這個講課之中看看潘霍華如何講解這一牧養的職事，以及《團契生活》如何印證這種職事。

潘霍華在講述何以「靈性關顧」（在此我們沿用舊版的英譯與中文版的翻譯）會出現時，這樣寫道：

> 靈性關顧的職分之所以形成，是因為宣講職分面臨危機，人們不再聽進福音。〔……〕靈性關顧是要延續過去福音宣講的基礎，並引導人面對未來的福音宣講。[47]

> 〔……〕靈性關顧的惟一目的，乃是使人重新並正確地聆聽講道。〔……〕靈性關顧是要揭發罪惡，創造聆聽福音的人。[48]

潘霍華特別針對信徒各人個別的罪，來指出靈性關顧的重點所在：「罪的表現是非常具體的，它必須被省察，並且被點名指出。惟有被具體點名的鬼才會被趕出去。人如果活在未經省察又未被揭發的罪中，恩典的話語就無法對他宣講，也無法被他接受。」[49] 由此而可以明白何以講課之中闢有一講「悔罪是靈性關顧的焦點」。

對於潘霍華來説，這樣的靈性關顧，是「始於向人宣講，並帶領人回歸聆聽講道。它也防備更正教面臨的一項特別威脅，就是將『罪人稱義』轉變成『罪的稱義』」。[50] 一個「罪的稱義」的基督徒羣體是一個怎樣的羣體？潘霍華在芬根瓦的神學院所講授的作門徒課程，正是針對這一情況，後來成書的《追隨基督》第一章〈廉價恩典〉，就直指廉價恩典乃是將「罪人稱義」轉變成「罪的稱義」。[51] 這就可能危害基督徒羣體，使之從真教會異化而成假教會。那麼，一個「罪的稱義」的基督徒羣體，是一個怎樣的羣體？

這樣的羣體，對於潘霍華來説，就是一個「魂裏的羣體」（psychic community），而與「靈裏的羣體」（spiritual community）對立。這兩種羣體相應於兩種生命：「一切靈裏實在（pneumatic, spiritual reality）的根基是上帝在耶穌基督裏那種清晰而明確的話語。一切魂裏實在（psychic, emotional reality）的根基是人心那種模糊而混濁的追求和妄想。」[52] 牧養關顧，就是針對落在魂裏實在的信徒，預備他們、幫助他們可以聆聽而接受上帝的話語——福音，悔改獲得赦罪的恩典，從而成為在靈裏實在的信徒。

潘霍華在《團契生活》第一章花了許多篇幅，討論「靈裏的實在」跟「魂裏的實在」各別的意思，我們在這裏不擬仔細引述解釋，不過除了上面引述的兩句之外，在這裏也可以把潘霍華討論「靈裏的實在」與「魂裏的實在」的這一段之中可作補充的提出來：「前者將所有權柄、榮耀和統治歸給聖靈；後者則尋求和培植個人的勢力和影響。」[53] 這裏展示了兩種不同、互異的生命，一種是在基督裏靠著聖靈的生命，另一種則是自我中心的生命。就這樣的對比而言，在潘霍華英語校勘版的《團契生活》，編輯的腳註 12 和 14 為我們提供了重要的補充。腳註 12 指出：「『靈的』（spiritual, pneumatish）與『魂的』（psychic, psychische）的對比，是相應於保羅對『靈』（spirit, pneuma）與『肉體』（flesh, sarax）的分別。這裏潘霍華提出的議題是，一個由上帝的恩典和靈所生起的行動，怎樣才跟那對抗上帝與上帝秩序之自我中心的人的行動與理解有所對比。」[54] 腳註 14 則指出：「在保羅這脈絡底下，seelisch 具有『情緒的』（emotional）、『自我中心的』（self-centered），甚至『自我高舉』

（self-gratifying）的衝擊，而與『靈的』（spiritual, geistlich）愛〔……〕相反，靈裏的愛是來自一個人對耶穌基督的信。」[55]

如此一來，潘霍華關心的是：門徒生命是屬於聖靈的，抑或是屬於肉體的。因此，「靈性關顧」這門講課要教導的，是關顧基督徒羣體之中門徒的生命，從屬於肉體的生命轉變成為屬於聖靈的生命。所以，潘霍華在這課程雖然談及許多場合之中的關顧，例如家庭探訪、病人關顧、臨終探訪、葬禮、婚禮等不同場合，但是他講的只是「靈性的關顧」而非別的。這種靈性關顧的最終目的，是要讓那些落在魂裏實在的門徒，可以迎接福音，不再心硬，在上帝的恩典之中得到赦免，回轉過來。

需要注意的是，對於潘霍華來說，靈性關顧只是預備的工作，這是他再三強調的：「靈性關顧預備人來聆聽作為上帝誡命的律法，並且預備人來聆聽作為真實拯救與幫助的福音。」[56] 一方面，這句話重申靈性關顧是預備的工作，不能直接宣講上帝的話語，只是預備人聆聽上帝的話語：律法與福音。另一方面，這句話也表達了律法與福音才能真正拯救人，宣講律法是叫人認罪，宣講福音是叫人蒙赦免。[57] 從這一角度來看，我們才會明白為甚麼在這個講課之中，會有「靈性關顧中的律法和福音」和「悔罪是靈性關顧的焦點」這兩堂課，因為律法和福音使人悔罪、蒙赦免，回歸靈裏的實在。

七

本文以上的鋪陳，主要是要表明潘霍華在芬根瓦開設和講授的「靈性關顧」課程，是配合著他在這段德國教會爭鬥時期想要實踐的目的：為將來的教會裝備、塑造領袖，好能更新教會，使之成為真教會。早在潘霍華答應主持芬根瓦神學院之前，他已在希特勒上台前後，思考教會的本質乃在於聆聽並遵行上帝的話語，而非別的。因此，芬根瓦神學院課程的設計，全都指向「真教會」的建立，而「靈性關顧」也不例外。是以，若要恰當地解讀「靈性關顧」的課程，則必須置之於這段德國教會爭鬥時期潘霍華對教會的看法底下，方才可能。

不單如此，潘霍華在芬根瓦神學院遭到封閉之後，神學地反思這段時期的基督徒羣體生活，特別是他對「靈的羣體」與「魂的羣體」的區分，更有助於了解「靈性關顧」這課程的重心，乃是教導教會將來的牧者、領袖必須關顧那些落在魂裏實在的信徒，把他們從「罪的稱義」的陷溺之中，引導轉回「罪人稱義」，預備他們悔改，就是預備他們聆聽上帝的話語：律法和福音，認罪而蒙赦免。因此，從《團契生活》來回顧「靈性關顧」的課程，可以更明白這課程的設計，是要裝備神學生將來可以防止教會變成假教會——魂的羣體，把基督徒羣體中落入魂的實在的信徒引導轉回，而把教會建立成真教會。

最後，讓我們再一次引述潘霍華在「靈性關顧」第一講的開始與結束的教導。

> 靈性關顧的使命是大使命的一部分，為了要完成宣講的使命。[58]

> 〔……〕為了配合福音的使命，靈性關顧的惟一目的，乃是使人重新並正確聆聽講道。靈性關顧並不是要為關顧者帶來能力，建立他的品格，或是培育各種人才；靈性關顧是要揭發罪惡，創造聆聽福音的人。[59]

註釋

1. Clyde E. Fant, *Bonhoeffer: Worldly Preaching* (Nashville: Thomas Nelson, 1975)，現收於 Dietrich Bonhoeffer, *Theological Education at Finkenwalde: 1935 ～ 1937*, trans. Douglas W. Stott (Minneapolis: Fortress, 2013), Lectures on Homiletics, 487 ～ 535。
2. Dietrich Bonhoeffer, *Spiritual Care*, trans. Jay C. Rochelle (Philadelphia: Fortress, 1985)。本文跟隨這一英譯本的書名，把潘霍華的講課名稱譯為「靈性關顧」。
3. Dietrich Bonhoeffer, *Temptation*, trans. Kathleen Downham (London: SCM, 1955)；現收於 Dietrich Bonhoeffer, *Theological Education Underground: 1937 ～ 1940*, trans. Claudia D. Bergmann, Scott A. Moore, and Peter Frick (Minneapolis: Fortress, 2012), Bible Study on Temptation, Zingst, June 20 ～ 25, 1938, 386 ～ 415。
4. 筆者曾經就此作了十分初步的整理、反省，見〈潘霍華對教牧/牧養職事的看法〉，載《在華人教會處境中探尋教牧職事》，李耀全編（香港：香港中文大學崇基學院神學院，2008），頁 67 ～ 78。此文收入本書第十一章。
5. 鄧紹光：〈潘霍華的靈性關顧〉，《山道期刊》卷六第二期（2003 年 11 月），頁 72 ～ 86。此文收入本書第十四章。
6. Dietrich Bonhoeffer, *Theological Education at Finkenwalde: 1935 ～ 1937*, trans. Douglas W. Stott (Minneapolis: Fortress, 2013), 1027 ～ 1036.
7. 見潘霍華：《牧養是場冒險：靈性關顧 12 講》，莊郁馨譯（新北：校園，2013），扉頁。
8. 見潘霍華：《牧養是場冒險》，扉頁。
9. 另可參 H. Gaylon Barker, "Bonhoeffer and the Church Struggle," *Concordia Journal* 35, no. 4 (2009): 363 ～ 379；Victoria Barnett, *For the Soul of the People: Protestant against Hitler* (Oxford: Oxford University Press, 1992)；Matthew W. Hockenos, "The Church Struggle and the Confessing Church: An Introduction to Bonhoeffer's Context," *Studies in Christian-Jewish Relations* 2, no. 1 (2007): 1 ～ 20；Matthew W. Hockenos, *A Church Divided: German Protestants Confront the Nazi Past* (Bloomington: Indiana University Press,

2004)。

10. H. Gaylon Barker, editor's introduction to the English Edition, in *Theological Education at Finkenwalde: 1935 ~ 1937*, by Dietrich Bonhoeffer, trans. Douglas W. Stott (Minneapolis: Fortress, 2013), 6.
11. Barker, editor's introduction to the English Edition, 7.
12. Barker, editor's introduction to the English Edition, 8.
13. 引自 Barker, editor's introduction to the English Edition, 9。
14. Barker, editor's introduction to the English Edition, 10.
15. Barker, editor's introduction to the English Edition, 13.
16. Barker, editor's introduction to the English Edition, 13.
17. Barker, editor's introduction to the English Edition, 13 ~ 14.
18. 引自 Barker, editor's introduction to the English Edition, 14。
19. Barker, editor's introduction to the English Edition, 14.
20. Barker, editor's introduction to the English Edition, 15.
21. Barker, editor's introduction to the English Edition, 15.
22. Barker, editor's introduction to the English Edition, 15 ~ 16.
23. Barker, editor's introduction to the English Edition, 16.
24. Barker, editor's introduction to the English Edition, 16.
25. 引自 Barker, editor's introduction to the English Edition, 16。
26. Barker, editor's introduction to the English Edition, 17.
27. 引自 Barker, editor's introduction to the English Edition, 18。
28. Barker, editor's introduction to the English Edition, 18.
29. Barker, editor's introduction to the English Edition, 18.
30. 引自 Barker, editor's introduction to the English Edition, 18 n.54。
31. Barker, editor's introduction to the English Edition, 19.
32. Barker, editor's introduction to the English Edition, 27 ~ 28.
33. Barker, editor's introduction to the English Edition, 28.
34. Barker, editor's introduction to the English Edition, 19 n.57.
35. Barker, editor's introduction to the English Edition, 28.
36. Barker, editor's introduction to the English Edition, 28.

37. Barker, editor's introduction to the English Edition, 28.
38. Barker, editor's introduction to the English Edition, 29.
39. Barker, editor's introduction to the English Edition, 29.
40. Barker, editor's introduction to the English Edition, 29 n.87.
41. 見 Dietrich Bonhoeffer, *Theological Education Underground: 1937 ～ 1940*, trans. Claudia D. Bergmann, Scott A. Moore, and Peter Frick (Minneapolis: Fortress, 2012), 2/1a。
42. 如 Dietrich Bonhoeffer, *Life Together and Prayerbook of the Bible*, trans. Daniel W. Bloesch and James H. Burtness (Minneapolis: Fortress, 1996), 37 ～ 38。
43. Bonhoeffer, *Life Together*, 25.
44. Bonhoeffer, *Life Together*, 38；中譯參潘霍華：《團契生活》，新譯修訂版，鄧肇明譯，（香港：基督教文藝，1999），頁 19。
45. Bonhoeffer, *Theological Education at Finkenwalde*, 560 n.1.
46. Bonhoeffer, *Theological Education at Finkenwalde*, 560 n.3.
47. 潘霍華：《牧養是場冒險》，頁 22。
48. 潘霍華：《牧養是場冒險》，頁 25。
49. 潘霍華：《牧養是場冒險》，頁 23。
50. 潘霍華：《牧養是場冒險》，頁 24。
51. Dietrich Bonhoeffer, *Discipleship*, trans. Barbara Green and Reinhard Krauss (Minneapolis: Fortress, 2001), 44；中譯潘霍華：《追隨基督》，鄧肇明、古樂人譯（香港：道聲，2000），頁 12。
52. Bonhoeffer, *Life Together*, 39；《團契生活》，頁 19 ～ 20。
53. Bonhoeffer, *Life Together*, 40；《團契生活》，頁 20 ～ 21。
54. Bonhoeffer, *Life Together*, 35 n.12.
55. Bonhoeffer, *Life Together*, 39 n.14.
56. 潘霍華：《牧養是場冒險》，頁 29。
57. 潘霍華：《牧養是場冒險》，頁 50 ～ 51。
58. 潘霍華：《牧養是場冒險》，頁 20。
59. 潘霍華：《牧養是場冒險》，頁 25。

16.

牧養關顧是怎麼一回事*

一、關顧甚麼？

潘霍華（Dietrich Bonhoeffer）的《靈性關顧》一書，英名書名是 *Spiritual Care*，德文是 Seelsorge。這原來是潘霍華在芬根瓦德（Finkenwalde）神學院所講授為期半年的課程的講稿/筆記，自一九三五年夏天起至一九三九/一九四〇年冬為止。

我們首先要問的是，《靈性關顧》一書內所講的關顧對象，究竟是甚麼？如果準確來說，中文此書的翻譯名稱應為：《對靈性的關顧》，跟英文的講法相一致。這樣一來，關顧的對象就是靈性了。那麼我們應該怎樣了解這個「靈性」呢？

在潘霍華的著作裏，有《團契生活》（*Life Together*）這本書；在這本書之中，他反省了在芬根瓦德神學院生活的日子，重心即落在信徒的生活。在第一章他開宗明義即提出兩種羣體生活，而反映了兩種生命。「一切靈裏實在的根基是上帝在耶穌基督裏那種清晰而明確的話語。一切魂裏實在的根基是人心那種模糊而混濁的追求

---

* 本文原講於二〇一三年九月二十六日德慧文化舉辦的「教會的靈性牧養——從潘霍華的牧養關懷説起」講座。

和妄想。」[1]「靈裏的實在」英文是 pneumatic、spiritual reality,「魂裏的實在」英文則是 psychic、emotional reality。或者我們看看潘霍華自己怎樣講「靈」和「魂」。在上面所引述的文字之前,潘霍華這樣說:「聖經所謂靈,是指聖靈所創的一切事,同時,使我們心裏承認耶穌基督為主與救主的,也是聖靈。至於魂,則是指出於人的自然衝動、力量和稟性。」[2]

從上面所引述的,我們可以明白到,潘霍華關心的是:信徒的生命是屬於聖靈的,抑或是屬於肉體的。這是套用保羅的用語。因此,《靈性關顧》這本書要講的,是對屬於聖靈的生命的關顧,或是:關顧信徒的生命是否屬於聖靈,或是:關顧信徒的生命從屬於肉體的生命轉變成屬於聖靈的生命。所以,潘霍華這本書雖然談及牧者在很多場合之中的關顧,例如家庭探訪、病人關顧、臨終探訪、葬禮、婚禮等不同場合,但是他談的關顧卻只是「靈性的關顧」而非別的。因此,潘霍華才說:

> 如果我們是使傷心的人變得快樂、使膽怯的人變得剛強,我們的扶持只是杯水車薪。這種幫助是世俗的幫助,不是真正的幫助。不論是幫助人超越(或接受)傷心或膽怯等光景,我們都應當相信,上帝才是我們的幫助和我們的安慰。[3]

我們在這些說話之中,可以窺見對於潘霍華來說,靈性關懷不是甚麼。

二、為甚麼關顧?

為甚麼要踐行靈性關顧?這是目的的問題,也是原因的問題。

潘霍華清楚地指出：「靈性關顧的惟一目的，乃是使人重新並正確地聆聽講道。」[4] 這涉及了講道與關顧之間的關係。潘霍華在第一講靈性關顧的使命第一句話就這樣説：「靈性關顧的使命是大使命的一部分，為了要完成宣講的使命。」[5] 換句話説，宣講/講道要完成的使命，要藉著靈性關顧的幫助去完成。潘霍華毫不猶疑地表示：「靈性關顧的職分之所以形成，是因為宣講職分面臨危險，人們不再聽福音。」[6] 對這種情況，他進一步分開四點來解釋，指出靈性關顧是必要的：

一、因為未知、隱藏的罪，會使人的心對福音愈發抗拒；
二、因為隨著一次又一次的講道，這不悔改的心將愈發剛硬。頑劣的罪心仗恃「恩典」，造成《天主教教理》所說「得罪聖靈」的光景；
三、因為講道無法説出罪的具體名稱，因而無力驅趕罪惡；
四、因為信徒的傾吐是必要的，但這種傾吐在講道中無法發生。[7]

由此，潘霍華認為「靈性關顧和講道必須齊頭並進，讓一個人得以發現罪，並驅趕真實的罪。〔……〕它始於向人宣講，並帶領人回歸到聆聽講道。它也防備更正教面臨的一項特別威脅，就是將『罪人稱義』轉變成『罪的稱義』」。[8]

三、如何關顧？

首先，讓我們再次聽聽潘霍華對靈性關顧的了解：「靈性關顧預備人來聆聽作為上帝誡命的律法，並且預備人來聆聽作為真實拯救與幫助的福音。」[9] 這兩句説話一方面重申靈性關顧包括了「預備的」工作，不能直接宣講上帝的話語。靈性關顧包括了預備人聆聽上帝的話語：律法與福音。因此，這兩句説話另一方面表達了，律法與福音才能真正拯救人，宣講律法是叫人認罪，宣講福音是叫人蒙赦免。[10] 在這個看法底下，潘霍華指出我們對宣講與靈性關顧常有的錯誤看法：「大致上，人們一般期待從宣講和靈性關顧中獲得的，並非是信仰和拯救，而是在危難中的建議和幫助。然而，此風並不可長，因為這是在逃避福音〔……〕。」[11]

潘霍華寫道：「作為關懷職分的靈性關顧，是由建言導向誡命，由訴説困境導向認罪，由對談導向聆聽應許，也是由肢體間的扶持導向宣講。」[12] 這段文字可以概括了潘霍華對靈性關懷的看法。第一，關顧不只是宣講，關顧不只是宣講誡命讓人認罪，關顧也不只是宣講應許的福音讓人得著赦免的恩典。第二，關顧具有預備的作用、導向的作用；關顧預備、導向宣講。潘霍華十分強調「進入宣講之前，不可跳過前文所提的步驟」。[13]

因為關顧最終是導向宣講，所以關顧者要「讓被關顧者單單連結於基督的話語和聖靈。每當被關顧者想要依賴關顧者，關顧者必須堅定，卻不失憐憫地加以拒絕」。[14] 因此潘霍華否定「心理治療」導致依賴的方法，並強調關顧者與被關顧者保持距離，他指出：「靈性關顧的職責不是去宣告兩方不分彼此，而是去聆聽、去宣講福音。」[15] 我們能從心理學家身上學到的其實很少。[16]

潘霍華提醒我們「最好的靈性關顧者是愛基督的人，他所帶出的靈性關係是對上帝及人的純淨清澈之愛。他在意的不是自己的表現，因為成就一切的是基督。」[17] 並且，要默想十架，以及經歷它的試煉，以至聽到甚麼滔天大罪也不會受到驚嚇，因為沒有甚麼罪比基督已經帶上十架的「目中無神」來得嚴重。[18] 這是關顧者應有的質素與預備。

那麼，在實際情況之中，要如何具體進行靈性的關顧？我們可以嘗試勾畫出如下的次序：

首先，「讓被關顧者開口說話，找到他對上帝話語充耳不聞的關鍵點。為了這個目的，可以從與十誡相關的事開始詢問。」[19]

若被關顧者透露了具體的罪行，不要即時大談誡命，而「要找出某個點，至少讓被關顧者嘗試去改變『那些憑己意而造成的破壞性關係』」。[20]

最後，宣講誡命，使聽者被迫去面對第一誡（你不可有別的上帝）。這是承認自己犯罪，最終是得罪上帝。[21] 若一個人真心悔改，關顧者就以宣赦回應認罪。[22]

以上所勾畫的次序，都沒有甚麼操控的作用，因為潘霍華所講的靈性關顧是預備信徒的心，在上帝的誡命底下承認自己在日常生活中所犯的具體的罪，而領受隨之而來的赦免的恩典，而可以聆聽上帝的話語，作個全然順服的信徒。

註釋

1. Dietrich Bonhoeffer, *Life Together and Prayerbook of the Bible*, trans. Daniel W. Bloesch and James H. Burtness (Minneapolis: Fortress Press, 1996), 39；中譯：潘霍華：《團契生活》，新譯修訂版，鄧肇明譯（香港：基督教文藝，1999），頁 19～20。
2. Bonhoeffer, *Life Together and Prayerbook of the Bible*, 38；潘霍華：《團契生活》，頁 19。
3. 潘霍華：《牧養是場冒險：靈性關顧 12 講》，莊郁馨譯（新北：校園，2013），頁 21。
4. 潘霍華：《牧養是場冒險》，頁 25。
5. 潘霍華：《牧養是場冒險》，頁 20。
6. 潘霍華：《牧養是場冒險》，頁 22。
7. 潘霍華：《牧養是場冒險》，頁 24。
8. 潘霍華：《牧養是場冒險》，頁 24。
9. 潘霍華：《牧養是場冒險》，頁 29。

10. 潘霍華：《牧養是場冒險》，頁 50～51。
11. 潘霍華：《牧養是場冒險》，頁 28。
12. 潘霍華：《牧養是場冒險》，頁 33～34。
13. 潘霍華：《牧養是場冒險》，頁 34。
14. 潘霍華：《牧養是場冒險》，頁 36。
15. 潘霍華：《牧養是場冒險》，頁 39。
16. 潘霍華：《牧養是場冒險》，頁 39。
17. 潘霍華：《牧養是場冒險》，頁 39。
18. 潘霍華：《牧養是場冒險》，頁 40。
19. 潘霍華：《牧養是場冒險》，頁 45。
20. 潘霍華：《牧養是場冒險》，頁 46。
21. 潘霍華：《牧養是場冒險》，頁 48。
22. 潘霍華：《牧養是場冒險》，頁 50。

17.

情慾與靈性的試探*

一

一九三八年六月二十至二十五日，潘霍華（Dietrich Bonhoeffer）跟過去五屆參與芬根瓦（Finkenwalde）神學課程的學生一起退修，帶領他們每日查考聖經，主題就是試探，思考馬太福音六章 13 節上「不叫我們遇見試探」。昔日的講稿仍存，後經整理於一九五三年出版，英譯本也於一九五五年成書出版，現收於潘霍華英語版校勘本全集第十五卷之中。[1] 神學訓練並沒有可以叫牧者傳道練就金剛不壞的靈性，念神學之時我們要洞悉這一點，完成學習在教會牧養更要警醒免得落入迷惑。潘霍華對試探的聖經查考，固然有其自身面對納粹政權元首希特勒迷惑的背景，但也同時可以幫助我們思考、默想這個基督徒一生也要面對的問題。

---

* 本文曾以〈情慾與靈性的試探〉為題，分別刊於《基督教週報》第 2093 期，2004 年 10 月 3 日；第 2094 期，2004 年 10 月 10 日；第 2095 期，2004 年 10 月 17 日；第 2096 期，2004 年 10 月 24 日；第 2097 期，2004 年 10 月 31 日；第 2098 期，2004 年 11 月 7 日。蒙允採用並稍作修訂。

二

試探是甚麼？潘霍華沒有分別試探與試煉，説試探來自魔鬼，試煉來自上帝。對他來説，上帝也試探人，但那是上帝對人的懲罰，由撒但執行，[2] 針對的是人的罪，因為人是罪人。基督因為穿戴了罪身，故此受到上帝的攻擊，但因為在懲罰之中上帝發現基督順服，以致於死，所以平息了憤怒，上帝在此成了恩典的上帝，撒但則被打敗了。[3]

試探基本上就是攻擊。在試探中我們一切的力量都被奪走，並且反過來攻擊我們。聖經所講的試探並不是要測試一下我們的生命有多強，[4] 試探是要把我們生命中最強的轉過來攻擊我們。我們的生命愈強，我們就愈受到攻擊。撒但會奪去我們所有的力量，化為己用，攻擊我們。為甚麼會這樣子？道理很簡單，當我們有了力量，我們就倚靠自己，以為憑著自己的敬虔、良善，就可以面對並且勝過惡魔。我們因此以為試探乃是對我們生命的屬靈能耐的考驗，於是就愈加操練強化自己的能力。事實，愈是如此，我們愈是一無所有，因為我們已經愈來愈遠離上帝，逐漸落入離棄上帝又被上帝離棄的境地。我們沒有把自己全然交給上帝，卻自把自為、自以為是，結果一切的力量終將落入敵人手裏，成為攻擊、殺害我們的武器，這就是試探了。[5] 潘霍華指出，在基督徒的試探中，一個決定性的事實就是被遺棄，被他自己所有的力量遺棄，被一切人遺棄，被上帝自己遺棄，落入完全的黑暗之中，一無所有。「他獨自處身試探，在他身旁的是虛無。」[6] 虛無就是魔鬼、撒但，要吞滅一切上帝所創造的，使之成為無有。被棄絕的人如何可能面對邪惡的勢力？墮落的時刻已經臨到，誰能幫助我們脱離撒但的蹂躪、打垮？[7]

因此，我們並不需要試探來測試、證明我們的屬靈實力，相反，我們必須祈禱：「不叫我們遇見試探」(lead us not into temptation）。不叫我們陷進試探而不能翻身，呂振中的翻譯是「領我們不進入試誘」。然而，這並非表示我們可以完全避免試探，「不叫我們遇見試探」是表示我們不要主動去尋求試探以表明自己屬靈生命的強勁。試探，總是在我們不經意的情況突然臨到，沒有人可以預計而可避免。正因如此，就更要謹慎。試探，總是在一念之間而出現。一念之間，我們生命中的軟弱浮現出來、逐漸成形，甚至具體化成行動，陷進可怕的罪網之中，不能自拔。一念之間，我們生命中深層的慾望湧現而佔據我們整個生命，邪惡的意念一發不可收拾，把我們完全交付給撒但手中，任其擺佈。然而，試探雖然不能避免，可是我們卻可以避免陷進試探之中；慾望雖然不能避免，但是我們卻可以克制，靠著上帝的話語、耶穌基督的同在。

三

按照潘霍華的看法，試探可分為三種，一為肉身的，另一為靈性的，最後為全然的，這三者可以從耶穌基督在曠野遇見的試探而得知。這以下三節主要討論肉身方面的試探，靈性方面的試探包括屬靈的驕傲和絕望，兩者都犯了試探上帝的罪，將在第六至八節討論。至於全然的試探，是指撒但毫無遮掩，絕不假手於人，顯現於我們面前，以世上的一切權力與財富來換取我們的靈魂、對牠的敬拜、尊牠為大。若不能勝過這試探而墮落，我們就成了敵基督。可幸的是並非每個基督徒都會有這樣的經歷，這樣的試探是我們難以承受的。但話又說回來，我們若經歷過這樣的試探，又勝過了，那我們就勝過其餘一切的試探了。[8]

讓我們首先回到肉身所面對的試探。按照潘霍華的看法，肉身面對的試探乃是情慾（lust）。雅各書一章 14 至 15 節：「但各人被試探，乃是被自己的私慾牽引誘惑的。私慾既懷了胎，就生出罪來；罪既長成，就生出死來。」這涉及內在生命的問題。上帝不會把邪惡的念頭放在我們心裏，否則我們就弄不清上帝是否邪惡的、是否可以信靠的。在這一個意義上，雅各說上帝並不試探人，上帝不會被惡試探（雅一13）。上帝不會以邪惡的方式來試探我們、引誘我們犯罪，否則祂就是惡魔，祂的話就不可信。因此，試探是源於我們邪惡的慾念。這邪惡的慾念有正反兩面。正面是追求、渴想享樂，反面是逃避苦難。本來趨吉避凶乃人之常情，也是生存的本能反應，但當這一切帶來的後果是促使我們遠離上帝的話語，那就是邪惡的念頭在作祟了。[9] 這邪惡的慾念就成了我們的試探，引誘我們實際犯罪。邪惡的慾念會把世上美好的事物或苦難變成我們極之渴想佔有、獲取或遠離、逃避的東西，以致從中可以得到滿足。這個時候，邪惡的慾念是在製造試探，引誘我們犯罪。美好的事物或苦難本身不必然是邪惡的或誘人犯罪的，但我們內心的邪惡慾念卻可以把眼前所見的一切轉變成誘人犯罪的試探。這是犯罪的先決條件。[10]

事實上，慾念不一定使我們犯罪，問題是當慾念出現，要試探我們，勸誘我們隨從己意，背離上帝的話語：「上帝真的這樣說嗎？祂真的要禁止我們這樣做？抑或祂別有所指？」對上帝話語的懷疑就開啟了我們墮落的可能性。當我們捨棄上帝的話語，轉向慾念，把自己整個生命浸沉在慾念之中，與之結合，這就是雅各所說的「私慾懷了胎」。當私慾還沒有與我們的生命結合，還沒有完全滲透我們整個人，那麼私慾仍然只是個「它」。然而，當我們觸摸它，甚至抓緊它，我們就不能自拔地被私慾誘惑過去。這裏要注意的是，這是我們自己犯罪，是我們自己甘心情願地讓通身成了慾望的化身與踐現的場所。在這樣的情況底下，我們就得對自己所作的一切背負起責任，承受隨之而來的死亡，我們陷進情慾的試探、犯罪，結果就是隨情慾、慾念之燒盡而歸於虛無。生命之所以可能，只在於上帝的話語。可是，一旦我們以為背離上帝的話語、生命之道、永生之道，而可以在慾念之中找到豐富、燦爛、不枉此生的生命，那終必在黑暗、盲目的慾念中滅亡、灰飛煙滅。[11]

是以，主耶穌在客西馬尼園提醒門徒「總要警醒、禱告，免得入了迷惑」（太廿六 41），這迷惑就是試探。當偌大的黑暗要落在耶穌基督的身上，門徒最自然的反應就是逃避。在苦難將臨之時，最大的試探就是逃避，好能繼續存活，並享受地上的一切。親情友愛、良辰美景、飲食男女，都是不容易放棄的，也是引誘、迷惑、試探之所在。主耶穌說「總要警醒、禱告」，因為不能掉以輕心。

四

為甚麼慾念有一種似乎是難以抗拒的力量，要把我們拐誘成為其俘擄？潘霍華指出，關鍵是那被抑制的火焰已經燃點起來。星星之火可以燎原。慾念之火焰一旦燒著，我們整個肉身都在火中。慾火焚身，焚身以火。這是十分形象化的描述。不論我們的慾念是性的，或是野心，或是仇恨，或是愛火，或是權力，或是貪婪，或是虛榮，或是世界本身的美好，都沒有分別。只要慾念的火被燒著，我們就陷身其中，我們發現在當中才真實地享受到生命，找到滿足。上帝不再真實，因為上帝不能滿足我們這些慾望，我們只能在這個世界用世界的方式才可滿足這些慾望。我們逐漸遠離上帝，忘記上帝。潘霍華說得好：「撒但沒有讓我們憎恨上帝，而是叫我們忘卻上帝。」[12]

慾望、慾念一旦生起，若不制止、克制，反而擁抱慾望，那麼慾望就會蒙蔽我們的心思和意志，從而失去了分別和決斷的能力，慾望總是說：「現在我肉體所慾求的，真是罪嗎？」「這是特殊情況，我應該是例外的，真的不會讓我滿足這情慾嗎？」這是為自己找尋藉口好能滿足慾望，總是把自己視為例外的，總是把自己看為與別不同的。我們必須小心，沒有人可以是例外的，或是與別不同，[13] 否則，我們就是中了撒但的詭計。我們是在想盡一切理由去反對、否定上帝，我們認為上帝的話語不一定必然應用到我這個情況上面，上帝的話語總有別的解釋。這個時候，我們的心思、意志就被慾念主宰，成為反對上帝的能力，不再在上帝的話語底下順服。反過來，我們自己作主，叫上帝的話語服在自己的慾念底下，為自己的慾望服事。

這樣，我們生命中的身體、心思和意志等一切力量都不再服在上帝的話語底下，卻反過來成為破壞的力量。我們再沒有能力去駕馭這些力量，因為慾念、慾望主宰了我們身體、心思和意志的力量，我們的身體、心思和意志就成了慾念、慾望的工具，不斷追尋慾念、慾望的滿足。然而，慾念、慾望無窮，就像一個黑洞、深淵、無底深潭，永遠無法填平、填滿。結果，我們整個生命便成了慾念、慾望的俘擄，耗盡一切，卻仍然無法滿足。至終，慾念、慾望一旦脫離了上帝的話語而任其燃燒，則必然要把我們整個生命燃燒殆盡，化成灰燼，方才罷休。

五

肉身落在試探的時刻該怎麼辦？按聖經的教導，就是逃避：「你們要逃避淫行」（林前六 18）、「你們要逃避少年的私慾」（提後二 22）、「叫我們既脫離世上從情慾來的敗壞」（彼後一 4）。逃避情慾、慾望的試探，也就是不要以為自己屬靈道行高超，以身試法，把自己置身在險境之中。這只會帶來不幸。遠離、逃避，並非漫無目的。潘霍華說，我們要逃到可以得到保護和幫助的地方，我們要逃到那被釘死在十字架上的耶穌基督。[14] 只有耶穌的死亡才能成為我們的避難所，因為耶穌基督也經歷過肉身的試探，但卻藉著上帝的話語而勝過了。有分於耶穌基督的順服和死亡，我們就能治死肉身的情慾。只有背起耶穌基督的十字架，跟祂一起同被釘死，我們才能得救。

亞當在試探中失敗、墮落，但耶穌基督卻在試探中褫奪撒但的能力，使得一切肉身的試探在耶穌基督裏都會必然失敗。當然，一旦離開了耶穌基督，也就沒有可能靠著自己的能力戰勝撒但。這是因為耶穌基督穿上我們的肉身，經歷我們的試探，並且勝過了；今天，當我們穿上了耶穌基督那戰勝撒但的肉身，我們也就必然可以克制慾望，勝過試探。一切都在基督裏得到勝利。基督若沒有經歷試探，我們也就沒有指望，必然像亞當一樣，抵受不了引誘而墮落，成了情慾的俘擄。在基督裏，我們所遭遇的試探，都變成了基督的試探，這樣，我們就不再會陷入試探之中了。主耶穌教導門徒祈禱：「不叫我們陷進試探」，其更深層的意思乃是在祈禱中我們與耶穌基督聯合，祂是那位經歷過試探又勝過試探的主，只有靠著祂，我們才可以不會陷進試探。在與耶穌基督的聯合中，一切的試探都不再是我自己去面對，而是耶穌基督在我們中間去面對，祂擔當起我們一切的試探。「不叫我們陷進試探」並非空洞的祈禱，而是涉及我們跟耶穌基督的關係。每當遇見試探，我們會否這樣祈禱？每次這樣呼求，我們又會否敞開自己的生命讓耶穌基督成為我們的主，毫無保留地跟隨基督？這是一種交換。當我們願意把自己的生命交給基督，祂也就同樣把祂的生命交給我們，然後我們就可以以基督那受過試探又勝過試探的生命來抵擋情慾的攻擊和試探。[15]

門徒仍然會面對試探，沒有人可以完全避免情慾的攻擊。一念之間我們又會生起許多惡念，把眼前的一切都化成我們慾望所渴求、追逐的對象。一旦如此，我們就只當呼求「不叫我們陷進試探」，並且默想基督的試探，讓我們的試探成為基督的試探，讓我們心底裏難以遏止的慾念渴求，在基督裏被克制、勝過。希伯來書二章 18 節如此説：「他自己既然被試探而受苦，就能搭救被試探的人。」潘霍華這樣解説：「〔這經文〕真正的意思毋寧是：在試探中我真正的幫助，只在於祂的試探；有分祂的試探是我的試探的惟一幫助。」因此，我們不應思考、著眼於自己的試探，這只會更容易讓自己陷進試探之中，而當思考、默想耶穌基督的試探，讓祂的試探幫助我們。「祂的試探是我的幫助，因為只在那裏才有勝利和克服」。[16] 我們要逃避自己情慾的試探，逃到耶穌基督的試探那裏。這是惟一可以得救的方法，這是惟一處理情慾試探的出路。

六

靈性的試探是甚麼？這種試探的對象不再是肉體，而是人的靈（human spirit）。潘霍華以耶穌在曠野面對的第二個試探來説明這情況。撒但在這裏誘惑耶穌拿出可見確實的證據來證明自己上帝兒子的身分。這個試探其實是要叫耶穌不要單單只滿足於上帝的話語和應許，認為信還是不夠的。[17] 面對第一個試探，耶穌的回應是「靠上帝口裏所出的一切話」，但撒但繼續挑戰他，單是信上帝的話是不夠的；既然上帝如此應許，那為何不證明一下祂的話語是信實的，這就有個確實的把握，要不然我們怎麼知道上帝是信實的，因此，單單是信是不夠的。

靈性的試探是試探上帝的話語、上帝的應許是否信實的，要求有證明、確據，這就指向上帝的本性。當我們想要在上帝的話語和拯救的應許之外求取額外的證據，那我們就是要求上帝額外證明祂是信實的、祂是真理、祂是愛，結果我們把不信實、虛謊和缺乏愛等歸諸於上帝身上。[18] 可不是嗎？要證明就表示有懷疑：我怎麼知道你是信實的、我怎麼知道你是真理、我怎麼知道你是愛？這是不信，不信上帝是信實的，不信上帝是真理，不信上帝是愛。最終就是不信上帝。

耶穌的回答是：「不可試探主——你的上帝。」一切的試探都為了要打擊我們對拯救的相信，這就必然引致陷進試探上帝的危險當中。[19] 在試探上帝的罪中，潘霍華指出兩種表現，一是靈性的驕傲（spiritual pride, *securitas*），另一是絕望（*desperatio*）。這兩種罪實際上都只是一種罪，就是試探上帝的罪。

七

這裏所講的靈性的驕傲跟平常所了解的有些分別。平常所講的大抵是以為自己靈性很高，看不起靈性軟弱的弟兄姊妹。但這裏所講的是另一回事。潘霍華在這裏用的拉丁文是 *securitas*，英文就是 security，意即安全感。我們可能會奇怪，靈性的驕傲跟安全感有甚麼關係？潘霍華的銳見在這裏充分表現出來。他指出撒但的試探是蒙騙我們不要對上帝的律法和咒詛那麼緊張，無須過度重視。[20] 為甚麼呢？撒但會說，上帝豈不是恩典的上帝嗎？祂口裏發出的都是恩言。撒但「把上帝的恩言在手裏把玩，向我們耳語：上帝乃恩典的上帝，祂不會認真對待罪。」[21] 撒但的詭計就是訴諸上帝的恩典，好讓我們不要害怕上帝對罪的懲罰，於是喚起了我們犯罪的意識、渴求和衝動，上帝的恩典總在那裏，赦免總是會臨到我們身上的。也許上帝的懲罰會臨到其他人身上，但絕不是我，我們已經領受了恩典，在上帝面前享有特權，[22] 犯罪又何用驚怕。

很明顯，這是濫用上帝的恩典，像猶大書 4 節所言：「將我們上帝的恩變作放縱情慾的機會」。我們倒是反過來問：「公義的上帝在哪裏呢？」（瑪二 17）「如今我們稱狂傲的人為有福，並且行惡的人得建立；他們雖然試探上帝，卻得脱離災難。」（瑪三 15）這種説話帶來的後果就是不再在上帝面前謹慎言行，不再在禱告裏面操練順服，不再對上帝的話語感興趣，卻是不斷犯罪，讓罪把自己的心靈愈來愈變得剛硬，[23] 到最後有恃無恐，以為絕對安全，無論犯上甚麼罪行，都必然得到上帝的赦免。

人到了這個地步，他不再會悔改，不再會順服，他把上帝變成偶像。[24] 他以為上帝只是恩典的上帝而不是審判的上帝，他不信上帝是審判的上帝，他因此把上帝變成偶像，一個滿足他自己需要的偶像。在這裏，他否定上帝的律法。上帝的律法又如何？如果上帝是審判的上帝，那從何得見呢？我犯罪上帝也不會懲罰。我犯罪就是否定律法，但上帝有恩典，所以觸犯律法又如何？律法是沒有意思的。如果上帝真那麼重視律法，那祂就該懲罰我、咒詛我，以證明祂是審判的上帝。如果我們真是這樣，我們就在試探上帝，我們不把上帝的話語當真，我們要求上帝額外給予證據來證明祂的話語是真的。

八

靈性驕傲的試探是不信上帝律法的話語，而妄自尊大，任意犯罪。這是有意試探上帝的作為。絕望的試探則是不信上帝的恩典和應許，[25] 要求更多的確據方才安心。潘霍華指出，撒但以這種方式搶奪了信徒在上帝話語之中所享受到的一切喜樂，不再經歷上帝乃良善美好的上帝，取而代之的，卻是心靈充滿了恐懼，無日無之，揮之不去。[26] 許久以前早已忘記的罪突然在我們面前湧現，指控我們的不是，恍如就是今天發生的事情。對上帝話語的對抗、不願意順服上帝，成了重大的壓力、負擔，讓我們對將來失去信心，整個心靈就落在徹底的絕望之中。[27]「過去上帝不曾與我同在，現在上帝也沒有與我同在，將來上帝也永遠不會寬恕我；因為我的罪極大，以致絕不可能被寬恕。」[28] 這表面看來很謙卑，承認自己是個罪人，可是實質卻是對上帝恩言的不信任。「現在人要求經歷，要求證據證明上帝的恩典。否則，在絕望中他將不再傾聽上帝的話語。」[29]

撒但的工作就是要求我們提出證據、記號，表明我們是聖人，而上帝在基督裏的應許並不足夠。[30] 於是，要不然我們因絕望而自毀、自殺，像掃羅和猶大，或是努力創造記號，證明自己是聖人，如禁慾苦行，希望表明上帝並沒有放棄我們。但問題的關鍵乃是，為甚麼上帝在基督裏的應許也不足夠？我們究竟對上帝的信靠要以甚麼為基礎？難道上帝自己的兒子耶穌基督死在十字架上拯救我們的應許還不夠確實嗎？

面對撒但這樣的試探，我們該怎樣辦？撒但以上帝的律法來攻擊在基督裏的話語，上帝的律法成了控訴我們的工具，我們得不到安慰，應當如何是好？潘霍華指出，首先，我們要認識到這是撒但在玩弄上帝的話語。[31] 撒但斷章取義地使用上帝的話語來攻擊我們，使得我們若不是只看恩典而忽略律法，就是重視律法而輕看恩典，結果都是背叛不信上帝。其次，我們千萬不要與撒但辯論我們的罪，我們只應與耶穌講及自己的罪。[32] 因為撒但只會以我們的罪攻擊我們，叫我們不再相信上帝的恩典。但基督卻會寬恕我們，只要我們真的悔改，恩典就臨到。第三，我們當義正詞嚴地告訴撒但，耶穌呼召的是罪人而非義人，我們寧願是罪人而與耶穌同在，也不願意是義人而與撒但同在。[33] 別讓撒但對義的要求蒙騙了我們，牠對義的要求只會引誘我們離開上帝的恩典。第四，我們應當了解明白這樣的罪比其他的罪更大，上帝對我們的咒詛、懲罰，目的是要光照黑暗，讓我們知罪，祂要藉懲罰來喚醒我們：

一、明白自己忘記恩情：要記得上帝至今為止在我們身上所施予的恩典（詩五十 23），不可忘記上帝的恩情。
二、我們現在的不順服並不能以苦行贖罪，只有上帝的恩典才能幫助我們，別讓罪成了撒但入侵我們心靈的通道。
三、最後，要了解我們的絕望是把罪抬得過高了：彷彿我們的罪對上帝來說太大了，彷彿基督只為小罪受苦而非為整個世界的罪（真實而極大的罪）受苦，彷彿上帝不想在我身上成就大事，彷彿祂沒有讓我預備承受天國。[34]

第五，我們應感謝上帝對自己的審判：他讓我看見祂的心腸和愛。第六，我必須承認我是被撒但推動教唆跑去試探十字架上的基督。然而，十字架上的呼喊正是上帝的審判，亦是上帝的和好。審判把一切都除去，使我們變得一無所有，但正是在一無所有之中，我們才能聽到上帝的話語：「我的恩典夠你用的，因為我的能力是在人的軟弱上顯得完全。」（林後十二 9）[35] 最後，在感激勝過試探之餘，我們同時要認識到：「沒有試探」比任何試探更可怕。[36] 因為沒有試探，我們就更容易忘記上帝。

九

對潘霍華來說，上帝的話語有兩種功能，一是審判，二是赦免。前者是律法，讓我們知罪；後者是福音、恩典，叫我們能在知罪後得赦免，脫離罪的捆綁。律法與恩典攜手並進，不相分離。面對試探，惟一的方法是回到上帝的話語，可是，我們千萬別只看重、著重其中一面，而忽略另一面，否則就讓撒但有機可乘，結果叫我們仍然陷在靈性的罪網中，繼續試探上帝的律法或是上帝的恩典。

註釋

1. Dietrich Bonhoeffer, *Temptation*, trans. Kathleen Downham (London: SCM, 1955)；Dietrich Bonhoeffer, *Creation and Fall. Temptation: Two Biblical Studies*, trans. John C. Fletcher and Kathleen Downham (New York: Macmillan, 1959)；潘霍華英語版校勘本全集第十五卷為 Dietrich Bonhoeffer, *Theological Education Underground: 1937 ~ 1940*, trans. Claudia D. Bergmann, Scott A. Moore, and Peter Frick (Minneapolis: Fortress, 2012), Bible Study on Temptation, Zingst, June 20 ~ 25, 1938, 386 ~ 415，有關這次聖經查考的背景，參頁 386 編輯腳註 1。
2. Bonhoeffer, *Creation and Fall. Temptation*, 114.
3. Bonhoeffer, *Creation and Fall. Temptation*, 114.
4. Bonhoeffer, *Creation and Fall. Temptation*, 97.
5. Bonhoeffer, *Creation and Fall. Temptation*, 98.
6. Bonhoeffer, *Creation and Fall. Temptation*, 98.
7. Bonhoeffer, *Creation and Fall. Temptation*, 98.
8. Bonhoeffer, *Creation and Fall. Temptation*, 126.
9. Bonhoeffer, *Creation and Fall. Temptation*, 111.
10. Bonhoeffer, *Creation and Fall. Temptation*, 111.
11. Bonhoeffer, *Creation and Fall. Temptation*, 111.
12. Bonhoeffer, *Creation and Fall. Temptation*, 116 ~ 117.
13. Bonhoeffer, *Creation and Fall. Temptation*, 117.
14. Bonhoeffer, *Creation and Fall. Temptation*, 118.
15. Bonhoeffer, *Creation and Fall. Temptation*, 107.
16. Bonhoeffer, *Creation and Fall. Temptation*, 108.
17. Bonhoeffer, *Creation and Fall. Temptation*, 123.
18. Bonhoeffer, *Creation and Fall. Temptation*, 123.
19. Bonhoeffer, *Creation and Fall. Temptation*, 123.
20. Bonhoeffer, *Creation and Fall. Temptation*, 123.
21. Bonhoeffer, *Creation and Fall. Temptation*, 123.
22. Bonhoeffer, *Creation and Fall. Temptation*, 123.

23. Bonhoeffer, *Creation and Fall. Temptation*, 124.
24. Bonhoeffer, *Creation and Fall. Temptation*, 124.
25. Bonhoeffer, *Creation and Fall. Temptation*, 124.
26. Bonhoeffer, *Creation and Fall. Temptation*, 124.
27. Bonhoeffer, *Creation and Fall. Temptation*, 124.
28. Bonhoeffer, *Creation and Fall. Temptation*, 124.
29. Bonhoeffer, *Creation and Fall. Temptation*, 124.
30. Bonhoeffer, *Creation and Fall. Temptation*, 125.
31. Bonhoeffer, *Creation and Fall. Temptation*, 125.
32. Bonhoeffer, *Creation and Fall. Temptation*, 125.
33. Bonhoeffer, *Creation and Fall. Temptation*, 125.
34. Bonhoeffer, *Creation and Fall. Temptation*, 125～126.
35. Bonhoeffer, *Creation and Fall. Temptation*, 126.
36. Bonhoeffer, *Creation and Fall. Temptation*, 126.

18.

婚姻，是哪一種秩序？與教會何干？*

就筆者有限的神學知識，能夠擺脱以「創造性秩序」(orders of creation)的框架來討論婚姻，當代德國神學家潘霍華(Dietrich Bonhoeffer)是叫人眼前一亮的。身為信義宗傳統的神學家，潘霍華繼承宗教改革的「唯獨基督」的信仰，以克服「創造性秩序」這一教義的危險，這危險就是傾向絕對化了受造的秩序，而在潘霍華昔日的德國納粹政權的處境，這尤其指到國家(state)與文化。事實上，昔日的德國納粹利用「創造性秩序」這一教義，來赢取教會對她的同情、支持，以至效忠。

潘霍華一九三一年開始在柏林大學以編外講師(Privatdozent，不受薪的教學職位)的身分開課。一九三二/三三冬季學期他講授「創世與罪」(Creation and Sin)的課程。那時希特勒(Adolf Hitler)還沒有當選德國總理。潘霍華在這個解釋創世記一至三章的課程之中，採取了基督論式的解釋(Christological interpretation)進路。這特別可見於潘霍華在解釋創世記三章 21 節時，論辯必須要從在基督裏的救贖來解釋「創造性秩序」，他這樣寫道：

---

* 本文原刊於《時代論壇》1396 期(2014 年 6 月 1 日)，頁 10。

> 我們這個墮落世界的一切秩序都是上帝針對基督的維護性秩序（引按：即 orders of preservation，或譯：護佑性秩序），並非創造性秩序，而是維護性秩序，它們自身之內並沒有價值，只有通過基督才有成效，才有意義。上帝對人所採取的新的行動是，祂使人生活在他們墮落的世界裏，生活在他們墮落的秩序之下一直到死亡——一直到復活，一直到新的創造，一直到基督。[1]

這樣一來，信義宗傳統所置定於創造性秩序之內的婚姻、工作、政府，變成只屬於護佑性秩序，並無任何內在價值，但上帝卻使用這些秩序來維護墮落的世界，好限制其持續崩壞以至全然毀滅，直到耶穌基督所圓成的新創造為止。換句話説，一切的護佑性秩序，從潘霍華的角度來看，只是過渡的、消極的、限制的，而為終末將來的圓滿新的創造所徹底更新、轉化，或是揚棄。

由此，婚姻、工作、政府這些秩序是處於創造與終末之間的，而為護佑性秩序。對於這些護佑性秩序，潘霍華雖然從基督論的角度去審視它們，但是並不表示耶穌基督要全然否定、廢棄它們，只是要到終末時才全然拯救它們。這全然的拯救，就是上文所講的徹底更新、轉化，或揚棄，亦即在基督裏成了新的創造。在墮落世界之中的婚姻、工作、政府，並非永遠存在，也沒有永恆價值，它們將來終要在基督裏成為新的創造。

後來到了潘霍華於一九四〇年開始撰寫的《倫理學》（*Ethics*），「護佑性秩序」再度被放棄，不再使用。因為這個用語被某些維護、支持現狀的人，收編用來合理化他們的既得利益，不去改變更新他們感到安舒的現狀。於是，潘霍華轉而採用了「神聖的委托」（divine mandate）這講法，而不是神聖的規定（divine orders），他自己這樣寫道：

> 我們講上帝的委托，不講上帝的規定，因為這樣可以更加突出其為神聖所施加的任務，而不是規定了的存有／本性的形式（determinate forms of being）。[2]

潘霍華一如其在「創世與罪」的課程所採取的立場，沒有否定四個領域：工作、婚姻、政府、教會，但是卻沒有給予它們任何的終極性（ultimacy），而只具有次終極（pen-ultimate）的價值。

如果這四重委托（不能分割而是共在互為的統一）自身沒有任何終極性，那麼應該怎樣去恰當地安置它們的位置？潘霍華認為「言説世界而不言説基督是純粹抽象的」，[3] 這也就是説，要通過耶穌基督來定位這四重神聖委托，他説得十分清楚：

> 這些委托之為神聖的，只因為它們由起初到最後，都關連著基督。離開了這關連，「在其本身」，它們就不是神聖的，正如世界「在其本身」不是神聖的。[4]

潘霍華跟著就舉工作為例，寫道：「工作『在其本身』不是神聖的，但是為了耶穌基督的緣故，為了神聖的任務與目標的緣故，工作是神聖的。〔……〕其他的委托也是如此。」[5] 仿此，我們可以寫道：「婚姻『在其本身』不是神聖的，但是為了耶穌基督的緣故，為了神聖的任務與目標的緣故，婚姻是神聖的。」

對於潘霍華來説，只有通過神聖的委托，工作、婚姻、政府、教會才會獲得相對的正當性（relative justification）。並且，任何具體的錯失都不能廢棄現存的委托，但卻需要被糾正、回過頭來真正負起神聖所交託的任務的責任，就是以這些委托在耶穌基督裏的起源、存在與目標為導向。[6] 由此而言，婚姻作為四重委托的其中一重，就不能時刻抽離耶穌基督而可以了解其自身、決定其方向、完成其責任。簡單來說，婚姻是由耶穌基督來規範、指引、軌約的。

那麼，婚姻與教會何干？潘霍華在《倫理學》之中特別指出，在上帝的四重委托之中，就只有教會被賦予這樣的使命，就是「讓耶穌基督的實在（the reality of Jesus Christ）在宣講、教會秩序／規矩（church order）、基督徒的生活之中，成為真實——一言以蔽之，這是涉及整個世界的永恆拯救」。[7] 如果把這四重神聖委托中的頭三重，跟最後一重分割開來，那就會使得這頭三重的神聖委托脫離耶穌基督的規範、指引、軌約，而誤以為可以獨自實現其自己。

潘霍華固然強調四重神聖委托不能互相分離，但他也特別表明，教會給予世界的見證是：這四重委托的目的，乃是為要使得那站在上帝面前的人，在實在上乃是整全的人類。這整全，不是出於人類自己，而是在於耶穌基督：

> 肯定地，之所以這樣發生，只能是人透過耶穌基督而把自己安置於上帝成人這已完成的實在面前、安置於上帝在耶穌基督的馬槽、十字架，以及復活之中與之復和的世界的實在面前。[8]

教會的委托乃是要進入所有其他的委托之中，教會的委托乃是擁抱處身於其他委托之中的所有人，[9] 目的是要把處身其他委托之中的人，置於教會所看見、所發現的那在耶穌基督裏所啟示出來的實在。[10] 因此，潘霍華寫道：

> 在此，每一事物最終匯聚至耶穌基督的身體的實在，在其中上帝與人成為一。[11]

這裏所講的基督的身體，指的是教會一羣體。上帝與人的合一，首先見於基督的身體——教會一羣體，教會一羣體的信徒就要透過自己的話語與生命/生活，讓世界知道在基督的身體裏所有人都被接受、包涵與承擔，她要呼喚世界進入基督身體的羣體之中。[12]

從以上的討論來看，婚姻作為神聖的委托，必須為教會這神聖委托所介入、滲透。教會這一神聖委托是以其宣講、教會秩序/規矩、基督徒生活，即以其話語與生命/生活，來讓耶穌基督那叫人與上帝和好的實在，成為可見的，而置於婚姻的神聖委托面前，從而使婚姻的神聖委托可以按照耶穌心意而踐現。是以，就潘霍華的神學來説，婚姻並非創造性秩序，而是護佑性秩序，或是上帝的/神聖的委托，並不能離開耶穌基督而可踐現上帝所賦予的任務和目標，也不能離開耶穌基督的身體——教會一羣體，而可踐現上帝所賦予的任務和目標。一言以蔽之，若不能恰當地踐行教會這神聖委托，也不能恰當地踐行婚姻這神聖委托。

註釋

1. Dietrich Bonhoeffer, *Creation and Fall: A Theological Exposition of Genesis 1 ~ 3*, trans. Douglas Stephen Bax (Minneapolis: Fortress Press, 1997), 140；中譯：朋霍費爾：〈創世與墮落〉，載朋霍費爾：《第一亞當與第二亞當》，王彤、朱雁冰譯（香港：道風書社，2001），頁 196。
2. Dietrich Bonhoeffer, *Ethics*, trans. Reinhard Krauss, Charles C. West, and Douglas W. Stott (Minneapolis: Fortress, 2005), 68 ~ 69；中譯：朋霍費爾：《倫理學：基督教思想學術文庫》，胡其鼎譯（香港：道風書社，2000），頁 176。
3. Bonhoeffer, *Ethics*, 68；朋霍費爾：《倫理學》，頁 176。
4. Bonhoeffer, *Ethics*, 69；朋霍費爾：《倫理學》，頁 176。

5. Bonhoeffer, *Ethics*, 69；朋霍費爾：《倫理學》，頁 176。
6. Bonhoeffer, *Ethics*, 70；朋霍費爾：《倫理學》，頁 177。
7. Bonhoeffer, *Ethics*, 73；朋霍費爾：《倫理學》，頁 179。
8. Bonhoeffer, *Ethics*, 73；朋霍費爾：《倫理學》，頁 179 ～ 180。
9. Bonhoeffer, *Ethics*, 73；朋霍費爾：《倫理學》，頁 179。
10. Bonhoeffer, *Ethics*, 73 ～ 74；朋霍費爾：《倫理學》，頁 180。
11. Bonhoeffer, *Ethics*, 74；朋霍費爾：《倫理學》，頁 180。
12. Bonhoeffer, *Ethics*, 67；朋霍費爾：《倫理學》，頁 175。

19.

家庭，哪一種羣體？怎麼樣的愛？*

引言

當代德國神學家潘霍華（Dietrich Bonhoeffer）早在其博士論文《聖徒相通：對教會社會學的神學探究》（*Sanctorum Communio: A Theological Study of the Sociology of the Church*, 1927），就關心社羣/羣體的本性或結構，他並且開宗明義地表示他的出發點是神學的，而不是社會學的或社會學哲學的。這從其博士論文之副題可以清楚窺見。

潘霍華這本開山之作，雖然花了一半篇幅來探討他稱之為「聖徒相通」的教會一羣體（church-community），但是在此（第五章）之前，他分別在第三章討論「原初狀態與羣體的難題」（The Primal State and the Problem of Community），第四章討論「罪與破裂的羣體」（Sin and Broken Community），顯明了他關注的羣體並不只是聖徒相通的教會一羣體，更關心在此之前的原先被造的羣體、墮落之後的破裂羣體，以及這三種形態的羣體之間的關係。這涉及了知

---

* 本文原分別刊於《時代論壇》1399 期（2014 年 6 月 22 日），頁 10 及 1400 期（2014 年 6 月 29 日），頁 10。

識論的問題。

不能抽離地理解原初狀態

潘霍華在《聖徒相通》第三章開首時立即指出，「就整個神學自身的邏輯來説，原初狀態的教義是跟終末論一道的。每一方面可以有助於理解掌握原初狀態，都是經由啟示而被透露告知的」。[1] 透過耶穌基督的啟示——這啟示乃復和的啟示，其結果就是教會一羣體——因而終末可以被預先知道，並且原初狀態也可以被掌握，並且由原初的狀態進而可以言原初的羣體（original community）。這是一個神學知識論或方法論的考慮。潘霍華寫得很清楚：

> 如果在基督裏的啟示，是言説上帝的意向（will）：從亞當的舊人類／舊人性（old humanity）之中，創造基督的新人類／新人性，即教會，那麼跟著下來就是，我們就要把那與上帝無破裂，以及與人類無破裂的羣體，投射回去原初狀態的教義了。[2]

換句話説，我們不能把原初狀態，以及原初羣體，從其他兩種狀態——破裂與復和——抽離出來而予以把握。潘霍華不單強調不可以離開終末的復和來了解原初狀態，他也強調不可離開歷史的墮落——罪與死亡的命途——來了解基督教的位格人（person）的觀念。[3] 潘霍華這樣寫道：

> 原初狀態位格人的觀念，必須特別地了解，要對應新人類／新人性的看法，這新人類／新人性是在盼望中克勝罪與死亡的歷史。[4]

毋庸置疑，潘霍華十分清楚地以其自己的方式勾畫出拯救的歷史。

在這裏我們特別需要注意的是，對於潘霍華來說：「〔……〕方法論上來說，所有〔關於原初狀態的〕述句之所以可能，只建基於我們對教會的了解；即是，由我們所聽到的啟示而衍生出來。」[5] 這啟示就是上帝在耶穌基督裏藉著聖靈所生發出來，聽而信之的人，就聚集而成教會一羣體。這啟示要讓聽而信之的教會一羣體，明白一切羣體的本性，都根植於上帝並為上帝的意向所決定；婚姻、家庭或民族等真正羣體，其存在完全在於「既來自上帝也朝向上帝」、[6]「由上帝所建立並朝向上帝」。[7]

要被教會揚棄的罪人羣體

然而，潘霍華十分強調罪所帶來的破裂，這特別是針對當時德國觀念論／唯心論（Idealism）的看法，就是視罪與拯救並不改變事物的原初本質。但潘霍華卻指出：「原初狀態的教義之所以重要，正正在於它幫助我們具體地掌握罪的實在（the reality of sin）；罪的實在無限地改變了事物的本質。」[8] 在這裏，對我們來說，更要特別注意拯救的意義。對於潘霍華來說，拯救並非恢復事物的原初本質，而是新的創造，否則這跟德國觀念論／唯心論並無兩樣，都是視拯救並不改變事物的原初本質。就這一點來說，潘霍華的看法預告了日後另一位德國神學家莫特曼（Jürgen Moltmann）的終末轉化（eschatological transformation）的神學。

潘霍華正視在罪的狀態之中的婚姻與家庭，都是墮落、腐敗的，只有藉著基督才能被復元而得以成聖；[9] 並且，「民族、家庭、婚姻，所有都要經歷自身作為一個不分割的東西而被審判」，[10] 而其墮落、腐敗，以及罪的狀態，則只有在教會這一觀念之中才可能被「揚棄」(aufhebung)。[11] 潘霍華清楚地指出：

> 亞當作為集體的位格人(collective person)，只能被「基督存在而為教會—羣體」(Christ existing as church–community)這集體位格人所揚棄。[12]

根據潘霍華，墮落之後的罪人羣體：婚姻、家庭、民族，其在亞當裏的無限碎片化的本質，只能透過在基督裏的新人類/新人性方才可以被揚棄。[13] 那麼，亞當這一集體位格人的罪人羣體，其本性是怎樣的？「基督存在而為教會—羣體」這集體位格人的新人類/新人性，又是怎樣的本性？婚姻、家庭在甚麼情況底下，仍然落在罪人羣體之中？婚姻、家庭在甚麼情況底下，經歷揚棄而進入新人類/新人性之中？在這裏我們進到潘霍華一九三七年完成的《團契生活》(*Life Together*；書名原意為「一起生活」)，深入地思考這兩個問題。

兩種羣體、兩種愛

《團契生活》的序言十分清楚地表明此書的目的是探索、思考教會—羣體，而這是整個教會被交付要履行的責任。[14] 潘霍華認為所有本真的羣體都具有教會性形式，無論是婚姻、家庭、民族，都是這樣，否則這個羣體就是非本真的，或是用上《聖徒相通》的詞彙，這個羣體並非來自上帝、由上帝所建立，也不是朝向上帝。事實上，《團契生活》對羣體的看法，是跟《聖徒相通》一脈相承的，只是在表達上更多使用聖經的詞語，而不是學術的語言。

在《團契生活》第一章之中，潘霍華就分辨兩種羣體，以及兩種愛。這兩種羣體分別是「神聖的實在」(divine reality)與「人的理想」(human ideal)，由前者而有「屬靈的實在」(spiritual reality)，由後者而有「屬魂的實在」(psychic reality)。[15] 簡單來説，從信仰的角度來分辨，就是屬靈的羣體與屬魂的羣體，相應來説，前者的愛是「屬靈的愛」(spiritual Love)，[16] 後者的愛是「屬魂的、血氣的愛」(psychic, emotional love)。[17] 在這裏立即要補充的是，潘霍華的用語是保羅式的，而可以理解為「屬於聖靈的羣體」與「屬於肉體的羣體」、「屬於聖靈的愛」與「屬於肉體的愛」。[18]

那麼，婚姻、家庭作為羣體之一，從信仰的角度來審視，就並非可以不加思索地予以無條件的肯定，因為在已經破裂的罪的世界之中，婚姻、家庭首先就是落在「屬魂的實在」之中，並且不會自然而然地轉化成「屬靈的實在」，而其中的愛首先也只是「屬魂的愛」而非「屬靈的愛」。事實上，就此而言，潘霍華在《聖徒相通》之中已經清楚表明：

> 〔……〕我們懂得愛，只單單從上帝那在十字架上的基督、在我們的稱義，以及在教會—羣體的建立等之中所彰顯出來的愛，而得以實現〔……〕對愛的倫理命令並非基督教獨有的，但是愛的實在無論如何只在基督裏與在祂的教會—羣體裏呈現/臨在；是以，基督教的愛的觀念，必須視之為具有特別意義的。[19]

如上所言，在潘霍華對羣體的神學思考之中，所有本真的羣體都有教會性形式，那麼，婚姻、家庭作為羣體之一，則必須考究其教會性形式，這也就是説，婚姻、家庭必須從罪的狀態之中過渡至教會性形式的狀態之中。因此，我們的教會—羣體、在教會—羣體之中的婚姻、家庭，必須分辨這兩種羣體，以及認識要由「屬魂的羣體」過渡、轉化、揚棄而至「屬靈的羣體」。

屬魂的婚姻、家庭羣體的揚棄

簡單來說，如果婚姻、家庭落在「屬魂的實在」，那麼它就不是建基於耶穌基督並由聖靈所創生，而是從人的魂（human soul）那自然的渴求、力量，以及能力所生。[20] 一言以蔽之，就是屬血氣的（seelish），是自我中心的、情緒的（emotional），甚至自我滿足的。[21] 潘霍華指出：「在自我中心的羣體之中，存在的是對羣體的深沉的、基本的情緒欲求，對跟其他人的魂直接的（immediate）、接觸的、深沉的、基本的情緒欲求〔……〕這種人的魂的欲求，其所尋求的是我與你（I and You）的完全親密的融合，無論是在愛的聯合之中發生，還是強迫他者進入自己的權力與影響的範圍之內而發生——這自我中心的角度所產生的，無論是甚麼，最後都是一樣的。」[22]

在屬魂的羣體之中的愛，其作為自我中心的愛，乃是為了自己而愛他者的。這種愛，欲求他者以愛還愛，卻不要服事他者，剛剛相反，這種愛看來是服事但卻只是欲求。[23] 在婚姻、家庭之中的愛，如果只是純粹建基於人與人之間魂裏的自然渴求、情緒欲求，那麼就只會是上述所言的自我中心愛，徒有愛的外表，卻沒有愛的實質，一切的愛最終都只是為了自己，丈夫如是、妻子如是、父母如是、子女如是。

相反，屬靈的愛卻是為了基督的緣故而愛他者，[24] 因為在屬靈的羣體之中，彼此之間的關係並非直接的。[25]「基督站在我與他者之間。按照我那由情緒欲求而生的愛的看法，我並不預先懂得愛他者是甚麼意思。這一切也許在基督眼裏都是憎恨和壞透了的自私。只有基督在祂的話語之中告訴我們愛是甚麼。」[26] 只有透過基督這中介去與他者相遇，我才能把他者從自己嘗試以自己的愛去控制、脅迫，以及主宰之中，釋放出來。[27] 對於潘霍華來說，只有在基督裏我們才被連繫在一起，而可以找到跟他者一起的圓滿羣體。[28]

婚姻、家庭都是愛的羣體，但是從信仰的角度來看，我們會提問：是怎樣的愛建立、構成婚姻的羣體、家庭的羣體？根據潘霍華給我們的神學分析，這涉及了這愛究竟是「屬魂的／血氣的愛」，還是「屬靈的愛」？並因此而決定這婚姻、家庭的羣體，是「屬魂的／血氣的羣體」，還是「屬靈的羣體」？屬靈的婚姻、家庭羣體，因為以基督為中介而與他者連結起來，而可以在道底下服事他者、為他者創造自由，以及結出健康豐盛的果子。[29] 這樣的婚姻、家庭羣體，已經過渡至教會性形式的狀態之中。相反，屬魂的婚姻、家庭羣體，因為血氣的、自我的愛，而陷入不能容許自身之解體而進入、過渡、揚棄至真正的羣體之中。這樣的羣體不能容忍他者、不能愛敵人，不能為著真正地愛他者，而放棄滿足自己那只愛自己的慾望。[30]

結語

最後，潘霍華指出基督徒的羣體，其生死存亡乃在於有能力清醒地辨識人類的理想與上帝的實在之間的分別、屬靈的羣體與血氣的羣體之間的分別，[31] 同樣地，基督徒的婚姻、家庭羣體，其生死存亡亦只在於有能力清醒地辨識出其為人類的理想抑或上帝的實在、屬靈的羣體抑或血氣的羣體。

註釋

1. 參英譯校勘本全集第一卷：Dietrich Bonhoeffer, *Sanctorum Communio: A Theological Study of the Sociology of the Church*, trans. Reinhard Krauss and Nancy Lukens (Minneapolis: Fortress Press, 1998), 58 ～ 59。
2. Bonhoeffer, *Sanctorum Communio*, 62.

3. Bonhoeffer, *Sanctorum Communio*, 61.
4. Bonhoeffer, *Sanctorum Communio*, 63.
5. Bonhoeffer, *Sanctorum Communio*, 65.
6. Bonhoeffer, *Sanctorum Communio*, 95.
7. Bonhoeffer, *Sanctorum Communio*, 63.
8. Bonhoeffer, *Sanctorum Communio*, 62.
9. Bonhoeffer, *Sanctorum Communio*, 97.
10. Bonhoeffer, *Sanctorum Communio*, 284.
11. Bonhoeffer, *Sanctorum Communio*, 117.
12. Bonhoeffer, *Sanctorum Communio*, 121.
13. Bonhoeffer, *Sanctorum Communio*, 121.
14. 參英譯校勘本全集第五卷：Dietrich Bonhoeffer, *Life Together and Prayerbook of the Bible*, trans. Daniel W. Bloesch and James H. Burtness (Minneapolis: Fortress, 1996), 25。
15. 此是中譯本鄧肇明的翻譯，參 Bonhoeffer, *Life Together and Prayerbook of the Bible*, 35。
16. Bonhoeffer, *Life Together and Prayerbook of the Bible*, 40～43.
17. Bonhoeffer, *Life Together and Prayerbook of the Bible*, 43～44.
18. Bonhoeffer, *Life Together and Prayerbook of the Bible*, 35 n.12; 38～39 n.14.
19. Bonhoeffer, *Sanctorum Communio*, 167.
20. Bonhoeffer, *Life Together and Prayerbook of the Bible*, 38.
21. Bonhoeffer, *Life Together and Prayerbook of the Bible*, 38～39 n.14.
22. Bonhoeffer, *Life Together and Prayerbook of the Bible*, 41.
23. Bonhoeffer, *Life Together and Prayerbook of the Bible*, 42.
24. Bonhoeffer, *Life Together and Prayerbook of the Bible*, 42.
25. Bonhoeffer, *Life Together and Prayerbook of the Bible*, 40～41.
26. Bonhoeffer, *Life Together and Prayerbook of the Bible*, 43.
27. Bonhoeffer, *Life Together and Prayerbook of the Bible*, 44.
28. Bonhoeffer, *Life Together and Prayerbook of the Bible*, 44.
29. 參 Bonhoeffer, *Life Together and Prayerbook of the Bible*, 44。

30. Bonhoeffer, *Life Together and Prayerbook of the Bible*, 43.
31. Bonhoeffer, *Life Together and Prayerbook of the Bible*, 45.

20.

潘霍華的〈論教會中青年工作的八條提綱〉*

一

潘霍華（Dietrich Bonhoeffer）一九三三年十月至一九三五年四月處身英國倫敦，牧養當地兩間德國教會的會眾。這段時期因著同工分擔牧養的責任，潘霍華得以在英國四處走動，並預備普世基督教協進會有關青年人的會議的講章（一九三四年八月）。一如過往的日子，潘霍華的牧養以青年工作為主，[1] 雖然也涉及其他事工，但他卻持續組織青年討論小組、招聚會眾中的青年人在他的宿舍閱讀聖經、欣賞音樂、傾談分享。他在普世教會運動擔任青年事工祕書的工作，深化了他對青年事工的形貌的思考。美國專研青年事工的神學家活特（Andrew Root）估計這個時期潘霍華寫下了現在題為〈論教會中青年工作的八條提綱〉（Eight Theses on Youth Work in the Church）。[2] 筆者下面把這八條提綱翻譯出來，供今日教會思考參詳。至於對這八條提綱的註解，請參活特的著作：*Bonhoeffer Youth Worker: A Theological Vision for Discipleship and Life Together* (Grand Rapids: Baker Academic, 2014), chapter 11: " Eight

---

* 本文原刊於《時代論壇》1553 期（2017 年 6 月 4 日）。

Theses on Youth Work": In London Exile.

1. 自從青年運動的日子開始，教會的青年工作已經常常缺乏了基督教的清醒元素，但只有這樣才能使青年工作確認青年精神（the spirit of youth）並非聖靈（the Holy Spirit），以及教會的將來並非青年自己而是惟獨主耶穌基督。形塑教會的不是青年工作，而是在於聆聽上帝的話語；教會的工作不是獲取青年，而是教導並宣講上帝的話語。
2. 我們的問題不是，青年是甚麼與青年擁有甚麼權利，而是：教會一羣體是甚麼與青年在教會一羣體之中的位置。
3. 教會一羣體包括那些已被上帝的主權從死亡與邪惡的主權中奪回的地上子民、那些聆聽關於上帝在耶穌基督於人類中間建立其主權的話語，以及那些在信靠之中順服地環繞這話語而聚集起來的。教會一羣體是基督以真正的**主**與**弟兄**的身分的臨在。「在教會一羣體裏」意即在基督裏，在基督裏意即在教會一羣體裏。獻上、代禱，以及悔罪/認信是在教會一羣體之中團契相交的舉動。只有**在**教會一羣體之中，才能把審判轉嫁**至**教會一羣體**之上**，本質上，教會一羣體的審判，不能從外而來。
4. 教會一羣體懸擱代際的難題。青年在教會一羣體不能享有特權。藉著聆聽、學習，以及踐行話語而服事教會一羣體。上帝的靈，在教會之中，跟青年人對教會的批判沒有甚麼關係，上帝那對人所作的宣稱其徹底的性質，跟青年人的徹底/極端主義沒有甚麼關係，並且命令要成聖，跟青年人追求更好的世界沒有甚麼關係。「基督徒」（Christian）〔與〕「青年」這組合相當生硬，並非很可置信。問題不是「現代」或「老派」，而只在於我們思想所關心的，以及從教會的角度來思考。
5. 聖經相當清醒審判青年：創八21，賽三5，耶一6，傳十一

10，彼前五 5，提後二 2 等。

6. 教會的青年工作只可能基於：呼籲年青人關心其洗禮，[3] 並全然以聆聽上帝的話語為其目標。這仍然是教會一羣體對待其成員的行動。每一逾越這界限的舉動都成了背叛基督的教會一羣體。
7. 青年很可以有權抗議他們的長輩。然而，如果這樣，這些抗議的真誠，將由青年願意與教會一羣體的罪責連成一體，並且在愛中、在上帝話語面前以恆常悔改來背負這重擔，而顯明出來。
8. 沒有甚麼真正的教會附屬組織（church association），只有教會。教會附屬的青年組織不是教會一羣體的青年，這些教會一羣體的青年包括**所有**受洗的青年人。每個這樣的教會附屬組織早已對教會的事業失去信心。這樣的附屬組織只能被視為烏合之眾的東西，只有相對的重要性。

二

潘霍華這八條提綱，並不是甚麼祕笈或捷徑，可以幫助教會吸引更多青年人來到教會之中，叫教會壯大、人數增多。這裏沒有甚麼青年工作攻略或方略提供，反而是回到信仰來重新定位教會的青年工作，以此來規範及指引教會這方面的事工。單單只關注攻略或方略，而不提及要把青年工作置於甚麼羣體之內來認識，不免容易失去方向，或誤入歧途，對教會自身沒有甚麼好處。教會固然可能一時興旺起來，但很多時候難免虛火一場，因為底氣不足、根基不穩，教會就會走上虛浮淺薄的道路，而終於不結果子，失去見證，被上帝狠狠的修理整頓。

潘霍華這八條提綱，從題目到內容，在在都正視青年工作的恰當場所：教會，而不是世界。我們必須嚴肅看待八條提綱之中「教會」這個詞語，第二條提綱更明白指出問題的核心：「教會一羣體是甚麼與青年在教會一羣體之中的位置」。這條提綱有兩方面提醒，我們首先需要弄清楚的，第一是「教會一羣體是甚麼」，第二是「青年在教會一羣體之中的位置」。因為這青年事工是「教會」的青年事工，所以必須首先清楚認識「教會」是甚麼。潘霍華使用「教會一羣體」（church-community）這詞語，要表示教會不是制度、組織而是「羣體」。緊接著的第三條提綱是八條提綱之中最長的，講的是教會一羣體與基督的關係：「教會一羣體是基督以真正的**主**與**弟兄**的身分的臨在」。弄清楚教會是甚麼，才可以進一步釐清教會一羣體跟青年人的關係：「青年在教會一羣體之中的位置」。這是第四至第七條提綱所涉及的。教會一羣體的青年事工只能在這雙重澄清底下方才可以恰當地思考。

由此而言，基督的教會絕對需要辨識清楚，她的青年工作是否落在潘霍華在第一條提綱所講的「常常缺乏了基督教的清醒的元素」，把青年精神誤以為聖靈，以為教會的將來全在於青年，由此而宣稱青年工作才是王道。潘霍華特別針對德國的青年運動，警告教會她的將來只在於主耶穌基督，形塑教會的只在於聆聽上帝的話語，教會的工作是教導並宣講上帝的話語。潘霍華重複兩次提及「上帝的話語」，是要表明教會一羣體只在於上帝的話語而非別的，其首要事工是教導、宣講並聆聽上帝的話語。只有聖靈才可以落實上帝的話語而為教會一羣體，因此教導、宣講並聆聽上帝的話語不是靠著青年精神，而是聖靈。職事之故，教會一羣體首先是神學的（theological）、上帝的話語的，教會一羣體的青年事工首先也是神學的、上帝的話語的，而不是任何世界的攻略或方略，無論是社會學的、文化的，或教會增長的。

教會一羣體中的牧者，無論服事哪一羣人，年青的也好，年老的也好，單身的也好，夫婦的也好，都不能以其服事對象的特殊性為首要的關心所在，而本末倒置地以其所服事的對象來規限教會一羣體，因此潘霍華在第二條提綱劈頭就說：「我們的問題不是，青年是甚麼與青年擁有甚麼權利，而是：教會—羣體是甚麼與青年在教會—羣體之中的位置。」這並非否定青年的特殊性，而是要防止高舉青年的特殊性，以致忽略需要把他們置於教會—羣體之內來察看、審視他們生命的需要。整個問題的關鍵是我們以怎樣的角度來認識、了解教會—羣體中的青年？教會—羣體自有其本身信仰或神學看法，而不能茫然不顧，援引自身信仰或神學以外的看法，如社會學的、文化的、教會增長的。是以，教會—羣體之中服事青年人的牧者，首要的是認識清楚教會—羣體是甚麼，而不只是專注特殊的青年人。

第三條提綱是基督論式的教會論。這是潘霍華自其博士論文《聖徒相通》（*Sanctorum Communio*）已經確立的。但在這條提綱之中潘霍華特別強調活在上帝主權之下，聆聽基督主權話語、信靠並順服地以這主權話語為中心而聚集起來的上帝子民。上帝的主權、上帝的話語的主權是這教會—羣體的根基，勝過死亡與邪惡，帶來生命。並且上帝的話語：基督，更臨在這個羣體當中，以主與弟兄的身分指引其團契相交及與其團契相交，只有上帝的話語內住於這個羣體之中，審判才能由內而外，意思是基督內住於這個羣體之中而施行審判，但又因著休戚與共、成為一體就自己擔當起這審判。這是基督的與他者又為他者的生命（being-with-and-for-others）的展現，而為代替性的代表行動（vicarious representative action）。教會—羣體因著基督的臨在而被審判及拯救，以至進入這一生命的景況之中，就有著不一樣的生活方式：與他者又為他者。

既然教會—羣體是一個「與他者又為他者」的羣體，那麼很自然：「青年在教會—羣體不能享有特權」（這也可以應用在所有人身上），反之乃是「藉著聆聽、學習，以及踐行話語而服事教會—羣體」。第四條提綱是基於第三條提綱而來，進一步指出不能混淆上帝的靈與青年精神，兩者的批判、徹底性並不一樣，聖靈的成聖與青年人追求更好的世界也沒有甚麼關係。這是回到更正教那從外而來的而非從內而出的徹底主張。只有那從外而來的進至內在的，才能叫這個羣體真正得生命，青年也一樣。青年的將來不在於其自然生命的發旺，而只在於他活在這個教會一羣體之內，「『在教會一羣體裏』意即在基督裏；在基督裏意即在教會一羣體裏」，第三條提綱再次提醒我們青年跟其他人沒有分別，他需要在教會一羣體裏，他需要在基督裏，他需要在其中被審判及拯救，得生命。潘霍華特別指出聖經對青年的審判，第五條提綱醒目地告誡我們，不要一味高抬青年。

因此，潘霍華在第六條提綱正面指出：「教會的青年工作只可能基於：呼籲年青人關心其洗禮，並全然以聆聽上帝的話語為其目標。」這是最基本的也是最核心的，沒有比這更為要緊的了。青年跟其他成員在這一點上沒有甚麼分別。固然在事工在實作上可以因應不同情境和需要而思考不同攻略或方略，但是最基本的最核心的絕不能有變，並且這最基本的最核心是一切攻略或方略的規範、指引所在，否則就會誤入歧途，甚至如潘霍華所說的：「每一逾越這界限的舉動都成了背叛基督的教會一羣體」、背叛基督，危害青年的生命。我們需要謹慎，不能為了討好青年，更不能錯誤地期望青年，而背叛了基督的教會一羣體、背叛了基督，並且把青年陷於死亡與邪惡的主權之中，不能自拔。尤其當我們寄望於青年的批判、對舊有的毫不買帳、創意無限、勇武不屈，實在應該再番思量潘霍華的第七條提綱：「青年很可以有權抗議他們的長輩。然而，如果這樣，這些抗議的真誠，將由青年願意與教會一羣體的罪責連成一體，並且在愛中，在上帝話語面前以恆常悔改來背負這重擔，而顯明出來。」抗議有多真誠？抗議的真誠如何顯明出來？潘霍華一再回到「與他者並為他者」的生命與行動上來回應青年對前輩的抗議。

批判和抗議的青年必須與被批判和被抗議的前輩連成一體，並且同時背負他們的罪責，這才是在教會一羣體的團契相交。否則，一切的批判與抗議都不過是自義、虛偽而非真誠的舉動。

這樣的教會一羣體沒有甚麼附屬的青年組織，不要以為這樣可以另起爐灶進行一種有別於教會一羣體的牧養事工。潘霍華斬釘截鐵地指出：「教會附屬組織只能被視為烏合之眾的東西」。第八條提綱不外表明「教會一羣體之外別無青年事工」，「教會一羣體自身規範著自身的青年事工」，一切教會一羣體以外，即或以附屬組織的名義出現，其所進行的青年事工，都不是「教會一羣體的」，而為社會學的、文化的，或教會增長的。更甚的，這樣的附屬組織，不外表明了他們不再相信教會一羣體、不再相信「基督以真正的主與弟兄的身分」臨在教會一羣體。這樣的舉動，在本質上，乃是不信，背離了基督與祂的教會一羣體。

註釋

1. 美國專研青年事工的神學家活特（Andrew Root）就辯說：「潘霍華首先並非一位從事青年事工的神學家，而是一位青年事工的牧者從事神學。」他指出：「研究潘霍華的學者和其他人時常忽略了一個事實，就是從一九二五年至一九三九年潘霍華大多數事工都是在兒童和青年中間進行的。事實上，潘霍華許多創造力活躍的神學時期，跟他直接與兒童接觸是重疊的。」潘霍華寫他的博士論文時在格倫沃爾德（Grunwalde）參與兒童事工，其後又在巴塞隆拿（Barcelona）實習期間專注牧養青年人，並在哈林（Harlem）教導美籍菲裔兒童主日學。三十年代中葉，他在普世運動之中被選為青年事工祕書，並在教會接手青年人堅信班。即使納粹上台潘霍華仍然在電台上對年青人演說：〈年青一代對元首的認識〉（The Younger Generation's Conception of the Führer）。見 Andrew Root, "Stop Worrying about the Millennials*: *and Learn to Love Them Instead," *Christianity Today* 59 (January / February 2015): 32。

2. Dietrich Bonhoeffer, *Berlin: 1932 ～ 1933*, trans. Douglas W. Stott, Isabel Best and David Higgins (Minneapolis: Fortress, 2009), 515 ～ 517.
3. 簡單來說，對於潘霍華，洗禮是受洗歸入基督的回應性行動，見 Dietrich Bonhoeffer, *Discipleship*, trans. Barbara Green and Reinhard Krauss (Minneapolis: Fortress, 2001), chapter 9: Baptism；潘霍華：《追隨基督》，七版，鄧肇明、古樂人譯（香港：道聲，2000），第二十八章「受洗禮」。

第四部

爭鬥：論行動與倫理

21.

德國專權下的認信教會——從歷史看教會*

一、引言

教會在給我的邀請信件之中，題目之下有一個簡介：「回顧德國歷史，納粹政權全面滲透教會，各宗派〔的〕取態是甚麼，而對今日教會有何借鑒……」無疑，題目很大，簡介要求要講的也是我的能力難以應付得周全。這裏涉及了德國歷史，並且不單只是二十世紀三十年代的德國歷史，更要至少追溯至十九世紀，特別是德國歷史的國家與教會之間的關係。這是第一點。第二點是所講「納粹政權全面滲透教會」，其中的「教會」是指新教的信義宗、改革宗，以及由這兩個宗派組成的聯合教會。當然納粹政權也會對其他教會如羅馬天主教會、自由教會以及其他傳統的教會（包括 Methodists, Baptists, Evangelical Association and Union of Free Evangelical Congregations, Lutheran Free Churches, Reformed Free Churches, New Apostolic Churches, Mennonites, Friends, Hermhuter, Seventh Day Adventists, Salvation Army, The Old Catholics, The

* 本文曾在二〇一六年八月三十一日講於基督教豐盛生命堂舉辦的豐盛社關課程「離地與貼地之間：談政教分離」。

Orthodox），[1] 還有小教派（sects）及其他信仰組織〔如 Jehovah's Witnesses, Free Masonry, Anthroposophy, Christian Science, Church of Jesus Christ of Latter-Day Saints（Mormons）, Germanic-Nordic Religious Groups〕，[2] 進行收編。因此，面對希特勒（Adolf Hitler）一九三三年一月三十日上台後隨即推行長達二十個月的一體化（Gleichschaltung）政策，就不單只人數眾多的信義宗、改革宗、聯合教會，以及羅馬天主教會了。筆者無法逐一討論「各宗派〔的〕取態」，只能單單粗略介紹認信教會的回應，就此也未能十分到位。這是因為筆者並非這方面的專家學者，但時勢使然而不得不涉足其中；學習、了解這一段教會歷史，實在舉步維艱。是以，第三點提到「對今日教會有何借鑒」，就只能由「認信教會」的經驗來作出反省，未能旁及其他教會及信仰羣體，這樣的選擇並非高抬認信教會的經驗，低貶其他教會及信仰羣體的經驗，只反映了筆者在時間上和能力上的限制，以及只能由稍為熟悉的領域開始，這是因為筆者研究潘霍華（Dietrich Bonhoeffer, 1906～1945）的神學，自然接觸認信教會，而由此思考全權統治底下教會的回應。

二、主權國家的興起

二十世紀三十年代德國納粹這種全權統治，並不是一時冒起、僅是少數人的作為。事實上，這樣的歷史現象，可以理解為一種長時間的歷史積澱後出現的效果。已故美國政治哲學家埃爾斯特燕（Jean Bethke Elshtain, 1941～2013）就從現代主權與民族主義的歷史，來審視此一時代的政治偶像崇拜。[3] 埃爾斯特燕一生專注研究主權，而可見於其二〇〇八年出版的《主權：上帝、國家，以及自我》（*Sovereignty: God, State, and Self*）。她寫道：「構成全權主義的『對權力的欲求』（will to power），是生於主權及無限制的理性，但是當主權走得太過分，拒絕承認界限，理性就被擊打流血。」[4] 潘霍華所身處的德國全權主義，其背景正是主權國家（Sovereign States）。西方的主權國家是無神的結果。西方這無神的過程，根據埃爾斯特燕的分析，首先是主權上帝（Sovereign God）被君主取代，繼而君主則被國家取代。而國家與主權更是二而一，較諸君主的主權更為絕對及可怖，因為國家自身就是主權。這是西方人類追求自身主宰所最終走至的結局。而在這個過程之中，標誌著國家勝利的就是一六四八年的〈威斯特法倫條約〉（Treaty of Westphalia），這條約正正承認構成國家的元素：主權；國家之所以是國家，乃在於主權。國家及其統治者從此可以把原本屬於主權上帝的權力奪取過來而為自己的，國家不再在上帝的審判底下，反之國家宣稱自己為其一切事務的終審法官，於是出現了主權轉移的情況，由上帝的領域轉移到人類的領域，並且上帝的意志也轉移而成國家的意志，這國家的意志一如上帝那單一的意志，是統一的（unified），或如霍布斯（Hobbes）或盧梭（Rousseau）所講的公意（General Will）。我們可以由此而了解希特勒的一體化政策，固然是出於他自己的意志，但是也可說是主權國家意志之體現。主權國家就是要全權化、總體化，無所不包，無所不管。這是主權國家的意志所要求的，否則它就不是主權國家。[5]

三、路德時代教會與國家的關係

但是，在歐洲這一歷史進程之中，教會扮演了甚麼的角色？在這進程之中，教會跟國家的關係是怎樣的？她是怎樣了解國家的？我們在這裏無法全面檢視昔日歐洲這方面的情況，而只能勾畫德國的發展。即或如此，筆者也只能借助學者的相關研究，尤其可以參考 Ernst Christian Helmreich, *The German Churches under*

Hitler, chapters 1～5。希特勒掌權後隨即推出一體化的政策，其中一個目的自然是處理教會，特別是兩個認信的基督徒羣體：新教與羅馬天主教，因為她們成員眾多，甚具影響力。但是希特勒發現跟羅馬天主教打交道的方式，卻用不上新教。希特勒跟眾教省的總主教（archbishops）商議後，經教宗同意，即可確立羅馬天主教會持守中立或支持納粹政權的立場。然而，新教的情況卻很不一樣。新教既沒有總主教也沒有教宗，眾多教會的全國集會（national assembly）亦沒有真實的權力。因此希特勒為了便於控制新教，就提出要新教眾教會選出或任命一個民族/國家的監督（national bishop），坐在國家政府的宗教事務局之中。但是，為甚麼德國的新教是這樣子的呢？一方面德國新教沒有一個民族/國家的監督，另一方面德國新教沒有一個代表參與國家的宗教事務局。這就要從馬丁路德的時代開始講起。

事實上，德國人要到一八七一年，才因著普魯斯（Prussia）這個最大的德國的領地國家（territorial state）的首相/總理（chancellor）俾斯麥（Otto von Bismarck）的努力底下，成為一個帝國，這就是所謂的第二帝國（Second Reich）。在此之前，從馬丁路德開始，多個世紀以來，德國一直是鬆散結構的帝國，由眾多領地國家組成。只有這些領地國家的統治者擁有實權，君主的影響力十分弱小。因為路德主要是跟領地國家的諸侯連繫，所以不很堅持教會獨立於領地國家。在宗教改革動盪的日子，路德更邀請領地諸侯幫助組織教會事務並督導教會。很多諸侯任命教會管治團體——教會議會（consistories），這些教會議會通常是領地國家的代理執行者，依靠政府而不依靠教會。德國統一後，這些領地國家的教會仍然依舊；在第二帝國的半個世紀之中（1871～1918 年）就有二十八個各自獨立的教會聯會（church federations），或多或少是按著自身領地國家而建立起來的，有些是信義宗的，有些是改革宗的，有些則是聯合的，各有自己的習慣、禮儀和教會政府，但全都只跟一八七一年之前的領地政府連繫。[6]

因此，這些領地教會固然彼此各自分離獨立，但又跟領地政府有著不可分割的微妙關係。十六世紀馬丁路德因著現實的情況而讓領地諸侯介入教會的任命與行政、法律與財政，走上了日後國家主權凌駕教會之上的道路。一五五五年的〈奧斯堡宗教和約〉（Religious Peace of Augsburg）引入的概念：誰的地方，誰的宗教（*cuius regio, eius religio*），就進一步加強了領地諸侯在宗教事務上的決定權。再加上路德並不容許對領地統治者進行抗爭，而領地諸侯則可以對整個德國人民的統治者發動戰爭，那麼德國教會跟政府／政權的關係就變成了依賴、順服的關係。一方面，教會依賴領地國家的名聲、保護、財物支持，雖然成了擁有特權的教會（privileged church），但是卻付上了失去獨立的代價。另一方面，教會對政府／政權採取幾近毫不疑惑的順服，無論她是好是壞。這兩項傳統一直影響並決定了日後德國信義宗教會對政府／政權的取態，直至納粹政權的時代，更是變本加厲。[7]

四、第二帝國及威瑪共和國的教會與國家的關係

德國新教教會這種渴望得到政府／政權保護，可以進一步在第二帝國之後的威瑪共和國（Weimar Republic, 1919～1933）時期看見，而可以幫助我們進一步明白，為甚麼德國新教教會在面對納粹政權的一體化政策時，沒有甚麼異議。第一次世界大戰結束後，德國簽訂「喪權辱國」的〈凡爾賽條約〉（Treaty of Versailles），被指控為發動戰爭的源頭，要對盟國付出巨大的賠償。這引發了第二帝國的崩潰，建立了威瑪共和國。但是由於威瑪共和國的政府包括了社會主義者與羅馬天主教中心黨（Roman Catholic Centre Party）的聯

盟在內，而正是這一聯盟跟盟國交涉並被迫簽下叫人感到屈辱的條約，因此從一開始國民就不信任威瑪共和國的政府，德國新教教會亦是這樣。德國新教教會實際上有很強烈的民族主義情緒，第一次世界大戰的落敗、帝國力量的崩潰、諸侯勢力的殞落、民主共和的建立，在在都叫他們創傷悲痛。他們更認為新政府竟然可以招攬社會主義人士及羅馬天主教中心黨，實在是恥辱，把政府變成左傾，而新教教會在政府之中竟然毫無代表。一九二二年二十八個領地教會組織起來，成立鬆散的新教教會全國聯會，以求提升地位，對抗內部的敵人：社會主義和羅馬天主教中心黨，認為這個左翼和自由主義的政府，需要為二十年代的世俗化和放任的道德氛圍負上責任。這個時期的新教教會總是眷戀老舊的好日子，那是強大的諸侯清理整頓教會與國家的好日子，那是新教主義（Protestantism）頂峯的日子，那是德國的偉大得到確保的日子。只是這俾斯麥底下的文化新教主義（Kultar Protestantisms）的好日子，以及德國民族與帝國的偉大能力與聲望，一去不返。許多德國人身處威瑪共和國的統治下，沒有一點在家的感覺。在這種情況底下，許多新教教會信徒都尋找「拯救主」，他們以為元首希特勒就是他們要找的那一位。這些精神狀態活在十九世紀第二帝國的人，對社會主義和共產主義非常恐懼，但很多卻毫無憂慮地擁抱納粹主義。[8]

因此，一旦希特勒當上總理，提出德國新教組織起來成立一個單一的民族/國家教會，選出監督進入國家的宗教事務局，不少教會領袖非常興奮，表示這是上帝的工作，使用教會完成祂的國度。雖然不是很多教會領袖這樣發言表達、宣之於口，但是一般都是感到高興，認為新教可以再一次在國家民族的事務上扮演一個角色，也讓他們有機會組織一個國家民族的、統一的教會。因此在領地教會聯會的會議（synod）之中相繼出現批准一個民族/國家教會監督的聲音。[9]

五、納粹時代教會與國家的關係

從以上的背景來看，德國的新教教會跟國家政府的關係、對老好日子的民族、帝國情懷，都順理成章地造就了他們對納粹主義的政權缺乏一種批判的距離，即或並非所有新教教會領袖熱烈擁護希特勒，但不少都是並不抗拒且沒有絲毫謹慎懷疑之心。因此，德國新教教會對希特勒上台是負有一定責任的，也對日後新教教會（特指信義宗、改革宗以及聯合教會）統一成為國家教會受到國家宗教事務局管轄需要負上責任。

一九三二年六月六日成立的「德意志基督徒信仰運動」（Faith Movement of German Christians），可以說是這種文化背景底下的產物。事實上，「德意志基督徒信仰運動」並非突然出現的。此一信仰運動最早的前身是一九二一年六月建立的「德意志教會聯盟」（League for a German Church），力主追隨民族國家路線改革教會、摒除教會的猶太色彩。此外，一九二九年因林根（Thüringia）兩位年青牧者自稱「德意志基督徒」（German Christians），倡議教會要按民族/國家的具體、實際處境更新改革，建立德國人民為上帝的新子民，結果以「人民」（Volk）取代基督。而直接為「德意志基督徒信仰運動」前身的，則是一九三〇年建立的「基督教德意志運動」（Christian German Movement）。這個運動反對羅馬天主教中心黨和社會民主黨（Social Democrats），希望基督教在智性上和道德上成為一股穩定政治體制的力量，想要保存一九一八年以前即第二帝國新教主義的政治影響。[10] 這個「德意志基督徒信仰運動」基本上包括了兩條路線。首先是保守的信義宗信仰，只希望新國家發出政治的聲音，抵抗戰爭負債與民主，以及排斥威瑪共和國的教會。另一條路線則是宣揚「人民」的宗教（the religion of the "Volk"）這個十九世紀的古老想法，認為基督來是要幫助德意志奮鬥，成為強者，實現其為一個民族/國家，擺脱可恥的軟弱。他們擁抱納粹的「實定基督教」(Positive Christianity)，否定罪與敗壞以及軟弱，強調民族主義、國家的拯救角色，而認為教會是民族/國家的一部分，要站在人民一邊一同邁向地上的樂園。巴特(Karl Barth, 1886～1968)就這樣描述這運動：「民族/國家是永恆的，等同聖經所表達的上帝旨意。元首等同上帝的命令，甚至他是凌駕這些命令的。」這些「德意志基督徒」推動「在一個監督與一個元首底下一個民族/國家教會」的追求，他們在每一個領地教會的管治組識之中都有成員，並且受到納粹政黨公開支持。教會不單是一個宗教團體，並且是道德與德意志傳統的保壘。一九三三年四月二十五日希特勒任命他的好友穆勒(Ludwig Müller)——「德意志基督徒」領袖之一——為他的教會事務顧問，負責推動建立「德意志福音教會」(German Evangelical Church)。同一日三位分別來自信義宗、改革宗，以及聯合教會的領袖組成三人委員會(Committee of Three)，負責起草德意志民族/國家教會的新憲章，並於同年五月初步通過。同年九月二十七日穆勒當選民族/國家教會的監督，在穆勒當選之前，「德意志基督徒」於九月五至六日在柏林召開後來所謂的「棕色教會會議」之中，推動教會落實早前國家政府同年四月通過的「雅利安條款」(Aryan Paragraph)，所有將來的教牧都必須是「雅利安人」後裔，並宣佈無條件支持民族社會主義國家及新的德意志福音教會。[11] 由以上可以看見，德國新教教會自身早就具備條件，配合希特勒當上總理之後所推出的一體化政策。因此德國新教教會並非在強權壓迫底下跟國家政府配合，或是在不知不覺之間被國家政府滲透而被收編。反之，實情乃是她本身在思想情感行動上，早就與納粹政權所倡議的極為呼應一致，以致可以十分容易配合國家推動的一體化，而成為國家的一分子。

六、教牧緊急聯盟與認信教會

面對這樣的情況，新教教會內部並非沒有反對聲音，但是要到「德意志基督徒」奪權之後才出現有組織的反對聲音。雖然早在一九三三年春天已經出現自稱「年青宗教改革運動」（Young Reformation Movement）的小組等類似的反對聲音，但終究不成氣候。「年青宗教改革運動」曾在同年五月九日發出重建德國教會宣言，大膽反對排斥教會中的非雅利安人。這個運動成了後來相繼成立的「教牧緊急聯盟」（The Pastors' Emergency League）與認信教會（Confessing Church）的前身。「教牧緊急聯盟」在尼莫勒牧師（Martin Niemöller）的帶領底下，於一九三三年九月三十一日成立，參與牧者簽署四項聲明：委身聖經及宗教改革對聖經解釋的認信/信條、毫無保留地拒絕任何違反這一認信立場的看法、與那些因站在這一認信立場而受迫害的人一起承擔責任、確信在教會內落實雅利安條款是違背這樣的認信立場。這項簽署從起初的六十人聯署，到了同年年底已達六千牧者之多，但相對於總數約一萬八千人來說，亦只佔三分一。後來這雅利安條款進一步被用來排斥教會中的普通信徒，造成更廣泛的影響。[12] 事實上，在德意志基督徒的「棕色教會會議」之後方才成立的「教牧緊急聯盟」，只有約六千教牧簽署，即透露出當時的德國新教教會乏力軟弱。雖然一個有組織的教會聲音「不」終於公開發出了，並且也被政府聽到了，但是究竟不能扭轉局勢、消除整個德國新教教會投向納粹政權的勢頭。即使聯盟抗議一九三三年十一月德意志基督徒在柏林體育宮（Sport Palace）二萬人集會熱烈鼓吹反閃族、去除基督教的猶太元素、高呼「基督君王與元首」的口號，抗議穆勒於同年十二月底以自己權力與希特勒的青年領袖席臘赫（von Shirach）簽訂協議，把「福音青年組織」（Evangelical Youth Organization）大概六十至七十萬成員，轉入希特勒的青年組織之中，又不理會一九三四年初穆勒通過法案，禁止教會以任何方式誤用教會政治事務的工作，包括攻擊教會政府或其行動，但是仍然阻止不了事情的發展。當希特勒個人介入上述的法案一事時，加上其中一個信義宗監督議會為穆勒背書，聯盟就流失約二千成員。結果違背法案的教牧遭到懲罰：免職、失去養老金，有些被調度到偏遠鄉村的小教會。抵抗分裂、聯盟削弱，但沒有被摧毀，戰爭仍然繼續。[13]

無疑，「德意志基督徒」的二萬人集會因著過分的反猶而導致新教教會分裂、懷疑帝國的用心，結果失去納粹政權的支持而瓦解，只是這並不妨礙國家把一體化落實於德國新教教會之中。不過，微少的抗爭仍然持續，並且重新聯合起來。一九三四年初，在未經民族/國家監督穆勒和官方教會管治團體的批准底下，組成福音教會的信義宗、改革宗和聯合教會，各自分別召開會議（synod），然後到了一九三四年五月二十九至三十一日三個羣體聯合一起召開會議，這就是著名的巴門會議（Synod of Barmen），會中通過了巴特起草的《巴門宣言》（Barmen Declaration），建立了「認信教會」。巴門會議共有二十六個領地教會派出一百三十八名代表參加。他們首要是抗議民族/國家監督獨裁的作為，以及保護教會教義的純正，這教義可以在宗教改革信義宗和改革宗認信/信條對新舊約聖經所作的撮要之中看見。因此這全國性的會議不在於直接針對納粹政權的宗教政策與看法，以及「德意志基督徒」，也不是要從官方的民族/國家教會羣體中分離出來，而只是強調穆勒的教會或「德意志基督徒」並不是古老教會的合法延續，只有他們才是。換句話說，只有認信教會才是真教會，「德意志基督徒」那一類教會是假教會。只可惜許多認信教會都是德國北方領地的，南方的教會對教牧緊急聯盟存疑，也不滿新的認信教會走得極端，脱離建制的領地教會。這種南北之間的敵意一直維持到大戰時期，結果就是南方的教會沒有多大支持北方的認信教會。[14] 至於《巴門宣言》，六條宣稱旨在拒絕「德意志基督徒」的假教義、呼喚教會回到聖經及認信／信條的核心真理，並拒絕國家的全權宣稱，以及建制的領地教會對國家的依賴。很明顯，當中隱含了對納粹全權主義的攻擊（包括他們嘗試利用教會作為政治工具），以及批判穆勒靠賴國家來管治教會。但是，始終《巴門宣言》並非政治宣言，不涉任何政治議題，沒有提及希特勒的罪行，對猶太人隻字不提，而在根本處沒有認信福音的權柄高於國家，沒有在頂住國家及認信基督的主權遍及一切領域包括政治層面上走得更遠。但至少巴門會議及宣言為北方的認信教會提供了共同戰線，而納粹政權亦意識其重要性，祕密警察隨即攻擊宣言，全國沒收其出版，威嚇擁有宣言的要被關進集中營。[15] 此後，特別是一九三九年戰爭爆發之後，迫害基督徒的事件廣泛發生，大量基督徒被捕；例如在一九三五年因為宣告廢棄「德意志基督徒」信仰運動導致二百位牧者被捕，新教及天主教的領袖被關進集中營之中，巴特被迫返回瑞士，認信教會的出版被封，潘霍華負責的地下神學院被關閉。尼莫勒與敢言的牧者和教會成員都相繼遭受收監等類似對待，有些則被召入伍參軍。戰爭期間認信教會更為力量薄弱，處於極度危險的境地。[16]

七、對今日教會的借鑒

在最後這個部分，我只能就著上面所講的作出反省，特別就著自宗教改革以來德國新教教會即信義宗、改革宗以及包括這兩個宗派的聯合教會一路下來直到認信教會的出現，思考對我們今天的教會有甚麼值得注意的地方。首先我們必須注意，在具體的歷史世界之中沒有兩個情況是完全相同的，因此要避免完全套用的想法。事實上，昔日德國新教教會的情況，就正如上面所講的，跟今日我們的教會情況，只能説同中有異、異中有同。我們能夠做的，只是觸類旁通、舉一反三。在這裏我必須強調，我提出的反省，是建基於前面的歷史知識的，如果沒有這方面的歷史知識我就沒有基礎去反省了，又或是我這方面的歷史知識不足甚至偏差，那麼我的反省就缺乏足夠或恰當的基礎了。我並非這方面的歷史專家，很需要借助他人的研究成果，然而個人時間與能力有限，希望在智慧的海洋之中，拾取的都是珍貴的貝殼吧。

首先是主權國家的問題。這主權國家的出現，不僅是政治現實，也是時代精神，但都同時構成了德國新教教會（包括認信教會），以及我們今日所屬教會的背景。無可置疑，在大國崛起底下我們都活在主權國家的管治之下。當然西方歐洲主權國家的發展有其自己的歷史和文化脈絡，這涉及了前面所講的雙重取代，首先是以君主取代上帝，然後是以國家取代君主。這是一種去除上帝主權的發展，最終就是國家體現這種絕對主權。在我們今日的處境之中，雖然並非重複西方歐洲走過的道路，並且因為在我們的文化之中並不存在類似西方的絕對主權的上帝觀，所以只出現主權國家取代主權君主的情況，但是就著主權國家的本質來看，則跟西方歐洲別無兩樣，只是大家的主權國家的表現形式並不完全相同。我們必須記住，主權國家的主權是絕對的，無所不包的，無所不管的，因此定必排除、消滅、否定、吸納、收編一切在它以外的權力，而效忠於它，沒有甚麼剩餘權力。而所謂「愛國」就是只效忠於國家。很明顯，對於基督教信仰來説，我們只以耶穌為基督為主，國家並不是我們的彌賽亞也不是我們的主。這裏引申出來的，就是不能不清楚明白「上帝的國度/管治」與「地上的國度/管治」的關係。跟隨耶穌的羣體只效忠耶穌，活在上帝的管治之中，卻不能同時服事上帝與國家。我們只有一個主，因此那些「天上國民地上公民」的講法要很小心，避免落入一種雙重效忠的陷阱裏面。當然另一種危險是顛倒上帝國度與地上國度的優先次序，例如我們可能很早就聽過「沒有國那有教」，不過耶穌對撒但的試探正好用來面對這個似是而非的講法。那就是「人活著，不是單靠食物，乃是靠上帝口裏所出的一切話」(太四 4)。以哲學的講法，這種優先性是存有上的/本體上的優先性(ontological priority)。因此，第一個我們要互相提醒的，就是「人活著，不是單靠國家的管治，乃是靠上帝在基督裏藉著聖靈的管治」。國家頂多只是上帝手裏保守護佑這個世界每況愈下的工作，它本身並無拯救叫人類生命得以豐富的力量，更何況很可能它只是上帝容讓其在墮落的世界中存在。只是主權國家的出現，卻是以為自己的絕對權力，可以取代上帝的地位。這種情況，就是魔化了的國家。

但是我們也不是説凡是國家都是魔化的，只是全權式的主權國家因為僭奪了上帝的位置所以魔化了。這裏要有所辨識。因此教會羣體、宗派要在現實上跟國家、政府保持批判的距離。這是第二點我們要注意的。這裏特別強調「現實上的批判距離」，乃在於口裏講「保持批判距離」是容易的，但在現實生活上卻可以是另一回事。又或者以為只要時刻提醒自己跟國家、政府保持批判距離，就不用擔心現實生活上跟國家、政府建立各方面的祕密關係。昔日德國新教教會的情況是一面鏡子。眾多領地教會為甚麼那麼容易被一體化而成一個民族/國家教會並在一個民族/國家監督底下？除了國家民族感情之外，另一個重要原因就是這些教會自馬丁路德時代下來，一直都接受領地政府在行政上在財務上的幫助，也在社會福利、國民教育的事務得到很大的重用，感到有分建立國家、社會，與有榮焉，何等自豪。結果我們看得很清楚，歷史積累讓這種現實的關係愈來愈緊密，以致認信教會的認受和果效並不十分明顯，德國新教教會仍然主要親近納粹政權或是不願脱離國家政府。這種長年累月倚靠國家政府生存、建立自己的情況，同樣出現在我們今天的教會、宗派之中，遠的可以追溯至港英政府管治時代，大家可以參考郭乃弘牧師的相關著作《邁向新世紀的香港教會》、*A Church in Transition*；近的可以在是否放棄基督教十席特首選委的考慮上反映出來，按照《時代論壇》一五〇六期（2016年7月10日）頭版報導：胡志偉牧師表示在香港基督教協進會第二次就此而辦的諮詢會中，「不少領袖表達了政府既然把責任給予協進會，不做便覺得是拒絕政府，也擔心會影響他們轄下的社會服務等觀點」。香港的教會、宗派在醫療、教育、社會服務方面的參與，可謂歷史不短，至少也有半個世紀之長，但其中跟政府的關係也隨著年月進入難以重返昔日獨立自主的景況。我們並非否定教會、宗派參與醫療、教育、社會服務等工作，也不是否定教會、宗派跟政府合作從事醫療、教育、社會服務等工作。我們要檢討和反省的是，這個過程之中，教會、宗派會否逐漸失去其在現實上的獨立自主，而變得依賴也在所不惜？在這個過程之中，教會、宗派是否為了自己的光榮、有分社會的進步發展，而可以付上依賴受制的代價？更重要的是，自己是否投進了溫水煮蛙的依賴局面，到醒覺時已難以自拔？

事實上，我們也不可能完全不跟國家、政府打交道，但是在思考教會應該怎樣跟國家、政府打交道之前，恐怕我們首先需要認清、審視我們過去和現在一直持守與落實的教會、宗派和國家政府的關係，究竟是怎樣的。沒有認真的自我了解，很難作出正確的下一步行動。當然在香港的處境之中，就這方面的立場，可以有種種不同的持守與落實，而非鐵板一塊，不同教會不同宗派自有不同的看法。因此光譜是很寬闊的。重要的是我們是否清晰自己的立場，並且不斷從信仰、神學的角度予以審視、批判，從而不斷避免在思想上、在實作上製造機會讓自己向國家政府投誠或被國家政府收編的局面。昔日德國新教教會就是一直持守某種信義宗主義的政教關係觀，缺乏批判的反思，變得僵化頑固，只有到了認信教會出現，才有機會修正更新其對政教關係的看法。因此，這是第三點我們必須重視的。不同的教會、宗派對雨傘運動的各種回應，或多或少反映了各自對政教關係的現存看法，這正是一個機會讓我們可以更有意識的認識清楚，然後再作審視整理，或予修正或予發展，目的只有一個，就是讓教會、宗派恰當地理解她跟國家政府的關係，提供指引而於日常實作按具體情況與國家政府打交道。雖然不少人指出，認信教會的出現來得太遲了，他們對教會與國家的關係、對耶穌基督的福音的重要性等反省，也未夠徹底，並且忽略了教會外猶太人遭受迫害的景況而焦點只落於教會自身身上，但是若從德國新教教會自馬丁路德幾個世紀以來的思想與文化積習來看，在已成定勢的景況下，也不能對認信教會更多要求了。從來零的突破都是不容易的，認信教會發出的《巴門宣言》正正表達了他們在信仰上在神學上對耶穌基督的忠信，已經踏出毫不容易的一步。我們今天的教會、宗派經歷過雨傘運動，在信仰、神學的思考上，是否已經進入審視整理、修正發展的階段？抑或尚在預備踏上這條道路的狀態之中？為時已晚？還是為時未晚？

進深閱讀

1. Arthur C. Cochrane, *The Church's Confession under Hitler* (Eugene: Pickwick, 2009).
2. John S. Conway, *The Nazi Persecution of the Churches, 1933～1945* (London: Weidenfeld and Nicolson, 1968).
3. Ernst Christian Helmreich, *The German Churches under Hitler* (Detroit: State University Press, 1979).
4. Klaus Scholder, *A Requiem for Hitler: And Other New Perspectives*

on the German Church Struggle (London: SCM, 1989).

註釋

1. 參 Ernst Christian Helmreich, *The German Churches under Hitler: Background, Struggle, and Epilogue* (Detroit, MI: Wayne State University Press, 1979), chapter 19。
2. 參 Helmreich, *The German Churches under Hitler*, chapter 20。
3. 見其文章：Jean Bethke Elshtain, *Bonhoeffer and the Sovereign State* [document on-line]; available from First Things website (www.firstthings.com/article/1996/08/002-bonhoeffer-and-the-sovereign-state); accessed 12 July 2016。
4. Elshtain, *Bonhoeffer and the Sovereign State* [document on-line].
5. Elshtain, *Bonhoeffer and the Sovereign State* [document on-line].
6. 參 Garnet Peet, "The Protestant Churches in Nazi Germany," 第一節 Church and State in Luther's Germany 及第二節 Luther and the Right of Resistance，來自網上文章：Garnet Peet, *The Protestant Churches in Nazi Germany* [document on-line]; available from Spindle Works website (http://spindleworks.com/library/peet/german.htm); accessed 9 July 2016。
7. Peet, *The Protestant Churches in Nazi Germany* [document on-line] 的第一節 Church and State in Luther's Germany 及第二節 Luther and the Right of Resistance。
8. 參 Peet, *The Protestant Churches in Nazi Germany* [document on-line] 的 Church and State in the Second Reich（1871 ～ 1918）與 After World War I 兩節。
9. 參 Peet, *The Protestant Churches in Nazi Germany* [document on-line] 的 Hitler and the Protestant 一節。
10. 參 Arthur C. Cochrane, *The Church's Confession under Hitler* (Eugene, OR: Pickwick, 2009), chapter III: The Rise of the "German Christians"。
11. 參 Peet, *The Protestant Churches in Nazi Germany* [document on-line] 裏的 The "German Christians" 及 The "German Christians" in Action 兩節。

12. 參 Helmreich, *The German Church under Hitler*, chapter 7: The Establishment of German Evangelical Church，其中 The New Constitution and Church Elections 及 The Establishment of the Pastors' Emergency League 兩節。
13. 參 Peet, *The Protestant Churches in Nazi Germany* [document on-line] 裏的 Downfall of the "German Christians" Movement 與 Resistance: The Pastors' Emergency League 兩節。
14. 參 Peet, *The Protestant Churches in Nazi Germany* [document on-line] 裏的 Free Synods and Confessing Churches 一節。
15. 參 Peet, *The Protestant Churches in Nazi Germany* [document on-line] 裏的 The "Free Synods of Barmen" 一節。
16. 參 Peet, *The Protestant Churches in Nazi Germany* [document on-line] 裏的 Persecution 一節。

附錄一：德國認信教會的爭鬥

Text: Matthew D. Hockenos, "The Church Struggle and the Confessing Church: An Introduction to Bonhoeffer's Context," *Studies in Christian-Jewish Relations* 2/1 (2007): 1 ～ 20 [article on-line]; available from Studies in Christian-Jewish Relations website (https://ejournals.bc.edu/ojs/index.php/scjr/article/view/1399/1289); accessed 16 January 2014.

一、宗教背景

- 德國人口：一九三三年六千五百萬
  - 新教徒（官方註冊）：四千一百萬；
  - 羅馬天主教徒（官方註冊）：二千一百萬；
  - 德國福音教會（German Evangelical Church）：由獨立的領地教會（regional churches）組成的聯盟，並無單一領袖。
- 領地教會：教會爭鬥時期共有二十八個自主的領地教會：信義宗（約一半）、改革宗（兩個）、聯合教會約一半，最大的是古老普魯斯聯合教會（Old Prussian Union），雖然是信義宗與改革宗的聯合教會，但由信義宗傳統主導。

- 猶太人：少於人口的 1%。
- 一九三三年民族社會主義工人黨執政
  - 羅馬天主教會在教宗同意下與國家簽定協約。
  - 德國福音教會：分裂成三組（各有教牧及信徒支持）。
- 極端民族主義、反閃族、支持納粹的德意志基督徒信仰運動。
- 某程度反抗的認信教會。
- 兩邊不站的中立者。
- 一萬八千教牧中少於三分之一附從德意志基督徒信仰運動。
- 一九三四年一月參加認信教會的僅超過七千，但一九三三至一九四五年期間大多時候少於五千。
- 信徒情況沒有可靠數字，約有百分之八十中立，他們中間因熾熱的德意志基督徒信仰運動而分裂。

二、教會爭鬥

- 涉及三個互相交織的面向：
  1. 認信教會與德意志基督徒信仰運動為掌控新教教會而爭鬥；
  2. 認信教會與納粹國家為影響力而爭鬥；
  3. 認信教會自身內部，對反抗德意志基督徒運動與納粹國家管治教會的事情，保守與徹底兩翼出現衝突。

1. 認信教會與德意志基督徒信仰運動為掌控新教教會而爭鬥

- 建制派教會權力的防衛戰（包括尼莫勒〔Martin Niemöller〕在內）；
- 在認信教會之中鬆散地組織起來對抗傳統主義的德國基督徒信仰運動；

- 德意志基督徒信仰運動想要整合二十八個領地教會而成統一的帝國教會，由一個與希特勒（Adolf Hitler）關係緊密的帝國監督帶領，目的在於整合基督教與民族社會主義而成一種族純粹的「人民教會」。
- 另一爭鬥：神學上，
  - 雖有分別，但不能忽略兩者的相近；
  - 事實上，德意志基督徒信仰運動的核心：民族主義、反閃族主義、反共產主義，廣為德國大學中備受尊重的神學家接受。
- 一九三四年德意志基督徒信仰運動在教會選舉中勝出，除了三個領地教會，他們成功控制所有領地教會，並隨即在教會中通過雅利安條款（Aryan Paragraph）排除猶太裔教牧；
- 被排除的領地教會領袖稱這些被控制的領地教會為「毀壞的教會」（destroyed churches），而南方仍然落在舊有教會領袖手裏的教會則被稱為「完整的教會」（intact churches）；
- 潘霍華（Dietrich Bonhoeffer）則反對德意志基督徒信仰運動及許多認信教會教牧的做法，認為這是葬送教會與德國文化。

2. 認信教會與納粹國家的爭鬥

- 這爭鬥經常被誤為首要甚至惟一的爭鬥，實情只是一小撮教牧間中對國家某些政策反對，例如安樂死和教會政策；
- 潘霍華早期對納粹國家全然反對，在許多認信教會教牧中間很不受歡迎；
- 新教教牧經歷威瑪共和國（Weimar Republic, 1918～1933），大多相信需要強大的國家領袖和道德更新，他們構成了支持或妥協的保守精英的一分子；

- 此外，有名望的信義宗神學家也為民族社會主義工人黨的工作提出神學背書，包括 Paul Althaus, Werner Elert, Friedrich Kittel, Emanuel Hirsh；
- 人多數新教成員不覺踐行信仰與支持希特勒不相容：
  - 仰慕希特勒打擊無神主義左派與自由主義者的勇氣，認為大家目標一致；
  - 即或一九三三年七月選舉教會監督希特勒在背後操控，亦相信他不會讓德意志基督徒信仰運動決定教會的將來；
  - 即使一年後國家干預教會事務，大多數教牧仍然以為只是帝國監督穆勒（Ludwig Müller）狐假虎威的越權所為；
  - 結果：一九三三年和一九三四年沒有甚麼教會–國家衝突。

3. 認信教會自身內部的緊張失和

- 發生於保守與徹底兩翼之間，一九三四年明顯出現；
- 一九三四年十月尼莫勒領導徹底派，在達林會議（Synod of Dahlem）之中堅決反對德意志基督徒信仰運動，但保守派（特別是南部）願意與德意志基督徒信仰運動有信譽的教牧合作；
- 認信教會的徹底派並不是社會或政治上的徹底，在這兩方面跟保守派分別不大，其徹底只是在於反抗希特勒的教會政策；
- 爭鬥的核心議題：認信教會是否要把反對教會整合至國家之中，擴展至反對納粹國家。尼莫勒領導的徹底派認為有必要不被國家干預教會的行政、財務、法律、教牧；
- 潘霍華雖然早就反對希特勒與納粹主義，但其抵抗尚未充分發展，要到一九三八年的水晶之夜（Crystal Night）與大戰爆發才完全投入；由於一九三三年秋至一九三五年春在倫敦牧會，一九三五至一九三七年主持地下神學院，故對認信教會的方向影響不大；

- 兩派之間的分歧巨大至無可縫合，戰後亦如是；
- 然而在政治立場上早期的教會爭鬥並非如此，而神學上的分歧首先見於一九三四年，屬於信義宗神學的不同陣營（例外：巴特〔Karl Barth〕及改革宗領袖），大部分認信教會領袖屬於信義宗；
- 潘霍華由於其自由主義－民主（liberal-democratic）傾向及拒絕正統信義宗對教會－國家關係而被邊緣化，甚至置於敵對立場；
- 大多數認信教會領袖生於十九世紀下半葉最後的三十年間，許多是牧者之子或在傳統新教家庭長大，在第三帝國時已經年過三十，步入中年，而為位高權重的神學家或教會領袖。相反，希特勒掌權時潘霍華三十不到，死時才三十九；
- 教會抗爭運動是由這些傳統的教會領袖發起，他們是因為被德意志基督徒信仰運動推翻在領地教會的領導所震懾，而起來反抗。基本上他們堅持維護傳統的做法：教會自選權、教會自身的領導、領地教會自主：教會任命牧者、使用金錢。他們要維持現狀，故此阻止德意志基督徒信仰運動延展勢力掌管教會。

附錄二：德國的教會爭鬥，哪一種爭鬥？

權威的潘霍華傳記作者貝特格（Eberhard Bethge, 1909 ～ 2000），於上世紀一九七四年出版的文章“Troubled Self-Interpretation and Uncertain Reception in the Church Struggle”，是三十年代德國教會爭鬥的局內人的觀察，值得細讀。

Text: Eberhard Bethge, “Troubled Self-Interpretation and Uncertain Reception in the Church Struggle” in *The German Church Struggle and the Holocaust*, ed. Franklin H. Littell and Hubert G. Locke (Detroit : Wayne State University Press, 1974).

一、分期

- 一九三三至一九三五年：視教會爭鬥只是教會爭鬥：不從眾（nonconformism）；
- 一九三五至一九三八年：視教會爭鬥為不想要的政治爭鬥：不順服；
- 一九三八至一九四五年：視教會爭鬥解體為管理失當的政治爭鬥；另類則為祕密抵抗或停止抗爭；
- 一九四五年後：重新解釋，一半針對教會爭鬥，一半針對抵抗；伴隨著不清混淆的解釋：為順服基督而戰還是為人類自由而戰。

二、一九三三至一九三五年

- 抗爭顯現於認信教會於巴門（Barmen）和達林（Dahlem）會議（1934 年）：
  - 不視之為政治爭鬥，只是教會爭鬥；
  - 認信教會強調他們是為純正的上帝話語、宗教改革的認信，以及反對教會中新的異端而戰；
  - 盡一切力量避免表現為政治的反動者、國際主義者，或退化的西方民主主義者，此可見於一九三三年夏的「年青宗教改革者」（Young Reformers）的宣言；
  - 文章、宣講、演講「非政治化」；「年青宗教改革者」對反自由主義的新德國表示「欣喜的認同」（joyful yes）；尼莫勒（Martin Niemöller）在其一九三四年再版的著作（*From U-Boat to Pulpit*）中向民族的再生致敬；
  - 因此，當一九三三年三月德國進行立法，打擊人權和政治權利，認信教會沒有寫過或出版過任何反對文章：
    - 帝國總統法令（the decree of the Reich President）：「保障民族與國家」：限制演説、出版、集會的自由，限制郵寄與電報的私隱，以及房屋及財產的保護；
    - 陰謀法案（Heimtücke legislation）：辨認一切對民族帶有敵意的反政府勢力；
    - 授權法案（Ermüchtigungs legislation）：授權政府免受憲法條款的限制、國會的控制；
    - 「公職限制」的法令（the decree “for the restriction of civil

service”)：禁止猶太裔德國人擔任政府公職。

— 自我閹割的原因（沒有預備反對）：
  - 避免自由主義的腐敗；
  - 避免共產主義的威脅；
  - 一種保守的正當性哲學；
  - 與強調「創造秩序」（反西方、反加爾文主義者）的信義宗神學一致；
  - 轉向攻擊政治上的「羅馬天主教主義」；
  - 〈凡爾賽條約〉（Versailles Treaty）及其後果造成的震撼；
  - 反閃族主義在教會中仍然活躍；

  戈加滕（Friedrich Gogarten）：「當一個民族愈來愈遠離秩序，就要帶領它回歸秩序，而首先是把它劃一。」

- 對第一波驅逐浪潮沒有反應

— 一九三三年六月：自由主義與和平主義神學家西格蒙·舒爾茨（Friedrich Siegmund-Schultze）神父被逐；

— 一九三四年赫克爾監督（Theodor Heckel Bishop）：定性反對的牧者為左翼及猶太政治家的同路人，列入被驅逐隊伍之中；

— 教會於此初期沒有參與驅逐田立克（Paul Tillich）與史密特（Karl-Ludwig Schmidt）（因屬左翼政治羣而被逐），但他們兩人沒有期望，甚至沒有計算教會的支持；

— 教會視巴特（Karl Barth）為負累，對巴特沒有出席一九三五年的奧斯堡會議（Synod of Augsburg）釋然，也沒有為他安排擔任教會神學院任何職位，而是讓他回瑞士。

- 認信教會之自我了解

— 認為外界以人文主義或政治進路來看他們是誤解了，巴特和潘霍華（Dietrich Bonhoeffer）也努力向普世教會的朋友解釋教會爭鬥只是神學爭鬥：對抗異端；

- 對於巴門和達林會議的反對，沒有站在人文主義的、自由主義的，甚或民主的立場來思考，他們完全沒有這方面的想法；
- 另一方面，參加者自己的經驗：
  - 重新發現宗教改革的認信；
  - 由此而跟以前所謂的自由主義者和正統實定主義者（orthodox positivists）合作；
  - 重新發現在基督的王權底下靈性的和組織的合一很重要；
  - 在全權管治的環境中，這樣純粹的認信與教會導向的反對，不單是見證自由，並且是追求自由的有組織據點；
  - 一度忘記「純正宣講福音及認信」的人回到教會之中，包括自由主義者、藝術家、政治家等等；
  - 因此，認信教會並不是反自由主義的、內向的、教條主義的、鐵板一塊、威權的……有的只是個別地理或歷史情況；
  - 教會爭鬥乃是在恐怖制度之中呼吸的房屋、有瓦遮頭的地方。

三、一九三五至一九三八年

- 一九三五年決定性打擊：納粹政權改變策略，由間接及個別干預教會改變成公開及直接干預教會行政及宣講福音的自由；
- 參與巴門—達林會議反對的成員日漸減少，從看來已到成功的頂峯下滑。成功：
  - 揭露了穆勒（Ludwig Müller）及其德意志基督徒信仰運動主宰的教會政府的明顯失敗。
  - 建立自身的緊急教會合法性與組織（達林會議）。
  - 盼望可以爭取更多國家權力機構對他們的組織及教牧的法

律承認。

- 三個由希特勒（Adolf Hitler）或戈林（Hermann Göring；政治家、軍中領導、納粹黨領袖之一）簽署的法令，引發抗爭組織走上無望的分裂：
  - 一九三六年三月：財政部門介入教會行政。
  - 一九三六年六月：針對教會而設的法律部門成立，終止獨立的法庭。
  - 一九三六年七月：「教會事務職事部」（Ministry for Church Affairs）成立，後來發出了「守護德國福音教會」法令，差不多引致認信教會毀滅。
- 國家立法結果：若繼續追隨巴門－達林會議的路線、建立獨立自主的教會政府，則是公開違反國家法令及法律。導致在教會內打擊異端、阻止他們扭曲教會形象，形勢十分困難；
- 現時敵人為政府，但沒有人很有準備不順服國家，平常對羅馬書十三章的信義宗解釋不曾容許發展出任何抗爭意識；不大相信國家真的被犯罪的政府所統治；
- 教會會議及教牧討論，落入冗長疲乏的景況：如何衡量國家、如何與舊有的國家教會復和；
- 同時各種監察認信教會的行動展開，一九三七年為被囚的教牧的代禱名單比之前更長；認信教會神學院的畢業生、不少教牧，甚至不同領地教會的教牧領袖，都被去職；
- 仍然有「少數人」公開不順服，但受到「大多數人」控訴：把建制教會置於高危境地，失去宣講福音的自由與權利。「少數」在議會中仍然沒有以人文主義或政治理由而爭辯；
- 「少數」爭辯要改變教會政治，但不是建立另一政府，所以出現抗爭，但卻缺少了任何另類德國的政治看法，也沒有任何追求政治自由的計劃／規劃；

- 對於自由的倫理很少思考與寫作，大多數是演繹「在基督裏相信/信靠」與人類自由的關係。

四、一九三八至一九四五年

- 一九三八年：水晶之夜（Crystal Night）、大戰臨近；認信教會意識最大的危機來到；
- 不再進一步追隨不順服的路線，但又未能進至積極的政治抗爭；
- 直至一九四五年，仍然有一撮人堅持自己的內部規矩，以會議的方式聚會與言說，以巴門與達林會議的語言說話，冒著生命與薪金、自由活動與聲譽、孩子的將來與教育等危險，引起權力當局更多注意，也讓普世運動朋友關心；
- 一九三八年巴特與認信教會的弟兄議會（Brethren Council）公開決裂，事件在於認信教會仍然對猶太人問題甚至政治問題視而不見，不以之為信仰問題。
- 關鍵事件：
    1. 一九三八年以發誓盡忠來慶祝希特勒生日，不單「德意志基督徒」與中立者如是，差不多所有認信教會牧者都如此。
    2. 巴特與認信教會決裂。
    3. 在布拉格危機（Prague Crisis）之中草擬祈禱書的信義宗教牧遭受解僱。
    4. 對水晶之夜教會全然靜默。
- 所有這些事件顯示認信教會不曾對戰爭態度有任何反省。
- 於一九三三年九月發起教牧緊急聯盟的尼莫勒自薦為希特勒所發動的戰爭當隨軍牧師，引發更多人隨他參軍，但原因除此之外還有：（1）逃避被殺的危險；（2）把握機會使忠誠的人可以改變事情——謀反殺害暴君；（3）只是為祖國而戰，不少認信教會的教牧是基於這原因參軍；

- 是甚麼塑造了這一時期的德國人的自我了解與回應？十九世紀德國面對歐洲兩種力量：自由主義與民族主義，前者在於人權，後者在於民族獨立而統一。從俾斯麥（Bismarck）開始就選取了民族主義路線，追求強大民族的對外政策，因而致力強大合一，到了威瑪共和亦是如此。許多認信教會的牧者都認為威瑪共和的失敗在於不能穩定地把首要性從內政轉向強大對外政策。因此這些人從一開始就幫助希特勒朝這方向努力；
- 希特勒吸引基督徒的是絕對內在統一的概念、統一在〈凡爾賽條約〉失去的領土、懸置一切人的自由。對統一的期盼太強，而現在難以改變與發展久被忽略的反對與抵抗的政治德性，只能轉為以密謀的方式抵抗。但這樣做就違背原來的路向精神；
- 只有少數人願意如此，但這樣就變得完全孤獨，因為你不會以牧者身分從事這一工作；你為此被捕入獄，教會也不會把你列入代禱名單。

22.

教會的爭鬥、神學的爭鬥——認信教會與潘霍華*

一

德國神學家潘霍華（Dietrich Bonhoeffer）是神學界一個熟悉的名字，可是在教會之中並不一定人所皆知，即或有所認識，也多是因為他上世紀四十年代有分參與軍中叛變、謀反希特勒（Adolf Hitler）政權的小組。相對來說，潘霍華在一九三〇年代（特別是上半葉），對德國政權的回應，就較少為人所識，這在一般信徒中間，更是如此。事實上，對潘霍華三本膾炙人口的作品：《追隨基督》（*Discipleship*）、《團契生活》（*Life Together*）和《獄中書簡》（*Letters and Papers from Prison*），我們不能抽離他身處的政治、社會、教會情境，而可作出透徹到位的了解。如果說潘霍華的博士論文《聖徒相通》（*Sanctorum Communio*）與大學教授資格論文《行動與存有》（*Act and Being*）是回應當時德國的哲學與神學，那麼其後他的一切寫作，包括講章、授課，無不跟其所身處的政治、社

---

* 本文原載於張慧嫈主編：《仄徑舛途——全權統治下的教會》（香港：德慧文化，2015），頁 151～171。現稍作修改。承蒙德慧文化授予使用該文版權，謹此致謝。後記寫於文章發表後的二〇一六年八月二十一日。

會、教會相關。如果全面深入地閱讀潘霍華的作品，我們將會同意研讀潘霍華的專家格林(Clifford Green)所說的話：「他是個指引行動者的思想人！」(the thinker who informed the man of action)。[1]

我們這一章只集中於一九三〇年代上半葉，嘗試借助不同學者有關的研究，在當時的政治、社會、教會的情境之中，呈現出潘霍華在神學上如何了解及回應當時風雲變色的局面。一個還不到三十歲的年輕人，我們將看見他的思考如何鋭利地直指議題的核心，神學地辨識清楚「教會首要關心的是甚麼？」並坐言起行，不作犬儒。

二

上世紀三十年代的德國政治、社會、教會情境，並非突如其來的。在這裏我們借助研究德國這段時期的歷史學者摩西斯(John A. Moses)的論述，[2] 來幫助把握潘霍華身處所面對的局面。一切都其來有自，我們需要回到更早時期的德國，包括一八七八至一九一八年的威廉帝國(Wilhelmine Empire)、一九一九至一九三三年的威瑪共和國(Weimer Republic)，然後方才可以明白一九三三至一九四五年希特勒民族社會主義(National Socialism)的獨裁統治；這第三帝國是德意志精神的顯現，潘霍華認為在本質上是邪惡的，讓他無從選擇，抵抗至死。[3] 事實上，這三個政權之間的延續是強而有力的，其中至為重要的是工業家與商界精英、軍人(特別是文官系統)、中產階級包括專業人士，都強烈認同威廉帝國的俾斯麥制度(Bismarckian system)，認為他們自己是民族(Nation)的組成，是「真正」的民族價值的守護者，他們是君主制度的支持者，是保守的一羣。[4]

一九三〇年的世界經濟危機造就了希特勒的納粹主義者(Nationalsozialist，民族社會主義者)在國會贏得一百一十二席，連同其他極端右翼勢力組成新政府，希特勒也在一九三三年一月成為總理。這時，希特勒廣為德國人民接受而為元首（Führer），視之為可以帶領德國脱離威瑪時代的混亂、共產主義接管的威脅，而能恢復德國的國際地位、拒絕〈凡爾賽條約〉（Versailles Diktat）的規定，由此而讓德國走在「光輝歲月」的道路之上，正如昔日威廉二世（Kaiser Wilhelm）早年（1894 年）統治所應許的。[5] 希特勒上台之後，除了無情地清除黨內黨外的敵對勢力之外，他致力復興經濟，主要是藉著軍事工業與大量的公眾建設來達成，此外就是根據納粹的意識形態推行反猶太人政策。這一切都導致進一步預備戰爭：拒絕償還國際債務，以及開始實際迫害猶太血統及信仰的公民。[6] 然而，悲哀的是，在德國人中間反對這些災難性政策的力量，何其微弱。軍隊、教會、政治黨派，大多數都未能對納粹如此這般的管治作出質詢的批判，或者至少作出密謀反抗的行動。潘霍華是此中少數而出眾的一分子。[7]

三

在納粹德國之前，即使絕對主義的國家（absolutist state）也是一個法治國家（Rechtsstaat），即根據一套編製的法律體系來運作的國家，即使君王「高於」法律，也不例外。可是，納粹德國期間，法律就是元首的肆意意志，落實了就成為希特勒的個人價值的產物。然而，希特勒的政治理念，又是上百萬德國與奧地利人民所持有的。無疑，希特勒乃是德國歷史的主流。世界經濟危機使得人民接受「強人」的管治，同時振興德國的經濟活力與國際尊嚴。在這裏西方形式的國會民主早已清楚無效，因此德國人民相信希特勒代表他們所熟悉的威權主義的回歸，實現俾斯麥主義與威廉時代的「條頓價值」（Teutonic values），認定民族社會主義就是普魯斯一德意志（Prussian-German）歷史的精神的合法/正當表現。這解釋了為甚麼有效反抗納粹主義的勢力那麼少。[8]

第三帝國可說是希特勒自己的封地，他身邊充滿許多堪稱聰明才智之士的奉承者，他們全部忠於希特勒本人，沒有這些人，希特勒的政策不可能執行落實。無可爭議的是，缺了軍隊的忠誠，他不可能獲取權力，或是落實他繼後的犯罪目標。只有很少軍官能有足夠考慮，認為希特勒缺乏軍事策劃能耐只會導致德國滅亡。一九四四年七月二十日謀反叛變希特勒的軍官行刺失敗，原因正在於此。而潘霍華也牽連在內。[9] 如果我們細心了解一下潘霍華的師輩，即威廉與威瑪時代的德國的神學家，就會發現他們很多不單是火熱的愛國主義者，並且是知識分子階層，視自己為民族文化遺產的守護者，他們把國家的歷史整合進自己的神學之中，以致可以把帝國的國外政策等同上帝在地上的國度。哈納克（Harnacks）、西伯格（Seebergs）與達西敏斯（Dissmanns）等那一類人就是這一階層的表表者。他們把路德的兩個國度的教導，提升至教義的層次。據此，君主國家，即有權力的國家，是上帝在歷史中的工具，命定要實現上帝在人類中間的心意。這個時期，歷史學者跟神學家都分有同樣的世界觀，認為普魯士—德意志帝國的演化是包含了權勢的聯盟，即藉著上帝的恩典，君主制度與其在世界（帝國主義）的命途，是相互強化的。[10]

潘霍華同時代的基督徒，繼續視國家為自主的實體，有別於社會且凌駕於社會之上而管治社會。事實上，國家凌駕於人民之上來作主，它只根據自身存在之法律來運作，而這是出於全能上帝的。國家的子民沒有任何先在的權柄批判或審判國家的作為。最終，所有事情都只是根據全能上帝那不可測度的意志。當然，另一邊廂路德兩個國度的教導要禁止國家干預福音的宣講。因此，納粹的猶太政策——排除任何猶太血統的人他們不得從事公共事務——要在教會落實，就觸犯了兩個國度的教導，所以認信教會（Confessing Church）就認為沒有其他的選擇，如果要繼續代表基督信仰的真正身分，只能站在她所認信的立場上面。[11]

四

德國的教會在一九三〇年代上半葉，究竟處於一種怎樣的情況之中？洛溫（Robin W. Lovin）在其《基督教信仰與公共選擇：巴特、布倫納與朋霍費爾的社會倫理》（*Christian Faith and Public Choices: The Social Ethics of Barth, Brunner, and Bonhoeffer*）[12] 的第五章，就以「危險時代裏的教會」（A Church for Dangerous Times）為題，正正點出了這段時間教會的情況。整個德國教會面對的是納粹政權的全面滲透、改組、操控。這是一次有策略有部署的行動。希特勒早在一九三一年已在教會之內建立「德意志基督徒信仰運動」（the German Christian Faith Movement），目的是要在新教教會之中實現納粹原則。希特勒當上總理之後，在短短幾個月之內就重組所有重要的組織機構，置之於國家監管之下，並通過雅利安條款（Aryan Paragraph）排斥猶太血統的教牧人員。但是許多基督徒接受了這一新的統治，視之為恢復他們民族自豪與富強的最好機會，很少想到這些目標跟他們的基督教信仰有多相稱。他們許多都歡迎這樣的秩序，或接受這是不可避免的，就如歷史中大多數基督徒那樣子。[13]

在德國的基督新教，自宗教改革以來，不單因著各教會的認信而分門別類，更因著政治分歧而分門別類。十九世紀在普魯斯的統治之下所達至的政治合一，也未能結束教會之間的分別，因此一九三三年大多數新教信徒根據領地而被組織到領地教會（territorial churches）之中，當中有的是信義宗，有的是改革宗，有的是二者的聯合教會。除了這些國家支持的教會，還有少數沒有政府支持的教會，包括浸信會、耶和華見證人會和獨立的信義宗教會。[14] 一九三三年七月二十三日舉行了所有領地教會選舉新領袖的特別大會，結果德意志基督徒大獲全勝，使得大多數領地教會的行政組織都被這些熱切落實納粹原則的領袖所把持。[15] 事實上，早在希特勒執政不久，他已經任命一個委員會推動不同的新教領地教會聯合起來而成一個單一的民族教會（national church），使得旗下的教會學校和機構都配合國家推行的政策。[16] 一九三三年四月下旬新教聯盟的領袖同意為新的「民族」教會撰寫新的憲章，把由二十八個領地教會組織但結構鬆散的「德國福音教會」（Deutsche Evangelische Kirche, DEK）統一起來。同年五月德國福音教會聯盟議會（Council of German Evangelical Church Confederation）開會通過新的憲章，選出了堡迪士榮格（Friedrich von Bodelschwingh）為帝國監督（Reichsbischof），但卻不為希特勒所接受。經過一番政治計算，堡迪士榮格辭職，希特勒的宗教事務諮議穆勒（Ludwig Müller）於九月二十七日當選，但事實上政府早已於六月二十八日委任了他擔任這一職位。整個過程全是納粹政府動用國家宣傳機器幫助德意志基督徒打敗領地教會的特別選舉大會，以及把穆勒送上帝國監督的職位。這些舉動是整個納粹政權上台之後隨即推動「配合／一體化」政策（Gleichschaltung, coordination）的一部分，目的是拉攏收編。[17] 這樣，來自國家要求順從新秩序的壓力，就可以與教會內部的強大勢力配合：準備放棄自身的自由而全然委身於服務德國的民族理想。[18]

反對教會納粹化的人，面對清晰不過的選項。他們可以放棄領地教會而加入自由教會，甚或自行組建自由教會，但都會失去國家的支持。或是宣佈出於神學的原因，教會不能服務國家的規則；教會需要緊緊連結著歷史上的信仰認信而堅持自己的自由，否則即不成教會。後者的選項不同於自由教會的路向，乃在於他們連繫著宗教改革運動時的認信傳統，而這也是後來認信教會的基礎。認信教會並不認為自己是一個新的宗教組織或宗派，卻宣稱是真正的新教教會（the Protestant Church），以反對得到國家支持的帝國教會，認為帝國教會沒有權力去界定教會的生活以反對那些忠於宗教改革認信的教會。認信教會的領袖想要的只是一個教會會議（synod；字面意思是「眾多路徑的聚集」），這是一個聚會，決定教會當做甚麼當信甚麼。[19]

五

德國新教教會意識到他們來到宣告信仰立場的時刻，在一九三四年五月二十九日一連三天在巴門（Barmen）的格馬克教會（Germarke Church）召開了教會會議，討論教會組織管理的事情，並且通過了《巴門宣言》（Barmen Declaration）。與會的代表來自十八個領地教會不同的認信傳統，共一百三十八人。[20] 同年十月十九至二十日他們在柏林的達林（Dahlem）舉行第二次教會會議，確立認信教會有別於帝國的教會，而不同於德意志基督徒以及那些準備跟德意志基督徒妥協又中立的教會領袖。[21] 認信教會的前身是「教牧緊急聯盟」（Pastors' Emergency League），由潘霍華與尼莫勒牧師（Martin Niemöller）聯合於一九三三年九月三十一日組成，目的是：委身聖經與信條、抵抗對聖經及信條的違背、為那些受到納粹種族法律影響的教牧提供財政援助、拒絕德意志基督徒在教會之中落實「雅利安條款」：試圖攔阻非雅利安人從事教會職事、基督教教育，以及神學教學。[22]

《巴門宣言》可說是出自巴特（Karl Barth）的手筆。[23] 巴特要針對德意志基督徒的神學錯誤，不僅是其民族社會主義，更是其根本的「自然的」神學，它在聖經所宣講的上帝話語之外的秩序，尋找基督徒生活的理解和方向。[24]《巴門宣言》共有六條原則，每一原則包括一段經文、一段解釋和一段拒絕。[25] 第一條原則就隱含著拒絕一切教導教會的資源，可以來自啟示的羣體以外，而為其所分享。[26] 事實上，我們只要閱讀這六條原則拒絕的部分，就可以清楚看見認信教會藉此而跟帝國教會劃清界線，且以之為異端或假教會。這六項拒絕分別是：

1. 我們要摒棄這樣的虛妄教導：在上帝的道之上和以外還存在著其他事件和權力、概念和真理，教會可以並且必須將它們當作上帝的啟示，當作教會宣講的來源。
2. 我們要摒棄這樣的虛妄教導：在我們生命中可以有些部分不屬於耶穌，而為其他的主所主宰；我們生命的某些部分不需通過耶穌就能獲得的稱義和聖化。
3. 我們要摒棄這樣的虛妄教導：教會被允許將它的信息和制度的形式任意交付給他者，或追隨佔統治地位的意識形態和政治信念。
4. 我們要摒棄這樣的虛妄教導：在這事工之外，教會可以自己設立，或被允許設立具有權威的特殊領導。
5. 我們要摒棄這樣的虛妄教導：在國家的特殊職責以外，國家可以而且應該成為人類生活之惟一的和全部的規範，因而，它也能成全教會的使命。我們要摒棄這樣的虛妄教導：在教會的特殊職責以外，教會可以而且應該呈現出國家的形式、任務及榮譽，從而成為國家的一個機關部門。
6. 我們要摒棄這樣的虛妄教導：教會可以因人的虛榮而將上帝之道和主的事工用來服務於自己的慾望、目的和計劃。[27]

對於這一時期的「教會爭鬥」(Church Struggle)，研究潘霍華的歷史學者克萊門茨(Keith Clements)指出了兩點。首先，認信教會的宣稱並非要跟德國福音教會分別出來，而是只有認信教會才是教會，這是因為她忠於她所認信的。因此，認信教會並不視自己在帝國教會之外另外建立教會，而是視自己為惟一真正代表德國福音教會的教會。在她眼中，帝國教會在神學上或法律上的有效性均沒有任何宣稱。[28] 其次，這個時候不少抗爭者都小心地在抵抗教會納粹化，與政治抵抗國家與新納粹秩序之間，作出分別。認信教會並不直接反對希特勒與納粹統治。然而，當教會抗拒教會被納粹制度完全整合進去，則自然被視為抵抗納粹國家那全權管治的宣稱。因此，即或並非有意如此，認信教會在納粹德國眼中仍然是高度可見的刺。[29]

六

那麼，潘霍華在這段時期，他在思考上、行動上，如何回應這一局面？在這裏我們分別借助兩位研究潘霍華的專家來闡釋潘霍華的回應，一位是拉斯穆森(Larry L. Rasmussen)，另一位是柏克(H. Gaylon Barker)。前者主編潘霍華英語版校勘本全集第十二卷，覆蓋的時間是一九三二至一九三三年；後者主編潘霍華英語版校勘本全集第十四卷，覆蓋的時間是一九三五至一九三七年。潘霍華這段時間的回應可以劃分為兩截，而以一九三三年十月十七日他前往倫敦牧養那裏的德國教會、一九三五年春天他回到德國出任認信教會在芬根瓦(Finkenwalde)設立的地下神學院院長為界線。這前後的不同，標誌著潘霍華針對時局的轉變而作出不一樣的具體回應。

對於許多德國人來說，一九三三年年初並不清楚他們面前要來的日子是怎麼樣的，但是潘霍華卻在一九三三年年頭的冬、春感到死亡的臨近。一九三三年二月一日潘霍華在希特勒獲取權力兩日之後，在電台宣講播「年輕一代對元首觀念的另些看法」（The Younger Generation's Altered View of the Concept of Führer）。同一時期他的好些講道也對教會的選舉或其他會議深受民族影響，流露出同樣的感受。威權的領導與狂熱的愛國主義已在公眾媒體大力展示，所有的舉動都出自於邁向偉大羣體之名義。[30] 一九三三年民族主義的新教運動、德意志基督徒信仰運動，達至權力之高峯：四月希特勒委任其中的穆勒為其新教教會顧問，七月德意志基督徒在民族教會選舉之中贏得了壓倒性的勝利，九月穆勒在後來所謂的「棕色教會會議」（Brown Synod）成為帝國監督。然而，在德意志基督徒之外，敬虔的新教傳統、神學對民族主義的支持，以及國家的權力，再加上人民教會（Volkskirche）的特權地位，就為民族社會主義提供了底氣。[31] 對此，潘霍華在一九三四年九月十一日寫信給他在瑞士的好朋友舒爾（Erwin Sutz），就提及是時候要跟那用來支持國家行事的神學，作最後的斷絕。[32] 稍早前於一九三三年四月十四日他在給舒爾的信件中，談到「猶太人問題」為教會帶來很大困擾時，他指出即使「最聰明的人也完全同時失去自己的頭腦和聖經」。[33] 這種種的教會情況，使得潘霍華於德意志基督徒在「棕色教會會議」取得勝利之後，決定離開柏林而到倫敦牧養當地兩羣德國會眾。[34]

然而，潘霍華在一九三二年底開始，已經透過他的宣講，表示亞倫與摩西的金牛犢與教會，「在今天已經變得不可置信地那麼的相關」。[35] 在拉斯穆森的整理底下，我們看見潘霍華在前往倫敦之前，至少有五篇講道反映了他對教會的提醒。第一篇：一九三二年十一月六日宗教改革主日他宣講啟示錄二章 4 至 5、7 節，主線是預兆與審判，甚至是民族的天啟。[36] 第二篇：一九三三年一月五日他在希特勒上台之前針對人民情緒宣講馬太福音八章 23 至 27 節，指出耶路撒冷被不信者毀滅的日子很快會來到。[37] 第三篇：

一九三三年二月二十六日希特勒執掌政權後第一篇講道，針對基督徒獨一敬拜與偶像崇拜的試探，宣講士師記六章 15 至 36 節、七章 2 節、八章 23 節。[38] 第四篇：一九三三年五月二十八日宣講出埃及記三十二章 1 至 8、15 至 16、18 至 20、30 至 35 節，講到摩西的教會與亞倫的教會，以此為例涉及教會的政治入侵。這時雅利安條款已於四月通過，但教會卻猶疑不決，而「青年宗教改革運動」（Young Reformation Movement）則於五月在各大學成立，拒絕教會接受這條款。[39] 一九三三年七月二十三日潘霍華以馬太福音十六章 13 至 18 節宣講，那是彼得認信耶穌為基督而耶穌表明祂會把祂的教會建立在磐石上。[40]

對於這些宣講，拉斯穆森提出三點額外註釋：

1. 整體上所有講道都是從牧養角度出發：面對威嚇與鼓勵抵抗，以之為緊急時期順從的忠心動力。潘霍華努力在其牧養的真實景況之中聆聽並宣講基督的福音。[41]
2. 一九三二至一九三三年的德國，戰爭也在教會內部發生，而不只是教會與國家之間，這是因為教會自宗教改革運動以來，就已經跟國家與帝國連成一線。教會佔有了特權位置，成了法庭的牧者、文化的守護者、民族統一的施行者。[42]
3. 是以，潘霍華的宣講即時應對的就有兩點：呼喚教會回轉，以及塑造剛強、獨立的基督教信仰，並呼喚抵抗希特勒挪用基督教信仰用以復興德意志。耶穌必然同時面對凱撒與眾教會。[43]

有了以上的認識，下面我們轉到潘霍華對此一時期猶太人問題的回應。一九三三年四月七日雅利安條款通過以重組政府公務員制度，而潘霍華在其後幾個星期就寫下了〈教會與猶太人問題〉（The

Church and the Jewish Question），只是到了六月才出版。潘霍華在文章之中列出了三種教會面對國家不公義時的選項，同時認為「猶太人問題」使得教會進入了認信的情況（status confessions），因為這是危及信仰的核心真理的時刻。對於潘霍華來說，這個時候教會認信的需要，涉及的只是教會是否確立雅利安條款，排除「非雅利安」成員，他沒有提及國家對待非基督徒的猶太人以致教會要進入認信時刻。不過，此刻正是測試教會之為教會的本性。[44]

潘霍華很清楚在德意志基督徒與元首和人民的民族崇拜之中，教會所面對的乃是偶像崇拜。這種情況只不過再一次在「猶太人問題」上面發生而已，而以以色列的信仰對德意志民族有甚麼意義出現。潘霍華在其評論《基督徒政治家：民族主義的神學》（*The Christian Statesman: A Theology of Nationalism*）一書時指出：「第一誡命是決定性的，並且顯出『以色列的法律』的獨特性與優越性。」即是，聖經的律法及其上帝凜然站在審判的位置之上，高於任何民族的法律，德國人民及其法律也不例外。[45]

面對猶太人問題，潘霍華提出了三種教會的選項：（1）教會需要提問國家的行動是否合法（認信教會要到三年後才這樣做）；（2）教會需要幫助那些遭受國家不合法也就是不公義的行動所傷害的受害者。在這裏潘霍華指的是國家在執行法律維繫秩序時若非「過頭」就是「不及」的行動，其對任何人權利的剝奪。（3）擠停車輪。若國家不理會「過頭」或「不及」，就要召開教會會議改變情況，潘霍華並不認為這是個人可以或應該進行的。[46] 對於潘霍華這篇論猶太人的文章，拉斯穆森指出了幾點容易忽略的特色。

1. 潘霍華呼喚教會通過教會會議進行集體判斷：國家的行動是公義還是不公義，然後不單要求政府官員作出修正行動，教會更需要以身作則（不單是個別的基督徒）。[47]

2. 潘霍華這篇文章不是教會對黨的回應。他針對的是國家及其責任，特別是雅利安條款的議題。他希望透過教會行使其責任，以致可以挽救一個建基於憲法之上的國家，就是讓國家成為國家之所是。如果國家不成恰當之國家，則恢復其對秩序及公義應有的恰當角色。潘霍華要指出的是，在對待德國猶太公民的事情上面正正顯出了納粹國家已經不再是一個合法/正當的政權了。[48]
3. 潘霍華有關猶太人的遭遇的論證，其基礎是神學家及教會都忽略了國家的反猶立法是基於種族認同而非宗教。這是納粹的發明。潘霍華這樣寫道：「教會如何判斷國家這行動，以及教會在對待會眾中已受洗的猶太人其立場是甚麼？這兩個問題只能基於正確的教會觀念來回答。」[49]

德意志基督徒為了在教會落實雅利安條款，在一九三三年九月五至六日於柏林召開了後來所謂的「棕色教會會議」，推動所有將來的教牧都必須是「雅利安人」後裔，並宣佈無條件支持民族社會主義國家及德意志新教教會。潘霍華與希爾德布蘭特（Franz Hildebrandt）聯合呼籲教會辭職，但他們的看法不獲支持，結果希爾德布蘭特個人發誓此後不在任何德國教會宣講，而潘霍華表明他會同時在大學與教會圈子進行正式的決裂。這種選擇，正如潘霍華祖母茱莉（Julie Tafel Bonhoeffer）在一九三三年八月三十日給潘霍華的信件所提及的：「德意志主義還是基督教。」無論如何，德國此舉不單造成認信時刻的需要，而且的確已經產生了分裂，潘霍華是這樣相信的。巴特在回應時表示認同認信的時刻已經來到了，但他建議延遲：「的確我寧願等候看看有甚麼事情會發生。如果出現分裂，必須是來自對方。」他認為抵抗需要等候某些更為教義決定性的東西出現，巴特寫道：「當在更為核心的地方出現衝突，那麼認信時刻就順利發生了。」但是潘霍華跟希爾德布蘭特很失望：對於基督信仰與本真的教會來說，有甚麼較拒絕雅利安條款更為核心的？抵抗九月棕色教會會議的結果是出現了「教牧緊急聯盟」，這是潘霍華與尼莫勒推動成立的，其責任、使命由兩人草擬，並於九月七日送交當時的帝國監督堡迪士榮格。然後，也被帶進了帝國教會的教會會議之中，並且全國徵求教牧簽署，直到那年年底已有六千。這年五月開始的「青年人宗教改革運動」，到了這時已經得到廣泛支持，而朝向認信教會的建立。一九三四年五月認信教會就在巴門正式成立，[50] 但是潘霍華已經身在倫敦了。

七

潘霍華在一九三五年五月已經離開倫敦回到德國，參與「真正」教會對抗帝國教會的「虛假」宣稱的戰爭，方法是以羣體方式來訓練教會的將來領袖，集中禱告和閱讀聖經，課程以福音為核心。潘霍華此時的用心都放在為更新德國教會建立基礎這一工作之上。[51] 為甚麼潘霍華要想回到德國？柏克提醒我們留意他在一九三四年九月十一日寫給舒爾的信件。他對這位他在美國協和神學院（Union Theology Seminary）認識的瑞士改革宗的弟兄這樣寫道：

> 現在我再次回到自己的會眾中間，仍在決定是否回到德國當一所傳道人神學院的院長，神學院快要開課了，然後留下來，抑或到印度去？我自己深受折磨。我不再信任大學；事實上我從來不曾真正信任它——要受你批評呢！今天，下一代的牧者應完全在教會修道院式的學校之中受訓，在那裏純正的教義、登山寶訓，以及崇拜都被嚴肅看待，但這三樣事情在大學之中都全不是那回事，並且在今

日的情境之下也是不可能的。同時，現在也是時候，跟我們用來支持國家行事的神學，作出最後的斷絕——國家實情只會墮落至威嚇。「為那不能開口說話的發聲」——今日在教會內的可會依然記得，至少這是聖經要求我們在這樣的時間這樣做？[52]

一九三六年九月十九日他寫信給巴特，信中首次勾畫了他對那個時期認信教會牧者所接受的神學教育的關心，可以看出當教會在政治議題上殫精竭慮，他的焦點則在於教會整體及其將來的領袖的神學健全：

〔⋯⋯〕這些神學人需要完全不一樣的訓練，這種不一樣的訓練絕對應該包括羣體的神學院經歷。我們簡直不能想像來到神學院的大多數弟兄有多空洞，而實情是他們已經完全耗盡。空洞同時指神學知識，而肯定地也指對聖經的熟悉，以及他們個人的生命〔⋯⋯〕年輕神學人今日嚴肅地向我們提問：我可以怎樣學習禱告？我可以怎樣閱讀聖經？如果我們在這些問題上不幫助他們，我們對他們就一無助益了。[53]

潘霍華接受了認信教會的邀請，出任芬根瓦地下神學院的帶領工作，因為他深信神學問題將會終極地形塑教會的將來。[54]一九三二年十一月六日潘霍華在宗教改革主日的宣講中就呼籲新的宗教改革：「我們的教會只站在上帝的話語之上，只有上帝的話語使那些站穩的人可以面向正確的方向。教會在悔改中站立，教會讓上帝成為上帝，才是使徒和路德的教會。」[55]潘霍華的神學信念使他看到在轉變的社會中，教會的內憂外患，裏外所面對的危險，涉及的是教會能否活出及見證上帝的話語，而這對教會來說是生死攸關的戰役，因此他認定這是教會認信的時刻，是更新和保全教會的時刻。[56] 對潘霍華來說，芬根瓦的神學教育，是使教會將來得以保存和落實認信的其中一途。[57] 他認定達成這樣的目的之最有效方式是形塑門徒，最重要是形塑教會將來的領袖的信仰，然後才是為他們提供必需的工具來領導教會。[58] 一九三五至一九三七年這段時間，潘霍華首要關心的是，在納粹政權、民族情緒已經蠶食教會根基的時刻，教會的將來怎樣才可以仍然是真正的教會。於是他投身神學教育，毅然從倫敦回到德國，帶領芬根瓦的地下神學院，以神學教育來參與「教會的爭鬥」。最終，教會與政治的爭鬥，實是神學的爭鬥。

後記

許多人都以為潘霍華在認信教會之中角色吃重，但這是完全的誤解，並不符合歷史。Matthew D. Hockenos 的文章 "The Church Struggle and the Confessing Church: An Introduction to Bonhoeffer's Context," *Studies in Christian-Jewish Relations* 2/1 (2007): 1～20 提出了四點我們需要注意：

無疑，潘霍華因為一開始就反對希特勒與納粹政權，而為同工之中甚為突出的一位。但是要到水晶之夜（Crystal Night）、大戰爆發，他的反對才完全發展起來。

此外，潘霍華在一九三三年秋至一九三五年春這十八個月在倫敦牧養、從一九三五年至一九三七年主持非法的地下神學院，因此他對認信教會的方向影響甚少。之後他和認信教會一小撮邁向政治不順服的有限舉動，卻引發了認信教會內同等輩分的尖刻爭吵。裂縫愈來愈大，變成沒有任何共同或合一底線可以對抗納粹政府。

雖然認信教會之中在政治方面一直出現不同的看法，但早期的差異並不是那麼嚴重。首先明顯的分裂是一九三四年有關神學或教義上的，只是信義宗人各自強調信義宗主義的不同宗旨。認信教會除了巴特等少數改革宗領袖之外，其他領袖主要是信義宗人。潘霍華的自由主義一民主（liberal-democratic）傾向，以及他反對正統信義宗有關政教關係的了解，使他被置於主流的新教主義（Protestantism）之外，甚至跟認信教會許多同工相反、對立。

大多認信教會的領袖生於十九世紀最後三十年，許多是牧師之子或是在傳統新教的門楣底下成長。他們在成年之時遇上第三帝國，到了一九三九年戰爭之始他們已是中年人，是已有地位的神學家或教會領袖。相反，潘霍華在納粹掌權時還不到三十歲，在一九四五年他四十歲生日之前被殺。他來自一個人數眾多、富有、政治上傾向自由主義的家庭，有學者、科學家，以及律師。他最好的朋友和妹夫都是猶太裔的基督徒。

註釋

1. 見於 Stephen J. Plant, *Taking Stock of Bonhoeffer : Studies in Biblical Interpretation and Ethics* (Surrey / Burlington : Ashgate, 2014)，封底推介。
2. John Moses, "Bonhoeffer's Germany: The Political Context," in *The Cambridge Companion to Dietrich Bonhoeffer*, ed. John W. de Gruchy (Cambridge: University Press, 1999), 3 ～ 21.
3. Moses, "Bonhoeffer's Germany," 3.
4. Moses, "Bonhoeffer's Germany," 3.
5. Moses, "Bonhoeffer's Germany," 4.
6. Moses, "Bonhoeffer's Germany," 4.
7. Moses, "Bonhoeffer's Germany," 4 ～ 5.
8. Moses, "Bonhoeffer's Germany," 16 ～ 17.
9. Moses, "Bonhoeffer's Germany," 18.

10. Moses, "Bonhoeffer's Germany," 18～19.
11. Moses, "Bonhoeffer's Germany," 19.
12. Robin W. Lovin, *Christian Faith and Public Choices: The Social Ethics of Barth, Brunner, and Bonhoeffer* (Philadelphia: Fortress, 1984)；中譯：洛溫：《基督教信仰與公共選擇：巴特、布倫納與朋霍費爾的社會倫理》，林曼紅譯（香港：道風書社，2014）。
13. Lovin, *Christian Faith and Public Choices*, 101；洛溫：《基督教信仰與公共選擇》，頁 133。
14. Lovin, *Christian Faith and Public Choices*, 104；洛溫：《基督教信仰與公共選擇》，頁 137～138。
15. Lovin, *Christian Faith and Public Choices*, 105；洛溫：《基督教信仰與公共選擇》，頁 138。
16. Lovin, *Christian Faith and Public Choices*, 104；洛溫：《基督教信仰與公共選擇》，頁 136。
17. "Confessing Church" [information on-line]; available from the Wikipedia website (https://en.wikipedia.org/wiki/Confessing_Church); accessed 13 June 2015；參 Historical Background 底下 The German Protestant Church in General 的 The New National Church（Deutsche Evangelische Kirche）一節。
18. Lovin, *Christian Faith and Public Choices*, 105；洛溫：《基督教信仰與公共選擇》，頁 138。
19. Lovin, *Christian Faith and Public Choices*, 105～106；洛溫：《基督教信仰與公共選擇》，頁 138～139。
20. Lovin, *Christian Faith and Public Choices*, 106；洛溫：《基督教信仰與公共選擇》，頁 139。
21. H. Gaylon Barker, editor's introduction to the English Edition, in *Theological Education at Finkenwalde: 1935～1937*, by Dietrich Bonhoeffer, trans. Douglas W. Stott (Minneapolis: Fortress, 2013), 8.
22. Barker, editor's introduction to the English Edition, 8.
23. Lovin, *Christian Faith and Public Choices*, 106；洛溫：《基督教信仰與公共選擇》，頁 139～140。

24. Lovin, *Christian Faith and Public Choices*, 107；洛溫：《基督教信仰與公共選擇》，頁 141。
25. Lovin, *Christian Faith and Public Choices*, 107；洛溫：《基督教信仰與公共選擇》，頁 140。
26. Lovin, *Christian Faith and Public Choices*, 107；洛溫：《基督教信仰與公共選擇》，頁 141。
27. 中譯引自洛溫：《基督教信仰與公共選擇》，頁 142、143、145、147、148。
28. Keith Clements, editor's introduction to the English Editor, in *London: 1933 ～ 1935* by Dietrich Bonhoeffer, trans. Isabel Best (Minneapolis: Fortress, 2007), 6 ～ 7.
29. Clements, editor's introduction to the English Editor, 7.
30. Larry L. Rasmussen, editor's introduction to the English Edition, in *Berlin: 1932 ～ 1933*, trans. Douglas Stott, Isabel Best and David Higgins (Minneapolis: Fortress, 2009), 13.
31. Rasmussen, editor's introduction to the English Edition, 14.
32. Bonhoeffer, *London: 1933～1935*, 1/147, 217.
33. Bonhoeffer, *Berlin: 1932～1933*, 1/38, 101.
34. Rasmussen, editor's introduction to the English Edition, 15.
35. Rasmussen, editor's introduction to the English Edition, 22.
36. Rasmussen, editor's introduction to the English Edition, 22.
37. Rasmussen, editor's introduction to the English Edition, 22.
38. Rasmussen, editor's introduction to the English Edition, 23.
39. Rasmussen, editor's introduction to the English Edition, 24.
40. Rasmussen, editor's introduction to the English Edition, 26.
41. Rasmussen, editor's introduction to the English Edition, 28.
42. Rasmussen, editor's introduction to the English Edition, 29.
43. Rasmussen, editor's introduction to the English Edition, 29.
44. Rasmussen, editor's introduction to the English Edition, 30 ～ 31.
45. Rasmussen, editor's introduction to the English Edition, 31.

46. Rasmussen, editor's introduction to the English Edition, 33.
47. Rasmussen, editor's introduction to the English Edition, 33 ~ 34.
48. Rasmussen, editor's introduction to the English Edition, 34 ~ 35.
49. Rasmussen, editor's introduction to the English Edition, 35.
50. Rasmussen, editor's introduction to the English Edition, 36.
51. Barker, editor's introduction to the English Edition, 17.
52. Bonhoeffer, *London: 1933 ~ 1935*, 1/197, 217.
53. Bonhoeffer, *Theological Education at Finkenwalde: 1935 ~ 1937*, 1/119, 253 ~ 254.
54. Barker, editor's introduction to the English Edition, 16.
55. Bonhoeffer, *Berlin: 1932 ~ 1933*, 3/1, 444.
56. Barker, editor's introduction to the English Edition, 15.
57. Barker, editor's introduction to the English Edition, 15.
58. Barker, editor's introduction to the English Edition, 15 ~ 16.

23.

潘霍華的公共神學*

二〇〇六年是潘霍華（Dietrich Bonhoeffer）出生一百週年。在潘霍華出生一百週年的日子，為甚麼要討論此題目？這可以從幾方面看。

首先，研讀潘霍華神學時，我們經常忽略了他的《倫理學》（*Ethics*）一書。然而，潘霍華出生一百週年，英語世界出版了《倫理學》的英文校勘本。此書很早已有英文譯本，一九五五年的是最先的翻譯，十年後有另一個英文譯本，但分別只是章節的編排有所不同。兩個不同的英文譯本是相應於兩個不同的德文版本。為甚麼出現了兩個不同的德文及英文版本呢？原因是《倫理學》是一本頗為麻煩的書。嚴格來説，《倫理學》並不是一本書，而是由潘霍華的幾篇手稿所組成的；問題是手稿編排的次序並不明確，篇章次序調配的不同，會大大影響了我們對潘霍華神學的閱讀。正如福音書中耶穌的神蹟奇事，在不同的福音書中有不同擺放，編者的用意正是透過不同擺放來傳遞特殊的信息。這一點十分重要。《倫理學》

---

* 本文整理自作者在香港基督徒畢業生團契於二〇〇六年七月二十八日假香港浸信會神學院應用神學教育中心舉辦的「潘霍華的公共神學／公共倫理」講座所分享的內容。

的情況也是一樣，怎樣編排有關的幾篇手稿，直接影響我們對潘霍華神學的閱讀。上世紀八十年代德國開始出版的德文校勘本（critical edition）潘霍華全集，英文現時的十六卷全集，便是根據此版本重新編輯及翻譯的。現時主流的潘霍華神學研究，大都是以此德文校勘本為準，可惜上世紀九十年代的《倫理學》中文譯本，卻是根據一九六三年的版本，而不是一九九二年的德文校勘本。因此，若我們要認真去讀潘霍華的《倫理學》，除了現時的中文譯本，還要找二〇〇六年出版的英文校勘本。這便是我們閱讀霍華《倫理學》時遇上困難的地方。

過去，我們討論潘霍華後期的神學時，都只看《獄中書簡》（*Letters and Papers from Prison*）。《獄中書簡》涉及「教會羣體並非為自己」、「有分上帝的苦難」等看法，但其實怎樣才是有分上帝的苦難，我們並不清楚。當中提及「教會為世界而存在」，教會服事的地方是世界，再沒有其他服事的地方，這都是關於神學和教會的公共性，要將神學和教會的公共性顯示出來。但是如果我們不認識《倫理學》，就很難明白《獄中書簡》當中的公共性面向或議題。我們必須留意，《獄中書簡》是書信，不是論文，潘霍華很難長篇大論來解釋，但是當中很多重要的觀念其實在《倫理學》中已經討論過。因此，當我們讀通《倫理學》，其實是幫助我們解通《獄中書簡》；沒有《倫理學》的基礎，很多《獄中書簡》的觀念我們是解不通的。例如，甚麼是「有分上帝的苦難」呢？這觀念其實已在《倫理學》中出現，甚至可以追溯至《追隨基督》（*Discipleship*）、他的博士論文，意思其實很簡單，「有分上帝在基督裏在世的苦難」便是有分這個世界的罪責。你和我都是這個世界的一分子，只是我們很多時活在一個「個人主義」的世界之中，實質每一個人都活在一個社羣裏；每一個人和他所屬的社羣都不能彼此分割開來。

其實在潘霍華早期的博士論文《聖徒相通》（*Sanctorum*

Communio）之中，已經有這樣的觀念。潘霍華要對抗的是當時德國的「唯心論」（German Idealism），以及對抗一種原子式（atomic）的個體主義。在社會學之中，韋伯（Max Weber）便討論此類問題，他認為在啟蒙時代（Enlightenment）之後的社會，很多人都變成一個原子式的個體。當時整個學術的場景，便是在討論和處理人作為個體 person 的意思是甚麼？但在潘霍華看來，一切必須回到羣體（community）或更準確來説是回到教會一羣體（church-community）來看。

在潘霍華的《倫理學》中，很多重要的觀念本身都具有公共性。首先我們必須要弄清楚「倫理學」的意思，它主要不是討論我們怎樣作一個道德上的抉擇。今天很多時候，當我們提及「倫理」或「倫理學」時，很快便會想到「倫理抉擇」的問題，但其實追溯西方整個哲學傳統，倫理抉擇並非首要議題，而是「甚麼是善？」（what is good？）。可是潘霍華在此卻有另一種想法，他認為這是不可以提問的問題。西方哲學開始就問「甚麼是善？」，「人怎樣成為善？」）（how can I be good？），「人怎樣行善？」（how can I do good？）；但潘霍華卻認為我們不能這樣提問，我們要換轉一個角度提問：「上帝想我怎樣？」「上帝想我成為一個怎樣的人？」「上帝想我怎樣做？」而不是問：「我可以怎樣做？」「我能夠怎樣做？」這種轉換的意思是表示，從「以人為中心出發的倫理學」，轉換成「以上帝為中心出發的倫理學」或「以耶穌基督為中心出發的倫理學」。這種轉換其實是要針對啟蒙時代那以人為中心所帶出來的問題。

整個西方發展和歷史，都受著啟蒙時代的影響。現在西方的意識形態、思考方法等，其實已跟啟蒙時代之前的中世紀時代非常不一樣。經歷啟蒙時代之後，「人」的地位特別被抬高起來，在啟蒙時代之前並不會這麼強調。啟蒙時代後，人思考時一開始便會從人的角度出發。這情況可以康德（Immanuel Kant）為例，他的三大批判的頭兩個批判：「我能知道甚麼？」「我應當做甚麼？」；第一項是知識的問題、第二項是道德實踐的問題，當中的起點是人。人變成了主體（subject），但在啟蒙時代之前，主體不單用於人身上，萬物皆可為主體；啟蒙時代之後，萬物變成了客體（object），人才是惟一的主體。

因此，潘霍華在《倫理學》中的轉換，其實是針對整個啟蒙時代而來的問題：人思考方式的問題、人怎樣處理「善」的問題。有學者指出，潘霍華整個《倫理學》有兩種面向。第一種面向是處理數百年來受到西方啟蒙思想影響的倫理學轉變，再將它從新轉變過來。潘霍華想要為整個歐洲文化尋找出路，因為整個歐洲的倫理已經崩潰了，這崩潰具體展現於第二次世界大戰之中，最具體莫如德國希特勒（Adolf Hitler）上場的現象。在潘霍華看來，殺害猶太人等行為其實只是後果，只是表面的問題，其核心的問題是：整個歐洲的倫理出了問題。因此，我們的眼光不能短淺地以為潘霍華只是在對抗著希特勒，其實他不單是對抗希特勒，而是對抗著背後支持希特勒的整個文化背景。這涉及背後整個的歐洲文化，讓希特勒暴政的局面可以出現。潘霍華思考的是，為甚麼這樣的局面可以出現？歐洲的出路可以怎樣？他正是為新一代尋找出路。這是潘霍華寫《倫理學》最重要的場景（context）。

潘霍華再進一步反省，當自己民族及歐洲陷落如此景況時，他可以作甚麼？或者上帝想他作甚麼？祂的旨意是甚麼？潘霍華這類的思考，明顯受到尼采的啟發，尼采（Friedrich Wilhelm Nietzsche）認為要超越善與惡（go beyond good and evil）。一般人會認為我們首要的工作是要釐清甚麼是善甚麼是惡，但對於潘霍華而言，這是人墮落之後才出現的思想，人墮落之後才需要判斷善惡，同時人是靠著自己去判斷善惡。在墮落之前，人其實不需要判斷善惡，沒有善惡的問題，人惟一要做的便是順服上帝的指令和話語。但當人墮落後，人馬上與上帝分離，人靠著自己去判斷善惡；這就讓人陷進更大的罪惡之中，因為人把自己當作上帝，知善知惡。潘霍華在他的講課《創造與墮落》（*Creation and Fall*）已經有這樣的說法。這書是他一九三三年在柏林大學對聖經創世記的神學講解，講述人如何陷在罪惡之中。人墮落之後靠自己判斷善惡，但事實上他是扮演著上帝的角色，這是一種僭越的行為，只會帶來更大的罪惡，在更深的層次來看，只會將人抬得更高。對潘霍華來說，良知的出現也是一樣。人墮落之後，良知的出現是人為了努力證明自己有能力可以判斷善惡。潘霍華在這裏，與天主教在倫理的討論中強調人的良知、依賴人的良知有明顯的差異，因為他認為良知是人墮落後要證明自己能夠判斷善惡的產物，這是潘霍華背後很深刻的思考。

以上是潘霍華在整個大圖畫中面對啟蒙時代的衝擊的回應。此外，《倫理學》的第二個面向涉及潘霍華如何回應他當時身處的處境：上帝要他在當中擔當一個怎樣的角色？這涉及責任（responsibility）的問題。

在《倫理學》中，responsibility 是一個關鍵的概念。Responsibility 若譯成「責任」可能不足以表達當中的力度，我個人較喜歡中國人所說的「擔當」，譯成「擔當」或「擔帶」或許比較適切，就如中國人說男人需要有「擔帶」，來表達他需要承擔或堅負起責任使命。在潘霍華當時的處境中，倫理學其實不會提供一個完全不會出錯的決定，原因是我們不是上帝，我們是受造的及有限的，而且我們永遠落在一個歷史時刻（historical moment）之中。因此，潘霍華提出一個很重要的觀念：我們除了在上帝之中分辨善與惡之外，我們在更多時候其實是活在惡與惡之中的；在很多的處境之中，我們是不能找到一種擔當的行動是不用承擔出錯的後果的。我們往往傾向尋找一種倫理行動，讓大家都不會出問題，然後大家很開心繼續生活下去；我們傾向作出一種大家都不會出錯的倫理決定。潘霍華卻認為這不是擔當的行動，這只是避免犯錯（guilt），而我們更需學習的是，在不同的錯誤之中學習去選擇，然後承擔所帶來的後果。

潘霍華在自己的個案之中，親身演繹以上的觀點。他認為在殺與不殺希特勒之間的選擇之中，不殺並不代表是正確的選擇，因為這個決定容讓其他人被希特勒殺害，這樣就沒盡上愛鄰舍、為鄰舍擔當的責任。在這樣的歷史時刻之中，人需要去衡量，要求問上帝。潘霍華指出，人很多時候都是落在這樣的情況之下，我們需要作的是一個有擔帶的決定、一個負責任行動的決定，而這個決定必須與基督為他者（for others）的生命互相一致。在此順帶一提，整個潘霍華的倫理學，其根底其實是以「基督論」作為根基來發展的。潘霍華在面對著他當時當刻處境（immediate context）的需要時，他有所行動，但同時會思考他這行動的神學理據；當他採取這個行動時，神學上可以怎樣支持他這個行動，他進入這樣的一種思考之中。二〇〇五年出版的英文校勘本《倫理學》，最主要的編輯格林（Clifford Green），是一位當代研究潘霍華神學很重要的學者，在他的著作《潘霍華：一種社羣神學》（*Bonhoeffer: A Theology of Sociality*）中有一單元，是從潘霍華當時的處境去看潘霍華《倫理學》的，當中發現《倫理學》的篇章內容與潘霍華參與這次行刺的行動，是有密切關係的。格林指出，潘霍華一方面實踐擔當行動，一方面進行神學反省，從中可以見到潘霍華是怎樣理解他的行動。潘霍華的神學反省，不只針對當時刺殺希特勒的行動，不只是一個臨時（ad hoc）的反省，事實上這反省是可以適用於我們每一個個案之中，同時有普遍性，因為他所反省的，是一個關於負責任的生命的結構問題。在《倫理學》之中，潘霍華就有一篇文章題為「歷史與善」（History and the Good），從中我們可以看見他的反省。[1]

根據以上所說，潘霍華的整個《倫理學》都在討論生命問題，而這個生命是在處境之中的，他的種種表現都表達著他怎樣去回應這個處境。這種回應並不是被動的回應，而是回到信仰之中，作為一個基督徒我們要怎樣回應。這回應是一種公共性，因為不是為自己（for itself），而是為他者。當我們講到一個負責任有擔帶的生命時，指的便是為他者的生命；當談論到為他者時，生命的公共性便出現。這裏潘霍華公共性的意思，不是指遊行示威等在公共場合之中的行動，而是生命本身所具有的公共向度。

但是參與刺殺希特勒，仍然是在殺人，潘霍華很清楚知道他是觸犯誡命：第六誡不可殺人，他最後仍是要尋求上帝的寬恕（forgiveness）。在這條道路的終極盡頭（ultimate），乃是上帝的新天新地，他尋求的是：在上帝的新天新地之中獲得祂的寬恕。因為人現時身處於上帝的終末之前（pen-ultimate），人現在的歷史充滿了曖昧性，人不是每一行動都指向終極，所以人可能會犯錯；在歷史之中我們沒有一個完全萬無一失、不陷於罪的行動。這裏有一個重要的意思我們必須留意，為甚麼我們會走上這條道路：我們為了實踐上帝的善（the good），竟然犯罪（guilty）？原因就在於整個世界都是在罪惡之中，而我們正有分這世界，就像耶穌道成肉身就有分所有世人的罪。但是我們跟耶穌基督不同，基督憑著自己的智慧可以不犯罪，但我們只是人，因著受造物的有限性，以及歷史的偶發性（contingence）之中出現，所以我們很多時的理解與分析都很有限。我們沒上帝的智慧，因此我們所作的任何決定都在冒險當中，冒險就可能出錯，甚至我們有些行動可能以犯罪的方式出現，以犯罪的方式去愛鄰舍。潘霍華並沒有因為刺殺行動可以挽救很多人，所以是合理和正確的，甚至上帝應該賜給他更多的冠冕；相反，潘霍華認為，在這事上仍要尋求上帝的寬恕。

對於筆者來説，潘霍華的行動是悲劇；不單是潘霍華個人的悲劇，亦是教會的悲劇和整個歐洲文化的悲劇。為甚麼這麼説？任何一個人其實都不是獨立自存的，人總是活在羣體和文化之中，人因此有分於這個羣體和文化；這人的命途不能離開這個羣體和文化的命途。舊約中的耶利米是個例子。新約中的耶穌基督，當祂受洗/浸那一刻，便注定要面對死亡。因為受洗/浸代表著有分所有罪人的罪，罪的工價乃是死，所以祂上十字架是必然的。

潘霍華整本《倫理學》，就是在討論這類問題，並且分析為甚麼出現這個處境。這是整個歐洲文化的問題，這種文化亦塑造整個歐洲教會的情況。這不單是當時德國國家教會的問題，甚至「認信教會」(Confessing Church)也不能完全倖免。歷史文獻告訴我們，認信教會後期也想擺脱潘霍華。[2] 其實當時的德國認信教會不想與國家教會為伍，為了自保，便向國家教會表明立場，認信耶穌基督是主，其實這樣並不足夠。在當時情況底下，希特勒首先向猶太人開刀，認信教會卻從來沒有發聲幫助猶太人。希特勒要將一切異己都壓倒，屠殺猶太人只是起點；認信教會只求自保，當他不能為其他受害者發聲時，最後自己也會受害。而且，認信教會的種/民族色彩也很重。當時的德國情況，種/民族主義很強烈，四十年代認信教會認為參戰是為國家效力的一種行動，當他們覺得潘霍華阻礙他們為國家效力時，便產生張力，慢慢疏遠他。潘霍華在這種景況下逐漸失去支持，他缺乏了羣體，變成像舊約先知那樣的孤獨。當整個種/民族都背叛上帝，先知就變得孤獨；當時德國的國家教會背叛上帝，認信教會最終也未能完全忠於上帝，沒有盡上愛鄰舍、守護弟兄的責任，只求自保。

潘霍華當時的局面十分困難，他走上參與謀反希特勒的道路並不是難以理解的，特別是在這樣的歷史景況之中，當中涉及到整個歐洲教會、整個歐洲文化都在背叛上帝，其後果是讓更多人流血，不單是猶太人，戰爭中還有平民百姓受害，上千萬的人要死亡。面對這樣的情景，潘霍華怎樣處理？這便是倫理的問題。這倫理的問題，不像是在課室中討論是否接受墮胎那麼簡單，而是我們一定要採取行動，因為沒行動就不是有擔當的基督徒，沒有擔當的行動我們就不再像耶穌的服事，不再是耶穌基督的門徒。潘霍華此類思想，其實可以直接追溯至《追隨基督》，特別是有關擔當的承擔。看《追隨基督》中文版的卷一，門徒其中一個承擔就是有分基督在世苦難的生命，有分世界的罪責。所以作門徒的生命一定有公共的性質，因為我們不單是擔當自己的生命，而是像耶穌一樣擔當世界。因此就潘霍華而言，神學必然是倫理的。這倫理首先講的是上帝和人的關係，即神聖倫理（divine ethics），惟有這關係處理得好，鄰舍關係才可以落實；所以，首先人和上帝的關係，即神聖倫理，然後才是人和人的關係，即人間倫理（human ethics）。神聖倫理必然引申出人間倫理，因為耶穌基督本身就這樣表現。耶穌基督與父上帝的關係是非常密切的，在約翰福音中我們可以清楚地看見這種關係；但同一時間耶穌基督亦活現著與人的關係。這兩種關係不是分割的，而是有關連的，離開了神聖倫理就不會有人間倫理，人間倫理的根基是在神聖倫理之中的；人與人的關係、人對鄰舍的承擔、人對世界的責任的承擔，都是建基於人在基督裏與上帝建立的和好關係之中，永遠都是回到基督這個核心。在潘霍華的神學立場之中，整個倫理本身就是公共的，整個神學本身就是倫理的，因為耶穌基督本身的生命就是公共的，就是倫理的。因此人要跟隨耶穌，人以耶穌基督作為上帝的形象的時候，我們就要活出這種生命，因為人本來的結構就是如此，過去只是因人墮落後就扭曲了這結構。所以人要回到原本這結構當中，作一個有擔當的生命，這是最基礎的；沒有了這擔當的生命，所有事情都講不上。

潘霍華提到，在正常的情況之下，在上帝護佑這個世界底下基督徒有幾重委托（mandates），包括工作，婚姻／家庭、國家／政府和教會，每一重委托都是要讓人在合乎上帝心意底下來生活。潘霍華提到每一重使命本身都是「為他者」的生命，如父母與子女、丈夫與妻子，都在這關係裏面，都要活出一種負責任、為他者的生命。潘霍華認為這是墮落之後上帝仍然護佑這個世界的圖畫，就是讓這幾重使命發揮，不致讓這世界立即崩潰，讓人活出他自己為他者的生命。不過他從整個歷史之中發現，這幾重使命中慢慢喪失了彼此之間的平衡，當中主要的原因是人愈來愈遠離耶穌基督，失去了以耶穌基督作為生命中心的委托。於是後來的發展是，當基督不再是生命的中心時，某些委托就被抬高了，蓋過了其他。在當時德國的處境之中，國家/政府的委托很強，所有其他的使命都要為國家/政府來服事。這情況在中國也是一樣，直到今天仍然有人提出，沒有國家怎能有教會，這便是失去了平衡。在當時德國的情況，因為沒有其他的委托平衡，形成了國家/政府的委托獨大，將其他使命完全吸納了，變成了所謂「全權主義」，或即是「獨裁主義」或「專權主義」，它的權力完全將人的生活每一部分都完全掌控，人沒有其他空間，沒有其他的可能性。

在潘霍華當時的德國，完全沒有這空間，但是想想今天我們的香港，又是否有很多空間？香港因為有一國兩制，並未馬上、立刻、現在全面實現政治上的「全權主義」，但空間卻在收縮之中。我們對未來是樂觀，還是悲觀？其次，就算香港沒有國家或政權獨大，我們仍有其他東西獨大，可能是資本主義獨大，可能是消費文化獨大。自由經濟全球化，無孔不入，家庭為了工作，工作為了消費，教會也可能如是。當家庭和教會失去能力，工作失去了如馬克思（Karl Marx）所說的實現自我的能力時，就更難抗衡某方面的獨大。按照潘霍華的看法，如果幾重使命失去平衡，就很危險了。

香港的中產階級非常保守，自己擁有的權力位置就是自己的安全島。今日的香港教會難免一樣，變成中產教會之後沒有察覺這種生活方式入侵教會。我們需要反省自己的身分，我們的生命和生活有沒有被信仰塑造？反過來我們也有分塑造社會，但會否只是同流合污？我們的生命是否一個擔當的生命，還是只是消費的生命？過去曾有機構推動簡樸生活，對抗物質生活，但是這些另類聲音的空間已經慢慢喪失。我們教會的講壇很少講及我們的生活空間已經逐漸被其他東西佔據，教會反而被其他外面的東西入侵了，講壇信息是無痛的，不介入生命的。這是我們的悲哀。

潘霍華有這樣的講法，我們不是要求上帝與我們的世界相關（God is relevant to this world），而是要求我們與上帝相關（we are relevant to God），這是倒轉過來的。我們要求問上帝的心意何在，而不是求問上帝對我們有甚麼好處？與我們何干？我們不能從人出發，像啟蒙時代那樣，正如今天我們做神學，處處期望能夠處境化、能夠與我們今天的處境相關。但對於潘霍華來說，真正的實在（reality），就是在耶穌基督裏展示出來的。《倫理學》所講的，就是世界要轉變過來，能夠對應這真正的實在（corresponding to this reality）。基督徒任何擔當的行動（responsible action），都要配合這實在。要活出一個與基督所展示的生命對應的生命，就是要活出一個為他者的生命，讓他人與上帝和好，不再破裂、高抬自己，否則就被罪所吞沒而遠離上帝，失去生命。今天，如果教會不再講罪、不再講追隨基督，就會被罪所吞沒而遠離上帝，失去生命。

註釋

1. 同名的文章出現兩次，可見潘霍華曾經對早期的寫法有所修改。
2. 詳細請參考溫德：《力阻狂輪：潘霍華生命史》，陳惠雅譯（台北：雅歌，2004）。此書展示出整個潘霍華生平的政治及教會背景。

24.

追隨、承擔、悲劇——一種敘事式的引述*

一、早期及中期的潘霍華[1]

當代德國神學家潘霍華（Dietrich Bonhoeffer）在十五歲時，向家人表示，他已經決定要進大學修讀神學。那時，他的哥哥對他說：「你可知道教會的腐敗，她與今日的世界脱離了關係？」潘霍華回答説：「如果這是實情，我就幫助改革教會！」潘霍華二十一歲（1927 年）完成了博士論文《聖徒相通》（*Sanctorum Communio*）（1930 年出版），二十四歲當上柏林大學講師教授神學，二十五歲時出版第二本著作《行動與存有》（*Act and Being*）（1930 年完成，1931 年出版）。

然而，一九二九至一九三九年間，德國經歷著大蕭條，失業人數眾多，整個社會落入不穩定的景況。政府也剛剛從君主政體轉

---

* 本文原曾以〈追隨・承擔・悲劇——對潘霍生命的敘事式引述〉為題，刊於《獨者》第 11 期（2006 年春夏），頁 91～106。該文內容最初在香港教會更新運動及基道出版社於二〇〇六年二月四日合辦的潘霍華百週年誕辰紀念講座中發表，講題為「『基督進入世界』——潘霍華的社會倫理」。現稍作修訂。

成民主政府，但一九三三年那一年德國人卻拒絕接納他們的民主政府，把權力奉送給希特勒（Adolf Hitler）；是年一月三十日，希特勒成為總理（chancellor，或譯首相）。他應許振興經濟，也答應讓基督教原則上成為國家道德的基礎，藉以吸取選票，他向基督徒保證：「基督徒是保護我們民族財產的最重要元素」，卻把德國的困難歸咎於猶太人及共產主義者。四月一日，猶太人的商店被杯葛，德國人被警告不得與猶太人有親密的往來，德國人若與猶太人約會或結婚，會被控以「污染德國民族的純潔」之罪名。一九三三年第一個集中營在達豪（Dachau）設立。希特勒通過「雅利安條款」（Aryan Paragraph）實行「種族清洗」，先是在公務員當中，最後則在教會中實行：不許任何猶太裔的基督徒後裔在教會中擔任任何職位。

悲哀的是大部分基督徒都支持希特勒的反閃族主義（anti-Semitism）及其歧視政策。他們大都受了希特勒的迷惑，並沒有看到聖經對公義的要求，挺身而出反抗希特勒殺害猶太人的那項不義計劃。很多基督教領袖並沒有從一開始就看到希特勒的極權、獨裁、不公義、好戰，潘霍華則是例外。希特勒被選任為總理後，潘霍華在教會講道，指出基督是惟一的主，基督徒再也沒有別的主，世俗的權力更不可以成為基督徒的主。他又在電台廣播時大膽地發出警語，認定那宣稱絕對權力與踐踏基本人權的領袖，是個危險人物。可惜演講高潮時因為超過時限而被中斷。

潘霍華並非一開始就批判民族主義，事實上，他在一九三〇年剛考取大學講師資格時，他的倫理學思想仍然是以民族主義為基礎的，一如其他後來支持希特勒政權的信義宗神學家。他宣認上帝命定（ordained）以民族—國家（Nation–State）帶領政治、戰爭和經濟，在社會責任上所應追隨的是德國政治的現實，而非耶穌基督。[2]可是，潘霍華後來的立場有了轉變，那麼，轉捩點在那裏呢？翌年，即一九三〇年，潘霍華到紐約的協和神學院（Union Theological Seminary）進修，參加哈林區（Harlem）的一個美籍非裔人士聚集的浸信教會（African-American Abyssinian Baptist Church）。這時潘霍華寫信給他的女性朋友，表示自己已被登山寶訓的信息所改變，他說：

> 我以非基督徒的方式埋首於自己的工作。一種〔……〕野心，在我心中提醒我，卻叫我的生命艱難〔……〕。然後發生了一些事情，這些事情直到今天仍然改變我的生命，把我徹底改變過來。因為我第一次來到聖經面前。在這之前我曾時常宣講，並很著緊教會〔……〕。但我從來不曾成為基督徒〔……〕。我知道直到事情發生為止，我曾把耶穌基督這客體轉成機會，一個可以通往我自己更上層樓的機會〔……〕。我從沒有，或幾乎不曾禱告。雖然我放棄了很多，但我對自己的景況很滿意。聖經，特別是登山寶訓，把我從這當中釋放出來。從此所有都不再一樣〔……〕這是極大的釋放。我愈來愈清楚：一個耶穌基督的僕人，其生命必定是屬於教會的，我也愈來愈清楚這樣的要求有多嚴重。[3]

後來（1935 年），潘霍華成了一所地下神學院的惟一教授，但卻可脫離納粹的管制。他在神學院的教學中特別強調登山寶訓和追隨基督，後來他把這些講課資料編寫成了《追隨基督》（*Discipleship*）。潘霍華以登山寶訓為基礎，嘗試説服其他人反對希特勒。因為登山寶訓提到，要愛弟兄更要愛你的仇敵，這樣，愛的對象就應該包括所有的人，不應排除去愛一名猶太人，所以基督徒應該站出來抵制希特勒的反猶政策。另一方面，登山寶訓也説到，要追求和平，這樣，潘霍華有了極強的聖經基礎反對希特勒的好戰政策。潘霍華説，基於登山寶訓，因而我們有了清晰和不容妥協的立場，這立場是我們能力的惟一來源，讓基督教成為人民的活潑力量。[4] 他説按照登山寶訓來追隨基督，其對生命所產生的新意義，乃是一條納粹垮台後，教會恢復其身分的惟一道路。

當時帶領「認信教會」（Confessing Church）的領袖之一的巴特（Karl Barth），也反對希特勒接管教會，他曾經對潘霍華有這樣的評價：「從一九三三年開始，潘霍華是第一個事實上也幾乎是惟一的一個集中全副精神來對抗希特勒的人，他為了保護猶太人而對抗了不公義。」面對納粹當政，當時的「認信教會」只盡全力地保護自己的教會，為教會以外的猶太人所做的不多，而猶太人那時正面對空前的危機，納粹要剝奪他們的家園、事業甚至生命。只有潘霍華站在登山寶訓的基礎上，以主的寶訓為生命之具體指引大聲疾呼，反對希特勒的反猶政策，並催促教會有所行動，加入反希特勒的陣營。他幫助十四名猶太人偷渡離開德國前往瑞士，並幫助一位猶太裔教授佩雷爾斯（Perels）在居爾（Gurs）的集中營中生存下來。

登山寶訓的核心價值觀，促成了潘霍華起來反對希特勒的不公義。潘霍華忠於耶穌基督，他具體而確實在地明白耶穌在登山寶訓所啟示的道路之後，就清楚看見了希特勒所犯的錯誤，矢志要反抗他。

二、後期的潘霍華

我們將先描述潘霍華一九三九年後的生命處境，然後再作神學的探討和反省。

眾所周知，一九三七年蓋世太保關掉「認信教會」的地下神學院，但潘霍華繼續在一羣實習牧師團體中非法工作，這些牧師都是先前在地下神學院學習的學生。這時期他為他們講授講道學、靈性關顧和就「試探」為主題來解讀聖經（其後這些課堂的講義都翻譯成英文出版）。一九三九年他前往美國，接受紐約的協和神學院的一個客座講師職位，但三星期後返回德國。對潘霍華來說，這是一個關鍵性的決定。回到德國，潘霍華參加了德國的軍事反情報機關，卻另外又有分於一羣官員及律師密謀推翻希特勒的計劃。那時他已經不准教書、演講及寫作，而大約是從「認信教會」神學院結束起，也許早在一九三六年潘霍華就已被取消講師資格。一九四一年潘霍華開始寫作《倫理學》（*Ethics*），反省「責任倫理」的問題，且對自己所參與的政治活動不斷進行深切思考。一九四三年四月，他有分幫助猶太人逃離德國的行動曝光，因而被捕入獄。一九四四年七月二十日刺殺希特勒的計劃失敗，當局查出潘霍華也有分其中。一九四五年四月九日潘霍華被處死於浮羅生堡集中營，結束了他一生三十九年的生命。潘霍華死前最後一句話這樣說：「這是結束，對我而言卻是生命的開始。我相信在基督裏，世界同屬弟兄姊妹，沒有國籍之別，而我也相信，勝利必定屬於我們。」[5]

潘霍華為何要在一九三九年離開德國前往紐約後又立即回到德國呢？他為甚麼會有這個決定呢？其實，他作了十分艱難的決定，涉及當時「認信教會」的情況。[6]「認信教會」因為經濟的問題愈來愈沒有能力反對政府對教會「效忠誓願」的要求，但潘霍華卻持守立場反對希特勒，他的「激進」信仰對「認信教會」來說，一直是一個危險的因素。一九三九年四月二十日「領袖（希特勒）的生日」被鋪張地慶祝，教會也發出忠誠順服的宣言。甚至代表「認信教會」訴求的「年輕的教會」也向領袖致意：「領袖的形象，堅卓努力地奮鬥，經過舊世界，用他內在的眼睛看見新氣象，並強迫其實現；很明顯地，他是歷史少數幾頁預留給新時代新人的最後一位偉人。德國在民族世界的使命，被一隻強壯堅實的手重新影響歷史的評價

〔……〕我們請求上帝，賜福給領袖。」[7]「認信教會」的牧師也開始簽名志願從軍，好證明「認信教會」也有民族主義的思想傾向。[8] 他們最怕就是在他們的領導成員中，有人拒絕當兵。因為這樣一來，他們參與偉大德意志國家的美夢就會完全破碎。[9] 因此，「認信教會」裏沒有人想要留住潘霍華。[10] 事實上，自一九三三年以來，他的「激進」信仰對「認信教會」而言，一直是一個危險因素。一些在「認信教會」裏的領導人物將因他的離去而鬆一口氣，因為那個令人不舒服的反對者終於不見了。[11]

美國紐約的協和神學院向潘霍華發出邀請，[12] 正好紓解「認信教會」的擔憂。事實上，潘霍華是時的情況也愈來愈危急。只是，潘霍華來到紐約之後卻過得不快樂，真正使他痛苦的，不是那種祖國情懷的鄉愁。他感覺自己不屬於他所在的地方——就某種廣泛、存在的意義而言，自從他將生命定義為「基督的追隨者」之後，基督説的話對他而言，就不再是無關緊要了。

> 我們只要去找祂在的地方。當我們不在祂的地方時，我們就可能甚麼也不是。無論你們在那邊，或我在美國工作，我們都是在祂的地方。祂常與我們同行。或者我已經從祂的地方偏離出來了？哪裏是祂為我而在的地方？[13]

在紐約，他處在安全之地，但他卻失去構成生命的中心。一九三九年六月二十日，他決定回德國，七月七日，潘霍華乘船歸去。

潘霍華在反情報機關從事信使的工作。長久以來，潘霍華早把「反抗至死」當作反抗行動最合適的方式。現在一切都完全不同了。真誠的信仰者加入了這場陰謀；原來渴望有神聖光環的他，如今卻手染罪行。這個時期，他著手草擬《倫理學》(*Ethics*)。在當中一個不斷出現的疑問：讓自己擺脱政治上的衝突，是否比讓自己介入

政治行為的罪惡更大？這種行為在衝突產生時不能避免罪責。他這麼想，耶穌的追隨者，也可能出於愛而犯罪，

> 因為對耶穌而言，重要的並非新的倫理理想如何實現，也不是為了良善本身，他所為的只是對真實人類的愛，因此祂可以走入人類罪惡的團體裏〔……〕耶穌從自己無私的愛及祂的無罪中走出，而進入人類的罪中，將其罪攬在自己身上〔……〕想要脱離罪責的人，是在脱離擔負罪愆者耶穌基督拯救的奧祕，他將無分於神的稱義。他重視個人的無辜甚於該為人類負的責任，而看不到他正因此犯下無法拯救的罪〔……〕。[14]

現在的決定點在於：哪一個罪比較大？姑息希特勒專制或者消滅他？具體來説，凡沒有準備要謀殺希特勒的人，不管他願意與否，都將與大屠殺的罪有分。他現在絕不懷疑任何一種暴力的使用都是罪，但他堅持基督徒在這種情況下，可以因出於對鄰舍的愛，而必須承受這個罪責。[15]

一九四二年年底，潘霍華為自己及國防軍裏的共謀寫了一份告白書：「我們是醜惡事迹的沉默證人，我們飽經世故，我們是裝腔作勢的高手，並且懂得説含義模糊的話，由於過往的經驗，我們變得對人猜疑，並且必須隱瞞真相、對實情有所保留；我們由於那些難以承受的衝突，變得懦弱，或者甚至可能玩世不恭——我們還有用嗎？」[16]

三、潘霍華在《倫理學》中的神學反省

在潘霍華的《倫理學》第一部第五至七章之中，整個討論都

涉及責任（responsibility）。[17] 這可以從「創造的秩序」（orders of creation）或「護佑的秩序」（orders of preservation）開始討論。潘霍華並不喜歡「創造的秩序」，而轉用「護佑的秩序」一語，表明這是上帝在人類墮落後用來維繫這個世界的，並非是終極的，只是次終極的（pen-ultimate）。這護佑的秩序包括四項：勞動（labor），婚姻（marriage），政府（government），教會（church），這些都是人類要盡上的責任。潘霍華稱它們為神聖的委托（divine mandates）。潘霍華認為不同歷史時代的人類以不同的方式去履行這些委托，或者說這些委托以不同的特殊方式踐現出來。到了如今，這些特殊方式已經不能用來解釋人類的普遍發展。我們需要提問：耶穌基督以何種形式在我們的世界出現？耶穌基督把這些不同的委托統一起來，讓我們據之而活，不致陷進重要的矛盾衝突之中，即能夠在勞動、婚姻、政府、教會和文化之中平衡和諧地生活。

然而，在這個時代，基督已經愈來愈被人忘記，因而在面對五重委托時所產生的矛盾，或在面對其複雜性時，所採用解決的方案，就是把其中一個委托視為最崇高，從而忽略其他的委托。全權主義/極權主義的國家(totalitarian state)就是這樣的一種解決之道，意即把國家視為全權/極權的、凌駕於其他三重委托之上，從而解決五重委托之間的矛盾或彼此之間的複雜性。

對潘霍華來說，希特勒的冒起表明了各種委托及其當有的權威，彼此之間失去了恰當的關係，包括彼此之間的優越（superior）和低下（inferior）。教會完全為國家的委托所決定和侵蝕就是顯例（政府與教會之間失去了路德兩個國度的平衡）。不單教會如是，勞動及文化亦如是。潘霍華並不只歸咎於希特勒，他認為社會的腐化乃是教會所要懺悔的罪責，教會是社會長時間廣泛地脫離西方基督教傳統的同謀。當全權是一個國家腐敗的情況，而腐敗之所以可能，乃在於其他委托已經軟弱無力並且走上歧路、不再嚴正地踐現他們在歷史中的角色，以致家庭、教會、文化等可以被納粹入侵。當這些委托的建制都向納粹政府宣誓效忠，無疑就是放棄自己的委托，這正是一種背叛基督的作為。

這裏涉及的不只是意念的問題，而是行動的問題，事已至此如何能夠挽回的問題。它涉及的是世界需要恢復並踐現各種委托，也就是説，世界需要恢復一個平衡各種委托的架構，而不只是提出指引，告訴我們要做些甚麼，向誰順服。因為，真正的問題是整個委托的架構已經崩潰了！因此，首要的工作只有恢復這一委托的架構，也就是恢復勞動、婚姻、政府、教會和文化彼此的關係，又能使它們恰如其分的實現自己的使命。而要恢復秩序靠的不是理念或意見，而是行動，正如使秩序破壞的，不是理念，而是由於那個出錯的行動。因此，從一九四〇年中開始潘霍華已經參與改變德國政府的計劃，甚至同意必要時不惜刺殺希特勒以實現這項計劃。對潘霍華來説，刺殺並非一種順服的行動，而是責任的冒險（venture of responsibility）。[18] 甚麼是責任的冒險？在日常的道德要求無法提供任何指引的處境下，責任的冒險就產生了。意即，當委托的架構崩潰了，無法提供任何踐行的指引來撥亂反正，而事實上也缺乏踐行的空間和渠道去撥亂反正，責任的冒險就產生了。負責任的冒險行動，也許或甚至違背日常的道德期望；而整個冒險行動的過程，並非由總會的憲章或決定來定奪它，而是由歷史的危急來決定它。潘霍華説冒險的行動「並非一種順服的行動」，指的是它並非順服教會的行動，因為在這時教會亦已經失去了她踐行其使命的空間和能力。於是，個體的決定就成了十分重要的一種可能性，這是不可避免而有其必要的，當然，這也是教會的悲哀！

潘霍華完全支持密謀行刺希特勒的目標和行動，但他從來都沒有輕視其中的道德困境：一方面是謀殺，另一方面同時也是背叛了一切法律的權威。有人可能因為這樣的困境而退出計劃，但他也沒有用一些簡易又直接的答案，隨便地替那些退出的人開脫責任。這主要是因為潘霍華已把當時的德國當做一個陷入危機的國家，只有透過責任的冒險才能在這國家中恢復該有的神聖委托，讓神聖委托中所蘊含的律則可以再次生效。換句話説，他並不同意危機神學（theology of crisis）的觀點，認為人類的建制恆常處於失序的景況。因此潘霍華想要透過責任的冒險去恢復神聖委托的運作。讓基督再一次可以在人類的生活中成形，以能創造新的建制去踐現履行神聖的委托。潘霍華等人的密謀背叛，就是要創造一個機會讓神聖的委托可以重新成形。潘霍華稱這責任的行動為「代理」（deputyship），是代表那些無能者去行動，是使用我們的能力去保護那些無能者。[19]

「責任」是後期潘霍華在《倫理學》經常出現的字眼，[20]「有責任的生命的結構」是由「義務」和「罪咎感」構成的，最「有責任的人」是耶穌，他充分展示了「完全將自己的一生順服於他人」的意義。[21]下面是《倫理學》一書中有關「責任」一詞的看法：

> 就這種人生是對耶穌基督生命的回應而言〔……〕，我們稱其為責任。[22]
>
> 耶穌自己承擔了全人類的罪，因此人們才得以有能力富有責任心地去負疚〔……〕正是因為耶穌基督，這個無罪、無私愛人之人所行的富有責任的行為，世上才出現愧疚。[23]

人的「責任」之所以可能乃在於耶穌基督，在於人對耶穌基督當有的生命的回應。這回應就是對他人的生命負上責任，因為耶穌基督的生命乃是為他人的生命。另一方面，責任是跟罪咎／愧疚（guilt）相關的。因為這種負責任、承擔並非終極的，有可能出錯，故此要有罪咎感，要尋求上帝的寬恕（forgiveness）。有關此點，柏蘭特（Stephen Plant）如此說：

> 基督徒要為他們之所是和所做負上次終極的責任。終極地，上帝審判基督徒的行動，如果他們做錯了，他們信靠上帝的寬恕，不是要把錯的事情看為對，而是獲取上帝在基督裏的應許。[24]

我們可以對希特勒做些甚麼？[25] 任何理性的人都會阻止希特勒。然而二次世界大戰有理性的人，為了阻止希特勒結果殺害了三千五百萬至六千萬人，包括了數以千萬計的平民百姓，涉及炸彈及兩個原子彈的大規模殺害。但這並非潘霍華的中心問題，他要問的是：「對一個選擇追隨政府有系統地除去猶太人，不惜開戰引致超過三千五百萬人死亡的戰爭，我們可以做些甚麼？」

參與叛變，這對潘霍華來說並不是件容易的選擇，伯格（Peter Berger）說過：「在一個充滿納粹的世界中，作為一個巴特式的基督徒，是可以被原諒的。」在一個充滿納粹的世界之中，教會又主要站在納粹那一邊，一個人可以因未能完全活出其所寫下的而被寬恕，但他卻較我們任何一個更符合福音的要求、更有勇氣去有所行動。

潘霍華所要的教會，不是自我封閉的教會，他希望能在教會內工作，也要為教會工作，但這教會必須在一充滿暴力的世界中，活出追隨基督的生命；潘霍華的理想促使他接受了和平主義。只有在沒有一個教會或任何其他人再去支持他的和平主義和他對非暴力抵抗的關心時，只有當他不再對「認信教會」及普世運動懷有希望時，只有當他不再可以宣講、教學或出版時，他就轉向了叛變。然而，即或如此，他的工作也是要以最小的暴力去結束這場戰爭。而令人感到諷刺的是、也是極有可能的事情是，他並非因密謀叛變而被捕、處死，反而是因為拯救猶太人的七號行動而讓他喪掉了生命。潘霍華的生命與思想已被耶穌基督俘虜，他的確被耶穌呼召，並且追隨了祂。對潘霍華來說，追隨基督的人不能離開基督的身體（即教會）而被塑造，也不可能離開世界而生活。

因此，這必然是悲劇，這是潘霍華的悲劇，更是德國教會的悲劇。[26] 德國教會在路德兩個國度的觀念下踐行著自己的信仰，可是他從來未對抗過暴政，潘霍華可能在自己的信義宗傳統中獲取有用的資源嗎？或許，潘霍華可以在信洗派（Anabaptist）的傳統中找到非暴力抗爭的踐行經驗，但這能救燃眉之急嗎？再者，潘霍華可能有足夠的時間，讓整個德國教會學習怎樣抗爭嗎？而潘霍華離開了信仰羣體，意即不再活在一個追隨基督的信仰羣體，他又怎麼有可能來踐行信洗派的信仰精神呢？當教會同時滿是納粹，那注定是每一個人的悲劇！

註釋

1. 本節主要取材自 Glen H. Stassen and David P. Gushee, *Kingdom Ethics: Following Jesus in Contemporary Context* (Downers Grove: IVP, 2003), chapter 6: The Transforming Initiatives of the Sermon on the Mount, esp. 125～127。
2. Dietrich Bonhoeffer, *Gesammelte Schriften* III, 48～58；引於 Stassen et al., *Kingdom Ethics*, 126。
3. Eberhard Bethge, *Dietrich Bonhoeffer: A Biography*, rev. and ed. Victoria J. Barnett (Minneapolis: Fortress, 2000), 204 ～ 205；引於 Stassen et al., *Kingdom Ethics*, 126。
4. Bethge, *Dietrich Bonhoeffer*, 413；引於 Stassen et al., *Kingdom Ethics*, 127。
5. Eberhard Bethge, *Dietrich Bonhoeffer,* 6th ed. (Munich: 1986), 1037；引於溫德：《力阻狂輪：潘霍華生命史》，陳惠雅譯（台北：雅歌，2004），頁 212。
6. 這段及以下文字取材自《力阻狂輪》，頁 157～163。

7. 溫德：《力阻狂輪》，頁 157 ～ 158。
8. 溫德：《力阻狂輪》，頁 162。
9. 溫德：《力阻狂輪》，頁 163。
10. 溫德：《力阻狂輪》，頁 161。
11. 溫德：《力阻狂輪》，頁 157。
12. 以下直至本節結束均取材自溫德：《力阻狂輪》，頁 171 ～ 174。
13. 一九三九年六月二十四日連環信；轉引自溫德：《力阻狂輪》，頁 164。
14. *Ethik,* 12th ed. (Münich: Christian Kaiser, 1988), 255 ～ 256；引於溫德：《力阻狂輪》，頁 172 ～ 173。
15. 溫德：《力阻狂輪》，頁 171 ～ 173。
16. 溫德：《力阻狂輪》，頁 174。這份告白就是〈十年後〉（After Ten Years），收於《獄中書簡》（*Letters and Papers from Prison*）開首處。
17. 以下五段均取材自 Robin W. Lovin, *Christian and Faith and Public Choice: The Social Ethics of Barth, Brunner, and Bonhoeffer* (Philadelphia: Fortress, 1984), chapter 6: Dietrich Bonhoeffer: Responsibility and Restoration。該書所引的英譯 *Ethics* 乃據德文本第六版譯出。
18. Dietrich Bonhoeffer, *Ethics* (New York: Macmillan, 1986), 343；引於 Lovin, *Christian and Faith and Public Choice*, 136。
19. Bonhoeffer, *Ethics*, 224 ～ 227；引於 Lovin, *Christian and Faith and Public Choice*, 147。
20. 龐安德（Andreas Pangritz）：〈朋霍費爾政治倫理的神學動機〉，《基督教思想評論》第三輯（2005），頁 265。
21. 龐安德：〈朋霍費爾政治倫理的神學動機〉，頁 265。
22. Bonhoeffer, *Ethics*, 222；引於龐安德：〈朋霍費爾政治倫理的神學動機〉，頁 265。
23. Bonhoeffer, *Ethics*, 241；引於龐安德：〈朋霍費爾政治倫理的神學動機〉，頁 265，註腳 30。
24. Stephen Plant, *Bonhoeffer* (London / New York: Continuum, 2004), 125.
25. 以下取材自 Mark Thisesen North, "Discipleship in a World Full of Nazis," in *The Wisdom of the Cross: Essays in Honor of John Howard Yoder*, ed. Stanley

Hauerwas et al. (Grand Rapids: Eerdmans, 1999), 274～277。

26. 參 James Wm. McClendon, Jr., *Ethics: Systematic Theology*, vol. 1, revised edition (Nashville: Abingdon, 2002), chapter 7: Dietrich Bonhoeffer。

25.

悲劇？謀反？*

一、上篇

1. 四個需要研究的問題

一九四〇年及以後的德國神學家潘霍華（Dietrich Bonhoeffer），究竟是誰？這個問題，西方研究潘霍華的專家學者，都莫衷一是，可説是個備受爭議的公案。這個議題涉及了許多層面。首先是歷史事實的層面，究竟潘霍華在一九四〇年至一九四三年期間，參與德國軍事反情報機關阿勃韋爾（Abwehr），涉足當中以海軍上將卡納里斯（Admiral Wilhelm Franz Canaris）為首的抵抗小組（resistance group）有多深？參與了甚麼行動？其次的是潘霍華自己怎樣解説這段時間的決定與舉動，特別是在信仰或神學上，他作出了怎樣的分析與判斷？再者，這個時期的潘霍華跟這個時期之前的潘霍華，有著怎樣的關係？這第三個層面的問題，或多或少在於前面第一個層面及第二個層面的問題的答案是甚麼。然後，來到最後一個層面

---

* 本文原刊於《時代論壇》1407 期（2014 年 8 月 18 日）網上版，下篇刊於《時代論壇》1407 期（2014 年 8 月 18 日）印刷版。

的問題，就是我們自己的判斷，這是無可避免的。我們會按著甚麼立場，來對潘霍華在一九四〇年至一九四三年期間的舉動，作出判斷呢？

2. 對悲劇的不同解讀

就最後一個問題而言，至少有一部分學者會認為，潘霍華的故事包含悲劇的成分、色彩。然而，即使視潘霍華最後年月的遭遇為悲劇，也要分別那是一種怎樣的悲劇。麥乾頓（James Wm. McClendon, Jr, 1924～2001）指出，就此有三種不同的解讀。

> 有人認為這是一個為時太晚而造成的悲劇。如果他一九三三年轉向政治，在希特勒（Adolf Hitler）取得權力而潘霍華已預見邪惡來臨時，轉向政治，情況會是多麼不同。如果他沒有浪費時間與那些寶貴的學生一起，情況會是多麼不同。或者（另一個觀點），如果他堅守他的非暴力確信，遠離政治，他在戰後的領導作用會大得多。或者（第三個觀點）他沒有更好的選擇——他受困於命運，在他能夠做的時候，就勇敢地做出他能夠做的事，是悲劇時期的可悲犧牲者。[1]

上面三種判斷，基本上都是就潘霍華本身來作出的。我們在此暫時撇開他們對悲劇之分析誰對誰錯，值得注意的是，這些分析全沒有考慮潘霍華所處身的德國基督徒羣體。換句話説，這些看法都認為，那只是潘霍華個人的悲劇而不是德國基督徒羣體的悲劇；即使是悲劇，也不過是潘霍華個人的事情而不是整個德國教會的事情。這樣的分析，忽略了潘霍華自身所致力發展的「社羣性」

（sociality）向度，未能把潘霍華的生命置於整個德國基督徒羣體的生命之中來思考。事實上，在上述第三種觀點之中，已經注意到潘霍華受困於命運，可是卻忽略了：這並不只是他個人的命運，卻同時是他所屬於的整個德國基督徒的命運。因此，需要進一步指出，潘霍華乃是受困於整個德國基督徒的命運。而這正是麥乾頓要補充的，這是「共有的悲劇」。麥乾頓在結束討論前，就意味深長的寫道：「從基督徒那休戚與共、連結一體的立場〔來看〕，失敗的不是潘霍華弟兄，而是我們。」[2]

3. 個人與教會羣體的共有悲劇

在這裏以悲劇來形容潘霍華最後日子的遭遇，與其説是一種否定、貶義的判斷，無寧是無可奈何的歎息、難以釋懷的遺憾。並由此而生起一種若能避免發生悲劇該是多麼美好的想望，以及進而盡力對已發生的悲劇作出分析，在悲痛中指出問題之所在，盼望在此後的歷史之中不再重複出現，再增添歎息與遺憾。不恰當地套用新儒家牟宗三的説話，這裏面實在具有一種「客觀的悲情」。客觀、冷冽的分析背後，乃是一股不願悲劇再演的悲情。正因為我們無法回到過去改變歷史，所以就必須勇於面對歷史本身，毫不逃避躲閃當中的種種局限：一種個體與羣體互相交織在一起的局限，而盼望以後的世代能越過這曾經有過的局限，不讓歷史重複發生。因此，麥乾頓才不避批評的寫下如下的文字：

> 他們的教會〔引按：指德國人的教會〕沒有有效的羣體道德結構，足以應付教會和德國人民的重大需要（更別提猶太人的需要；更別提世界人民的需要）。沒有結構、沒有踐行、沒有政治生活的技能存在，是能夠抵抗——以基

督教的方式抵抗——當時的極權統治的。

在這樣的德國教會的局限底下，麥乾頓繼續寫道：

> 那悲劇更為強烈，因為在德國所有基督徒中，潘霍華或許是最接近能夠展現出那些技能並培養那些踐行的人。但那是共有的悲劇，因為無論怎樣都無法獨自滿足那需要。[3]

麥乾頓的分析，完全是出於潘霍華自己那種社羣性神學的：個體不離羣體而成個體，羣體也由眾多不同個體有機組合而成。這在潘霍華自身的遭遇，也是如此。

4. 拉遠距離地認識潘霍華的謀反

然而，後人因為歷史的嬗變而可拉遠距離，而可客觀地理解。這包括全面且更深入的探索上文提出的首三個問題。我們無意以麥乾頓對潘霍華的分析與判斷為惟一的、最後的，但正因如此，他的分析與判斷，乃是眾多分析與判斷之中的一種，而可以參考，並因此需要回到首三個問題去掌握更多的歷史資料，包括潘霍華參與阿勃韋爾的情況，以及他對謀反（conspiracy）（這是貝特格〔Eberhard Bethge〕在其權威的潘霍華傳記所用的字眼）的神學分析與判斷，並且作出極其不容易的分析：究竟這個時期的潘霍華跟這個時期之前的潘霍華，有著怎樣的關係？無疑，這首三個問題，跟最後一個問題：我們今天的信仰、神學判斷又如何呢？對於我們（基督教會）來說，潘霍華是誰？最終必然互相交織在一起，而不可以完全分離。我們只有持續不斷的在這四個問題之間：全面掌握相關的歷史資料、深入並從不同角度解讀資料，以及潘霍華一生的神學思想的連續性或/與不連續性，開放地忠於自己的信仰、神學立場（這是追尋知識的起點，但卻可以在追尋的過程中進行修正）去作出（暫時的）判斷，來回往復，方才可能有一確解。

二、下篇

英國長時間研究潘霍華的學者柏蘭特（Stephen Plant）在這方面寫有一篇文章〈潘霍華與毛奇：危機時刻的政治與信仰〉（Bonhoeffer and Moltke: Politics and Faith in a Time of Crisis），就潘霍華參與謀反的事情，提供更多的歷史資料，以及思考向度。他把潘霍華所參與的謀反小組，跟另一以毛奇為首但進路不同的謀反小組，作出對比，讓我們更立體地認識潘霍華的參與謀反，以及對謀反、重建德國等政治事情的看法。柏蘭特厚積薄發，上世紀九十年代開始研究潘霍華，二〇〇四年出版《潘霍華》（*Bonhoeffer*）一書，連進深書目及索引只是一百五十七頁，二〇一四年出版《對潘霍華清點存貨：聖經解釋與倫理學的研究》（*Taking Stock of Bonhoeffer: Studies in Biblical Interpretation and Ethics*），全書連索引也不過一百六十六頁。此書雖然在二〇一四年出版，但是所收的文章卻遠至上世紀九十年代，不過〈潘霍華與毛奇〉一文此前卻從未出版。此文作為全書開篇之作，率先點出了研究潘霍華的生平與思想之間的困難。

1. 卡納里斯謀反小組

柏蘭特這篇文章提醒我們，不能把潘霍華的謀反抽離他所參與的卡納里斯謀反小組（Canaris Conspiracy Group）來了解。卡納里斯基於威瑪共和國（Weimar Republic）的經驗，確認民主跟疲弱政府不可分割，因而與同時代的許多德國官員一樣，嚮往以君主政體（monarchy）為基礎所建立的強大政府。[4] 卡納里斯所進行的是一項長遠的計劃。他招募一羣志同道合的人加入阿勃韋爾，包括上校奧斯特（Colonel Hans Oster）這位愛國但支持君主政體者、潘霍華的姊夫杜南毅（Hans von Dohnanyi）。打從戰爭爆發時，卡納里斯謀反小組就從事兩項事情。首先是有系統蒐集納粹戰爭罪行的證據，以便戰爭完結後進行起訴、控告，其次是策劃行弒希特勒以奪取政權。[5] 他們預計成立軍人政府好幾年，方才逐漸把權力過渡至一文人政府，他們認為這軍人政府相較於納綷而言，是尊重法律管治的。[6]

那麼，潘霍華在這個謀反小組之中，扮演甚麼角色？很多人誤以為潘霍華有分執行行弒希特勒的行動，但是他們根本不可能讓一個對槍械全無知識的文人進行這樣的一個如此重要的任務，並且他也不會有任何接近希特勒的機會。而事實上，潘霍華從來不是這個謀反小組的核心成員，他的貢獻十分有限。相對來說，潘霍華的姊夫杜南毅，才是這個小組在道德上與智性上的骨幹人物，[7] 他以法律顧問的身分參與阿勃韋爾；而潘霍華只是從事信使的工作，[8] 他主要的實際工作，是代表抵抗運動（resistance movement）開展國際聯繫，重點在學者之間。但德國牧者甚至在他的朋友中間，並不接受他的謀反觀點，[9] 這當中包括了巴特（Karl Barth）。一九四二年五月十七日巴特的助手基施包琳（Charlotte von Kirschbaum）代表巴特回信給潘霍華，以解釋巴特沒有誤信潘霍華變節成為納粹政權的一員（當時許多國外友人，懷疑為甚麼一個出名反對納粹的人，可以自由出入德國），倒是對此謠言笑得眼淚直流，但基施包琳卻跟著清楚表達：巴特並不支持潘霍華參與的卡納里斯小組所策劃的反對方式。[10] 二十六年後（1968 年）巴特在回顧這事情上，說得更為清楚：

> 我仍然記得，恍如昨天，潘霍華怎樣向我暗示這冒險〔透過謀反來除去希特勒〕，即是，關於這個冒險之前的談話，這談話給我某種死路一條的印像……那是我對參與者命運生起的人性同情……這是一條絕路，看來不會為將來提供任何應許的亮光。[11]

2. 潘霍華的政治觀點

潘霍華加入卡納里斯小組，可以相當肯定他跟這個小組的成員所持的政治觀點，是十分相近的。柏蘭特指出潘霍華並不跟隨他哥哥卡爾（Klaus），支持社會民主黨（Social Democratic Party），卻投票給天主教中央黨（Catholic Centre Party）。[12] 一九四一年潘霍華寫信給他在美國的朋友李曼（Paul Lehmann），表明他對德國戰後的看法：

> 舉例來說，德國會怎樣？沒有把英美的政府形式強加到德國那麼糟的——我應該盡可能喜歡它。很簡單，這不會行得通……就我所知的德國，就是不可能，例如，恢復完全的言論、出版、集會自由。這種事情會把德國置於同樣的深淵。我想我們一定要嘗試找到一個德國，在其中教會的公義、法律、自由可以恢復。我盼望將會出現一個類似德國人稱之為威權的「法規」（authoritarian "Rechtsstaat"）。[13]

柏蘭特指出這是十分奇怪的並置。威權的法規，在當中集會和出版的自由受到嚴重的窄化，而教會，則享有自由。[14]

3. 歷史中行動的冒險

柏蘭特進一步分析潘霍華大概寫於一九四一年四月之後不久的文章〈對國家與教會的神學立場〉（A Theological Position Paper on State and Church）。潘霍華重申路德的兩個國度，但卻強調政治的權柄乃出於上帝對墮落世界的腐敗作出護佑。潘霍華強調的是：「政府與上帝之間沒有直接的連接；基督是其中介。」[15] 但是公民根據甚麼理由可以背叛政府呢？在謀反納粹行動之中，這是關鍵的問題。

一方面，潘霍華論證公民不可能背叛政府而沒有罪：「政府的罪無論怎樣清楚不過，其所引起的背叛的罪卻不可能不顧。」[16] 另一方面，潘霍華又立即指出：「拒絕順服政府在一特定歷史之中所作的政治決定，以及不順服這一決定本身，只能是把一個人自己的責任來冒險。一個歷史的決定，不能完全被倫理學的概念所吸納整合。餘下的只有一樣：行動的冒險（the venture of action）。」[17] 潘霍華只能訴諸於行動的冒險來證成（justify）其歷史的謀反行動。這行動是冒險的，但對潘霍華來說，卻是踐行責任的冒險。這責任是一種擔當的責任，是潘霍華在《倫理學》（*Ethics*）充分發展的負責任生命的結構或代替性的代表行動（vicarious representative action）。對於潘霍華來說，在歷史之中的謀反行動，正正是這種負責任生命的行動，但卻是冒險的，因為沒有任何倫理學的概念可以完全指引這一具體歷史的決定。

4. 兩個進路相異的抵抗小組

柏蘭特在他的文章結束時，就兩個抵抗小組作出了比較，也對潘霍華的思想與行動提出了發人深省的反思式提問。因為我們這篇文章沒有介紹以毛奇為首的克勞紹圈子（Kreisau Circle），只能簡單講述兩者的差異。至少我們都不得不注意到，在當時的德國軍中，並不只有潘霍華參加的抵抗小組，也有克勞紹圈子。克勞紹圈子不認為行刺希特勒是最佳的出路，他們面向聯邦與歐洲而非強烈的民族主義、追求包容性的政治結構、走向多黨的民主體制，這個圈子的成員也是包容的且主要是由平民組成，[18] 跟卡納里斯謀反小組很不一樣。卡納里斯謀反小組堅信行刺是惟一的出路、具有強烈的民族主義傾向、對民主制度存疑而相信威權的法規、參與者主要是軍人。[19]

5. 只有兩種選項？另類的可能

柏蘭特最後的神學反思有兩方面。首先涉及的是潘霍華的生平與思想之間的關係。他以政治為例，提出問題：如果真的不能從潘霍華的傳記整理出他的神學，那麼我們是否有必要倒轉過來：既然他的神學那麼強那麼真，所以他參與政變的政治決定也是那麼強那麼真？抑或需要考量如下的可能性：潘霍華的代替性的代表行動的神學、「行動的冒險」的神學，那麼神學豐富、引發思考，但是他的政治判斷卻是錯誤的。這進一步引申出，基督徒在戰時的德國，是否只有兩個選項：要不是與納粹邪惡同謀，就是抵抗以致於準備參與行刺？柏蘭特指出這是人工的非此即彼，而在實際情況上來說，至少有另一選項出現：為將來而**思考**，[20] 這是克勞紹圈子所走的路線。這是策略性的政治差異。柏蘭特在這裏指向了另類選擇的可能性。

除了策略性的政治差異，另一方面就是實質的道德差異。潘霍華預備承受罪責（guilt）來終止邪惡，但是毛奇懷疑：邪惡能否被一種內在本質上是邪惡的行動所終止。誰對誰錯？進一步而言，毛奇致力於**思考**戰後德國的重建，但是想清楚需要改變甚麼，是否真的足夠，抑或也需要**做**些事情以帶來改變？但是一個真正的道德政治，是否真的可以從一不道德的背叛行動所生起？然而，我們是否必須在這兩條進路之間作出選擇？柏蘭特在這裏指向了另類選擇的可能性。不過，他繼而表示，更為清楚的教訓是，地上的政治是不圓滿的，因此所有政治確信與行動，都得站在上帝的腳前受到審判，這兩個不同進路的抵抗小組，也不例外。[21]

6. 怎樣的判斷？

但是，如何判斷這兩個抵抗小組？柏蘭特引述了潘霍華的哥哥卡爾於一九四四年七月行刺希特勒失敗後一日，與妻子埃米（Emmi）和妻子的哥哥德爾布呂克（Justus Delbrück），就這事件的失敗一起反省。埃米向兩個男人問及，對行刺的失敗有何感想，德爾布呂克沉默半晌，答道：「我想這是好的，因為這事發生了；或許，並且這也是好的，因為這事失敗了。」[22] 這是怎樣的判斷？柏蘭特認為，或許，這句說話同樣適合用來判斷這兩個抵抗小組。[23] 但是，這是怎樣的判斷？我們可以怎樣了解柏蘭特這樣的判斷？

註釋

1. 麥乾頓：《倫理學：麥乾頓系統神學》，卷一，陳永財譯（香港：浸信會，2012），頁 220。
2. 麥乾頓：《倫理學》，頁 223。
3. 麥乾頓：《倫理學》，頁 222。
4. Stephen Plant, “Bonhoeffer and Moltke: Politics and Faith in a Time of Crisis,” in *Taking Stock of Bonhoeffer: Studies in Biblical Interpretation and Ethics* (Burlington: Ashgate, 2014), 5.
5. Plant, “Bonhoeffer and Moltke,” 6 ～ 7.

6. Plant, "Bonhoeffer and Moltke," 7.
7. Plant, "Bonhoeffer and Moltke," 7.
8. Plant, "Bonhoeffer and Moltke," 6～7.
9. Plant, "Bonhoeffer and Moltke," 7.
10. Plant, "Bonhoeffer and Moltke," 7～8; Dietrich Bonhoeffer, *Conspiracy and Imprisonment*, trans. Lisa E. Dahill (Minneapolis: Fortress, 2006), 280～281.
11. Bonhoeffer, *Conspiracy and Imprisonment*, 286 n.2; Plant, "Bonhoeffer and Moltke," 8.
12. Plant, "Bonhoeffer and Moltke," 8.
13. Plant, "Bonhoeffer and Moltke," 8 ～ 9; Bonhoeffer, *Conspiracy and Imprisonment*, 219～220.
14. Plant, "Bonhoeffer and Moltke," 9.
15. Plant, "Bonhoeffer and Moltke," 10; Bonhoeffer, *Conspiracy and Imprisonment*, 511.
16. Plant, "Bonhoeffer and Moltke," 10; Bonhoeffer, *Conspiracy and Imprisonment*, 518.
17. Plant, "Bonhoeffer and Moltke," 10; Bonhoeffer, *Conspiracy and Imprisonment*, 518.
18. Plant, "Bonhoeffer and Moltke," 18.
19. Plant, "Bonhoeffer and Moltke," 18.
20. Plant, "Bonhoeffer and Moltke," 19.
21. Plant, "Bonhoeffer and Moltke," 19.
22. Plant, "Bonhoeffer and Moltke," 19.
23. Plant, "Bonhoeffer and Moltke," 19.

後記

這是筆者第三本討論潘霍華(Dietrich Bonhoeffer)的文章彙集。第一本是二〇〇六年《界限與倫理——潘霍華的倫理神學》，第二本是二〇〇九年的《殺道事件——潘霍華倫理的神學對牟宗三道德的形上學的批判意涵》。這些文集所收的文章，寫作的時刻回應不同的處境或需要，獨立成篇，彼此之間沒有預先設定甚麼論點或題材的關係，因此只能稱得上文集而不是自成一體的「書」。

筆者沒有想過自己對潘霍華的研習，沒有中斷，而可以有第三本文集的出版。這些年來，在神學院的教學之中，筆者陸續不斷有機會講授或解讀潘霍華的不同著作。這種文本細讀的實作，對深入了解潘霍華的神學思想是不可或缺的。筆者為此而感激神學院的開課空間，以及修讀的同學。此外，西方自上世紀九十年代開始，在潘霍華神學研究的領域之內，湧現了新一代的學者，出版了許多深入、開創的研究，值得欣喜，對筆者的研習起著鞭策激勵的作用，而不敢隨意輕忽。

這本文集所收的文章許多都先後於不同報章、雜誌、期刊、專集刊載，最早的是二〇〇二年，僅有少數未曾公開發表。〈潘霍華的〈論教會中青年工作的八條提綱〉〉的解讀部分、〈怎樣的生平？何種的神學？〉，以及〈釋題〉是今年一月初寫成的。〈怎樣的生平？

何種的神學？〉一文的寫作是刻意的，目的是提醒讀者，要對目下某些潘霍華傳記知所辨識。此外，潘霍華是個牧者，特別是個青年工作的牧者，也是少人注意的，所以就有了〈潘霍華的〈論教會中青年工作的八條提綱〉〉和〈釋題〉了。

最後感謝基道出版社願意出版拙作。在臉書流行、望題生義的年代，嚴肅寫作與閱讀已愈來愈少人重視了。雖然我們都身在後文字的時代，雖然紙媒好像逐漸被網媒侵蝕地盤，但是不能因此隨便否定文字寫作與紙本出版對於思考人生默想信仰的作用。在此，再謝吳國雄弟兄及沈靜筠姊妹的用心編輯。願主恩待。

主阿，
教導我們禱告！

■潘霍華著　鄧紹光譯

門徒對耶穌如此說。他們這樣請求，是承認自己不曉得禱告，需要學習。「學習禱告」這句話叫我們感到詫異。我們會說，如果心靈沒有感動，由它自己發動，我們永不需要「學習」禱告。然而，這卻是致命的錯誤。肯定的說，大多數基督徒會認為心靈能夠自己祈禱。這樣我們就把願望、盼望、歎息、哀傷、歡欣……這一切都由心靈自己去完成。只是這卻跟祈禱混淆了。並且，我們也混淆了屬地和屬天；人和上帝。祈禱不僅單單傾出自己的心靈，更重要的，祈禱是找尋通往上帝的路徑，跟祂說話。無論你的心靈是充滿或虛空，都不能夠憑著自己得到上帝的面前，因此，你需要耶穌基督。

門徒渴望禱告，但他們不懂得怎樣做。這叫人十分痛苦：想要跟上帝傾談，卻又不能；在上帝面前只能無聲，發現每次呼喚祂的時候，都言斷路絕，心靈和咀唇發出的只是上帝不願聽到的荒唐字句。於是，我們只得尋求那些曉得禱告的人幫助我們。如果我們當中有人懂祈禱，又願意帶領我們跟他一起祈禱，那麼我們就大得幫助了！無疑，經驗豐富的基督徒都能夠這樣大大的幫助我們，然而，他們唯有透過那一位曾經親自幫助他們的，才能如此祈禱。如果他們眞是禱告的導師，那他們就會引領我們認識曾經幫助他們的那一位：耶穌基督。如果耶穌在祂的禱告中帶引我們與祂一起；如果我們得到特權與祂禱告；如果耶穌讓我們陪伴祂朝向上帝，又教導我們祈禱。那麼，我們就可以從禱告無門的痛苦中釋放出來。這正是耶穌基督要做的。祂想要與我們一起祈禱，要我們跟祂一起祈禱，以致我們可以歡悅地深信上帝會聆聽我們。當我們的意志全然進入基督的禱告裏面，我們的禱告就正確了。只有在耶穌基督裏面，我們才能祈禱，並且跟祂一起，我們才知道我們是蒙垂聽的。

因此，我們要學習禱告。小孩子學習講話，因為他的父親跟他說話，他學效他父親的言語。同樣，我們學習跟上帝說話，乃因為上帝已經向我們說話，並且仍不斷向我們說話。藉著天上父神的說話，祂的兒子得以學習跟祂傾談。我們重覆上帝自己的說話，開始學習向祂禱告。我們應該向上帝說話，祂渴望聆聽我們。祂不要我們內心虛假和胡亂的說話，祂要的是祂曾經在耶穌基督裏向我們說過的清楚而純正的話語。

上帝透過《聖經》中耶穌基督的話語與我們相遇，如果我們盼望以信心和喜悅來祈禱，《聖經》的話語將會是我們禱告的堅固基礎，因為當中，我們知道耶穌基督、上帝的道會教導我們禱告。那從上帝而來的話語，就變成我們走向上帝的踏腳石。

（一九四五年四月九日，潘霍華因叛國罪而被問吊，本文是譯自他Psalms: The Prayer Book of the Bible一書的第一章「Lord, Teach us to pray!」，為記念他那種「為他人而活」的生命。）

刊於一九九〇年六月十七日第146期的《時代論壇》，反映了作者在讀神學時期與潘霍華的文字交往。

讀者意見表

緊扣時代 服事教會

以文字傳揚基督真道

衷心多謝你購買本社書籍。本社一直致力以出版事工服事教會，幫助信徒扎根於神的話語，促進靈命增長。為使我們的出版更能滿足你的需要，請填寫下列各項資料，並寄回或傳真予本社。

所購書籍：____________________

本書最吸引你的地方：
☐作者 ☐適切性 ☐文筆 ☐設計 ☐實用性
☐其他：____________________

購買本書地點：
☐基道書樓 ☐基督教書店 ☐非基督教書店

性別：☐男 ☐女 職業：____________________

信仰：☐基督徒 ☐非基督徒

年齡：☐16歲或以下 ☐17～25歲 ☐26～35歲
☐36～55歲 ☐56歲或以上

學歷：☐中三或以下 ☐中五 ☐預科
☐大學 ☐研究院

☐我欲更多了解基道出版社的事工及考慮支持，請寄給我下列資料：
☐機構簡介 ☐新書資料 ☐基道會員通訊
☐《基道文字事工通訊》

姓名：____________________ 電話：____________________

地址：____________________

____

傳真：____________________ 電子郵件：____________________

其他意見：____________________

____

多謝賜教！

基道出版社

意見表可以傳真（2687-0281）或直接郵寄以下地址：
香港沙田火炭坳背灣街26號富騰工業中心1011室
基道出版社編輯部收